근 대 에 서 현 대

건축의 20장면

근 대 에 서 현 대

건축의 20장면

안우진·안우석·고성룡 지음

DAEGA BOOKS

《근대에서 현대,
건축의 20장면》을 내면서

현 대 의 건 축 공 간

21세기를 살아가고 있는 현재 우리의 생활은 많은 부분이 변한 듯하다. 더 소형화되고 정교해진 전자제품들과 스마트폰은 이제 필수불가결한 인간의 도구가 되었고 생활의 패턴마저 변화시켜버렸다. 디지털화된 도구들은 단순한 필요를 넘어 인간의 욕구를 완벽하게 충족해줄 수 있는 만물상자처럼 보인다.

건축계에서 디지털 도구에 대한 관심은 건축설계뿐만 아니라 실제 건물을 짓는 과정에도 큰 도움을 주고 있다. 이에 따라 건축 잡지를 비롯한 여러 매체에서는 이전에 볼 수 없었던 새롭고 독특한 건축들을 소개하고 있다. 그리고 우리가 살고 있는 마을과 도시에는 단순한 직방체와 구별되는 복잡하고 다양한 형태의 건물들이 점점 많이 들어서면서 사람들의 눈길을 끌고 있다. 이렇듯 풍요로운 건축 상황은 건축 관계자뿐 아니라 일반인에게도 삶의 질을 높임과 동시에 새로운 볼거리와 장소를 제공한다는 점에서 지극히 고무적인 현상이라 할 수 있다. 반면 급변하고 다양해진 시대적 상황 속에서 새로운 가치와 패러다임의 등장에 따라 현재 만들어지는 건축을 평가하려는 시도는 더욱 어려워지고 있다. 건축에 대한 이해와 평가는 결국 건축가들이 건축을 만드는 방식과 관련된 문제이며 건축가들의 가치판단에 근거하기 때문이다. 따라서 현대건축을 이루는 다양하고 복잡한 모습을 올바로 해석하기 위해서는 비록 힘들겠지만 여러 경향들에 공통적으로 깔려있는 내용과 요소들을 자세히 살펴보아야 한다. 또한 그 형성배경과 성장과정을 이해할 필요가 있다.

긍정적이든 부정적이든 역사는 끊임없이 반복된다는 사실은 우리의 현재 상황을 살펴보면 충분히 납득할 수 있다. 19세기나 20세기 초에 유토피아를 꿈꾸며 미래의 모습을 그렸던 모더니즘의 힘은 줄어들었다고 하지만 그 속에 내재한 잠재적 가능성은 현대의 건축가들에게 여전히 영향을 미치고 있음을 확인할 수 있다.

건축의 모더니즘은 확실히 사람들의 생활양식과 우리가 사는 도시풍경을 바꾸었다고 말할 수 있다.

반면 건축의 변혁이 사회,정치의 변혁으로 이어진다는 모더니즘의 유토피아적 이념을 믿는 사람은 현재 아무도 없을 것이다.

지난 20세기가 우리들에게 주는 교훈은 모더니즘 건축이 배척했던 문제점들이 현재 전 지구적으로 퍼져 있음을 보여주고 있다. 그 문제의 기본적 성질은 바뀌지 않은 채 발생하는 영속적인 사회적 불평등, 심각한 주택난, 기술에 의한 공예의 퇴화라는 딜레마, 합리성에 의한 개성적 표현의 퇴화, 다양해진 건축재료, 인간환경에 영향을 주는 공간 등은 오늘날에도 여전히 중요한 건축의 주제로 남아있다. 우리들은 지구 규모로 자원과 환경의 위기를 깨닫게 되었다. 이것은 건축의 현재 상황에 직접적으로 영향을 주었음은 말할 것도 없다.

지난 20세기 동안 건축가는 이념가이거나 때로는 공학기술자로서 자신의 역할을 바꾸어가면서 인간 삶을 개조하는 임무를 수행해왔다. 이

것은 긍정적으로 평가할 수 있는 부분이다. 그렇다면 21세기에 건축가의 역할은 어떻게 달라질까? 건축의 모습이 달라지는 만큼 앞으로 건축가의 모습도 어떻게 변하게 될지 궁금하다. 근대 이전에 건축가는 단지 집을 만들거나 건축을 설계하는 수준이었다면 근대 이후에는 국가와 인간의 미래를 고민하고 자신의 이념에 따라 건축을 만드는 실천가의 역할을 했다. 하지만 이제 건축가는 현재뿐 아니라 미래에 대한 철학이나 이념에서 한발 물러나 상업적 가치가 팽배한 현실 속에서 직업의식만을 강조하는 위치에 머물고 있다. 특히 다가치화되고 복잡해진 현시대 상황 속에서 건축가들은 과거의 건축가들이 어떻게 시대의 변화에 부흥하면서 자신들의 가치관을 건축에 투영했는지 면밀히 고찰할 필요가 있다.

건축가들이 앞으로 인간 삶에 중요한 영향을 끼치기를 원한다면 근대건축의 초창기에 그랬던 것처럼 건축의 본질에 더 집중해야 하고 인간의 목소리에 귀를 기울여야 할 것이다. 과거를 연구하는 데 실패한다면 과거의 문제가 되풀이될 수 있다는 위험성에 대한 경고가 현재만큼 시의적절한 때는 없다.

이 책의 주된 관점

이 책은 근대건축의 성립부터 현대건축에 이르는 여러 경향을 다루고자 한다. 따라서 근대건축이 시작된 19세기 말부터 21세기 초까지 건축이

어떤 배경과 여정을 거쳐 이루어졌는지 살펴보고자 한다. 특히 이러한 흐름을 이해하기 위해서는 건축역사에서 일어나는 중요한 사건이나 문제에 초점을 맞추고자 한다. 따라서 이 책에서는 근대에서 현대까지의 건축역사의 큰 흐름을 전부 다룰 수는 없지만 중요한 맥락을 이해하기 위해 크게 세 가지 관점을 설정하여 시대 순으로 정리했다.

첫 번째, 주거에 관한 문제이다. 근대건축은 삶의 현실적 문제를 개선하려는 건축가들의 의지에서 시작되었으며 건축가의 지위변화와도 관계했다. 주거에 대한 문제는 근대건축의 출발점이라고 볼 수 있으며, 시대를 넘어 건축가들이 풀어야 할 영원한 숙제이기도 하다. 특히 건축가들이 20세기 동안 어떻게 시대 요구에 부응하면서 자신들의 건축을 만들었는지 살펴본다. 그리고 오늘날과 같은 주거의 모습을 만들 수 있게 한 건축기술의 발전도 다룬다.

두 번째, 현대건축이 현재의 모습으로 나타나기까지 성장하게 된 배경에 대해 살펴본다. 따라서 현대건축과 근대건축의 특별한 관계를 다루고자 한다. 현대건축과 근대건축은 동떨어진 존재가 아니라 서로 연속성을 갖고 있으며 이것이 어떤 관계를 유지했는지를 살펴본다. 특히 20세기 후반 포스트모더니즘 이후 근대건축을 뛰어넘고자 하는 새로운 경향들 속에서 근대건축과 어떠한 관련성을 맺었는지 살펴보고, 이러한 경향들과 한국 현대건축과의 관계를 다루고자 한다. 그리고 새로운 건축의 움직임으로서 비서구에서 이루어지는 건축적 상황에 대해서도 살펴본다.

세 번째, 근대 이후 지속적으로 이루어진 건축가의 유토피아적 계획과 그 문제점에 대해 다루고자 한다. 건축가들은 인간의 염원이라 할 수 있는 유토피아를 현실적으로 어떻게 실현했는지 살펴본다. 특히 근대건축 초기에 건축가들이 관심을 가졌던 슬럼의 문제들은 현재 여전히 반복되면서 더욱 확장된 모습으로 나타나 있음을 볼 수 있다. 공간적 측면에서 현대도시에 나타나는 슬럼의 문제와 해결방안을 살펴본다. 또한 도시의 올바른 성장을 위해 제도적인 측면에서 해결 방법을 모색하고자 한다.

그리고 이 책에서는 20세기 말과 21세기 초에 이루어지는 현대건축의 현상들을 많이 다루고자 했다.

감사의 글

어려운 출판환경 속에서 흔쾌히 책을 낼 수 있도록 허락해주신 도서출판 대가의 김호석 사장님께 감사를 드립니다. 책을 쓰는 동안 지식과 지혜의 부족을 다시 절실히 깨닫게 되고 의욕만이 앞선 자신을 돌아보게 됩니다. 하지만 모든 과정을 한치의 오차도 없이 인도하시는 하나님께 감사를 드릴 뿐입니다.

안우진 · 안우석 · 고성룡

01

합리적 건축,
주거의 원형을 찾다

(1900년 이전)

주 거 의 개 량

1851년 런던에서는 만국박람회가 개최되었다. 이 박람회는 근대 역사에서 다양한 방면에 걸쳐 큰 영향을 끼쳤으며, 박람회의 주 건물인, 조셉 팩스턴Joseph Paxton이 설계한 크리스털 팰리스Crystal Palace는 철과 유리의 프리패브리케이션prefabrication 역사에 커다란 발자취를 남겼다. 박람회는 공업제품의 질과 생산량을 높이는 데 큰 공헌을 했다.

더욱 흥미로운 시도는 앨버트 주택Albert Dwelling이라는 주택개량 모델의 건설이었다. 앨버트 주택은 빅토리아 여왕의 부군인 앨버트 공이 총재로 지냈던 '노동자계층 상태개선 협회'에 의해 건설된 모델 주택이었다. 이 건물은 하이드파크의 기마병연대 막사에 2층의 집합주택으로 건설되었다.

집합주택은 헨리 로버트Henry Robert라는 건축가가 설계했다. 그는 19세기 노동자주택의 개선에 큰 역할을 했으며, 노동자 집합주택의 유닛 플랜(주택 1호의 실배치)을 완성시킨 건축가로 알려져 있다.

앨버트 주택은 2층의 4호 집합주택이었다고 기록되어 있다. 이 모델은 두 개의 주택이 하나의 계단을 공유하면서 각각의 주택 입구로 접근하도록 되어 있다. 원리적으로 이 모델은 위로 겹쳐서

앨버트주택, 헨리 로버트, 런던, 1851

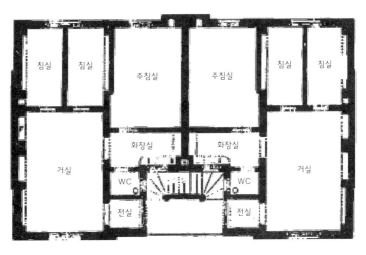

앨버트 주택의 평면도

쌓을 수 있으며, 좌우로도 연속하여 확장시킬 수 있다. 앨버트 주택이 4층이나 5층의 규모로 건설되었다면 현재 우리가 살고 있는 빌라나 아파트의 모습과 유사했을 것이다.

하지만 산업혁명이 초래한 근대적 건축 환경은 현재도 남아있는 타운스케이프Townscape만은 아니었다. 장대한 건축은 도시의 아름다운 경관이었고 마을을 나타내는 얼굴이었지만 그 속에는 메마르고 스산한 모습의 슬럼slum이 곳곳에 숨어 있었다. 이에 대해 프리드리히 엥겔스Friedrich Engels [1]는 이렇게 적고 있다. "런던처럼 몇 시간을 걸으며 돌아다녀도 마을의 시작점에 도달하지 못하고 가깝게 농촌이 있는 것을 추측할만한 표지판과 전혀 만날 수 없는 도시는 어떻든 독특하다. (중략) 그러나 이러한 모든 것을 위해 지불된 희생은 나중에야 비로소 발견할 수 있다. [2]"

그가 말한 '희생'이란 계급적으로 볼 때는 노동자 계급이며, 건축적으로는 슬럼이었다. 엥겔스는 런던의 세인트 자일스St. Giles의 슬럼에 대해 다음과 같이 적었다.

"집의 지하실부터 지붕 아래까지 사람들이 생활하고 있으며, 집 바깥뿐만 아니라 안에도 불결해서 도저히 사람이 사는 곳처럼 보이지 않는다. 그런데 왜 이런 모든 것은 가로 사이에 끼어들어간 비좁게 '둘러싸인 땅Court'에 있는 주택에 있을 수밖에 없는 것일까? 그곳에 들어가려면 집과 집 사이의 허름한 길을 통과해야 하지만, 그곳의 불결하고 황폐한 모습은 도저히 생각할 수 없을 정도다. 완전한 모습을 한 창유리는 거의 볼 수 없고, 벽은 깨지고 입구의 기둥이나 창틀은 부서져서 덜컹거리며, 문은 오래된 판자를 모아서 고정시켰는지 거의 붙어 있지 않다. 이곳 진흙탕 거리에는 훔칠 만한 것이 아무 것도 없기 때문에 문이 필요 없다. 오물과 쓰레기더미가 주위 한쪽에 쌓여있고 문 앞에는 불결한 액체가 고여 있으며, 코를 들이댈 수 없을 만큼 악취를 발하고 있다. 이곳에는 빈민 중에서도 가장 빈민인 사람, 즉 가장 적은 임금을 받는 노동자가 진흙탕 속에, 사기꾼 및 매춘의 희생자와 함께 살고 있다."

여기서 말하는 '둘러싸인 땅'은 건물과 건물로 둘러싸인 가로

1) 프리드리히 엥겔스(1820~1895)는 독일의 사회사상가, 정치사상가, 저널리스트, 사업가, 군사평론가, 공산주의자, 국제적인 노동운동가다. 칼 마르크스와 협력하여 과학적 사회주의의 세계관을 구축하여 노동운동 및 공산주의운동을 발전시켰다.

2) The Condition of the Working Class in England, 1844

세인트 자일스 슬럼 거리의 모습

슬럼가의 가정

블록의 가운뎃부분을 말하며 뒷골목에 지은 초라한 집이 많았다. '그곳에 살고 있는 사람들은 화장실 주변의 부패한 대소변이 고여 있는 웅덩이를 지나지 않으면 둘러싸인 땅에 머물거나 나가는 것도 불가능했다.' 이곳은 통풍이 안 되고, 일조가 적고 사람의 눈에 띄지 않는 숨겨진 곳이었기 때문에 치안도 열악했다. 둘러싸인 땅은 도시계획적 건물배치가 만든 열악함의 산물이었다. 그리고 건축계획상 열악함의 대표적인 예인 백투백하우스_{Back-to-back house}[3] 형식의 주거였다.

엥겔스는 덧붙여 말했다. "노팅엄에는 전부 11,000호의 가옥이 있었고, 그중 7,000호 내지 8,000호는 서로 하나의 벽에만 의지하여 경계를 이루며 살았다. 그곳에서 환기를 위한 통풍은 불가능했다. 대체로 몇 호당 하나의 공동변소 밖에 없었다."

열악한 주거환경의 개선을 위해 어떠한 방법이 취해졌을까? 대응책으로서 몇 가지 흥미로운 방법과 실례를 볼 수 있다.

개선을 위한 시작은 구빈법_{Poor Law Amendment Act(救貧法)}이었다. 1834년 에드윈 채드위크_{Edwin Chadwick}는 구빈법 보고서를 제출했고, 16~17세기에 등장했던 구빈법을 바꾼 새로운 법안이 등장했다. 이것은 빈민을 구제하고 사회생활에 잘 적응시키기 위해 구빈원_{Work House(救貧院)}에 수용한다는 내용을 포함했다. 구빈원은 빈민구제를 목적으로 하는 곳이었지만, 그곳은 일반적인 주거보다 편안한 곳은 아니었다. 구빈원에 수용된 사람들에게 올바른 사회생활을 하려는 의욕을 주기 위해서는 일반적인 주거보다 편안한 곳이 되면 효과가 올라가지 않는다는 생각이 지배적이었기 때문이다. 그러므로 사람들 사이에서 구빈원에 수용되는 것은 빈곤이라는 죄악으로 형무소에 수감되는 것과 동일하게 비쳐졌다. 즉 구빈원에 들어갈 수 있는 '자격'을 갖춘 사람들은 그것을 숨겼고, 따라서 그 수는 격감했다. 하지만 정치가들은 구빈법이 빈민의 수를 줄이는 데 눈부신 효과를 올렸다고 만족했다.

그리고 이어서 통로부분을 줄이고, 방의 수와 설비를 최소로 억제시킨 방 구획의 몇 가지 모델주택이 건설되었다. 그 와중에 이

1807년경의 노팅엄 슬럼가

노팅엄 슬럼가 풍경

러한 주택건설사업은 이익을 기대할 수 있는 투자대상으로 생각
되었다. 따라서 절약된 건축을 짓고자 하는 양심적인 주택건설사
업은 당시 횡행했던 '제리 빌더Jerry-builder'라 불렸던 집장사들의 날
림공사에 맞붙을 만큼 타산이 맞는 사업이 아니었다. 결국 이러한
주택개선사업은 자선재단에 의해 이루어지거나 공영사업이 되는
것 이외는 이루어지기 힘든 사업이었다.

주거의 원형과 합리적 건축

슬럼의 개선, 노동자 계층의 주택개선사업을 만든 모델주택은 극
한의 공간배치를 찾았던 것이며 일종의 주거원형에 가깝다. 하지
만 이러한 사회사업으로서의 건축 활동과는 달리 지극히 사변적
으로 건축의 원형을 추구했던 건축가들이 있었다.

마르크 앙트완느 로지에Marc Antoine Laugier라는 프랑스의 수도사
는 런던 만국박람회보다 100년 전에《건축시론Essai sur l'Architecture》
(1755년에 제2판 출판)이라는 책을 저술했다.

로지에는 이 책에서 불가사의한 장면을 묘사했다. 부서진 고대
건축의 폐허가 삽화의 오른쪽 아래에 보인다. 코린트식 주두, 플루
팅Fluting(새겨 넣기)된 기둥의 일부, 장식이 새겨진 석재, 그리고 이

빨모양의 장식으로 이루어진 엔태블러처Entablature(처마장식)가 지면에 포개져 있다. 여자가 왼팔을 엔태블러처에 기대며 걸터앉아 있다. 그녀는 왼손에 디바이더와 직각삼각자를 쥐고 있으며, 오른손으로는 무언가를 가리키고 있다. 이 여자의 정체는 무엇일까? 아마도 중세 '수학'의 여신일 수도 있다. 여하튼 여성이 지시하는 방향에는 무성한 잎이 달려있는 나무 네 그루가 있다. 그림 왼쪽

《건축시론》의 삽화, 마르크 앙트완느 로지에,
1755

에 서 있는 천사를 닮은 아이의 머리 위에는 작은 불꽃이 피어 있고, 역시 이 광경을 바라보고 있다. 불은 사물의 시원을 상징하고 있다. 여자가 지시하고 있는 것은 단순한 나무가 아니다. 네 그루 나무줄기의 윗가지가 갈라지는 부분에는 가로부재가 놓여 있으며 각각 보와 도리를 만들고 있다. 그리고 도리 위에는 몇 개의 경사부재가 세워져 있고, 박공을 만들며 나무를 지지하고 있다. 이 불가사의한 그림은 로지에가 이미지화했던 아주 근원적인 건축의 '고귀한 단순함'을 갖춘 모습이었다. 네 기둥의 역할을 하고 있는 네 그루의 나무에는 무성한 잎이 달려있고, 박공을 만들고 있는 재료도 아직 자라고 있는 나뭇가지처럼 잎이 붙어있는 듯이 보인다. 이 그림에서 보이는 나무 구조물이 자연의 산물인지 아니면 원시적인 우리 선조의 작품인지 확실히 알 수는 없다. 하지만 로지에는 이러한 이미지로 건축의 원형을 나타내었고, 그것을 '원시 오두막'이라고 불렀다. 그것은 기둥과 보 그리고 지붕으로 이루어진 박공의 오두막이었다. 로지에는 건축에서 잡다한 장식 요소를 전부 없애고 순수한 원형으로 승화시킬 것을 원했다. 벽, 창, 문은 모두 나중에 나오는 세상의 산물이다. 남아 있는 것은 기둥과 기둥이 지지하는 엔태블러처와 보뿐이다. 어떤 의미에서 그는 기둥과 보와 슬래브로 구성된 현대의 철골구조를 예언한 인물이라 말할 수 있다. 그를 '최초의 근대건축 사상가'라고 평가하는 건축 역사가도 있다. 근대 건축가들이 슬럼의 개량이라는 사회의식을 벗어나 자신의 정신적 문제이기도 했던 건축의 원형을 탐구하면서 자신들의 건축을 만들었다는 점에서 로지에는 근대 건축가들의 선구자였다고 말할 수 있다.

로지에의 생각은 자크 수플로Jacques G. Soufflot가 설계한 파리의 생 주느비에브Saint Jenevieve교회(1756년)에도 적용되었다. 처음의 의도대로는 완전히 실현되지 않았지만 오더Order를 이용하여 하중을 떠받치도록 기둥을 만들었다. 로지에는 이 건물을 '완전한 건물의 최초의 예'라고 말했다. 자연과학이 발달하고 계몽사상의 보급과 함께 합리적인 사고법이 확립되었던 시대에 건축도 과학적 분석의 대상으로 다루어졌다. 건축의 구조적 합리성에 대한 관심은 고딕건축의 수복작업 속에서 기술을 연구했던 유진 임마누엘 비올레 르 뒤크Eugène Emmanuel Viollet-le-Duc의 사상에서도 볼 수 있다. 그는 석조건물과 동일한 내력을 감당하면서도 아주 작은 단면치수로 건설가능한 철골조의 시스템을 제안했으며, 구조시스템을 기술적으로 파악하여 합리성을 찾아내는 사고방식으로 확장했다.

한편 건축의 형태나 취급방식에서 종래와 다른 발상을 보여주는 건축가들이 나타났다. 클로드 니콜라스 르두Claude Nicholas Ledoux

뉴턴 기념관 계획안, E. L. 불레, 1785년경

유진 임마누엘 비올레 르 뒤의 철골구조

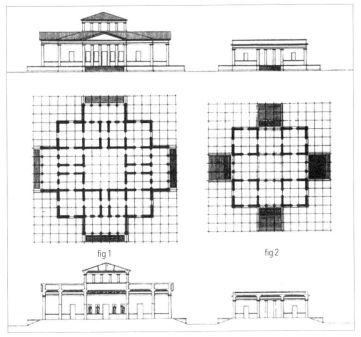

fig 1

fig 2

《건축강의요록》, 제2부 건축요소의 통합, 장 니콜라 루이 뒤랑, 1802~1809

의 쇼제염공장Royal Saltworks of Chaux(1775~1779년)과 에티엔느 루이 불레Étienne-Louis Boullée의 뉴턴 기념관 계획안(1785년경)에서는 입방체, 구, 원통 등의 순수한 기하형태가 사용되었다.

프랑스 혁명 후 혼란 속에서 실제 작품을 만들 기회가 없었던 당시 건축가들은 드로잉이라는 수단을 이용하여 기하형태로 표현했다. 이것은 1920년대부터 1930년대에 걸쳐 널리 사용된 건축형태와도 관계한다. 에콜 폴리테크닉École Polytechnique(국립토목공학교)에서 불레에게 배운 장 니콜라 루이 뒤랑Jean-Nicolas-Louis Durand은 그의 저서에서 양식적 형태를 각각의 공간별로 분리하고 그리드 위에서 재구성하는 절충주의적 설계수법을 제시했다. 따라서 양식적 법칙은 무효화되고 그리드를 매개로 다른 양식끼리의 결합이 가능하게 되었다. 즉 근대사회가 요청하는 기능성과 경제성의 지표에 따라 다양한 형태끼리 조립할 수 있도록 표준화되었다.

이처럼 구조나 형태를 둘러싼 시스템적 사고로 건축의 합리성이나 보편성을 찾아가는 과정에서 양식에 입각한 건축관은 서서히 와해되었다. 19세기 말과 20세기 초의 전환기에 과학적·기술적 이성에 기초하여 건축은 새롭게 재편성되어 당시 과학기술에 근거하여 새로운 변화를 맞이했다.

1914년에 르 코르뷔지에Le Corbusier는 도미노시스템Domino System이라는 건축모델을 제안했다. 이것은 기둥, 바닥판, 계단만으로 만들 수 있는 건축의 원형이다. 이후 1920년에 2층 높이의 상자형태인 시트로엥 주택Citroen House의 원형을 제시했다. 그는 이러한 원형에서 출발해서 주택과 건축을 구상했으며, 이 개념에서 근대건축의 정신을 보여주었다. 그것은 과거의 역사나 양식에 의거하지 않고 구축하여 건축을 만들고자 하는 정신이다. '제로에서의 출발'이라고도 할 수 있는 이러한 사상은 근대건축을 뒷받침했다. 덧붙여 설명하자면 '자기의 의식으로 세계를 파악하고, 의식적으로 파악된 세계에서 의미를 인식한다'는 정신이다.

르 코르뷔지에는 1925년에 개최되었던 장식·공업미술국제박람회(아르데코 전)에 에스프리누보관le Pavillon de l'Esprit Nouveau이라는

르 코르뷔지에의 시트로엥 주택

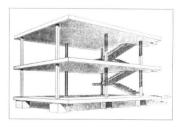

르 코르뷔지에의 도미노 시스템

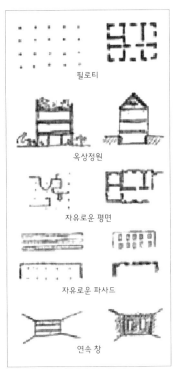

필로티

옥상정원

자유로운 평면

자유로운 파사드

연속 창

르 코르뷔지에가 제시한 '근대건축의 5원칙'

파빌리언을 설계했다. 이것은 그가 설계한 주택의 원형을 제시했던 것이었다. 건물은 한 채만 만들어졌지만 앨버트 주택처럼 세워져서 여러 층으로 쌓아서 집합주택을 만들 수도 있었다. 그리고 그는 1926년에 자신의 건축 이미지를 통합하여 '근대건축의 5원칙'인 필로티, 옥상정원, 자유로운 평면, 연속 창, 자유로운 파사드를 발표했다.

이 원칙은 구체적으로 어떤 것인지 정확하게 알기 어렵지만, 그는 다음과 같이 설명하고 있다. "건축을 지표면에서 올리고(필로티), 그 위에 정원을 만들고(옥상정원), 벽으로 단단하게 쌓아 올렸던 전통적 방 배치와 벽면의 건축을 부정하고(자유로운 평면, 연속 창) 건축의 표정을 자유롭게 했던(자유로운 파사드) 것이다."

여기서는 도미노에 의해 만들어진 건축, 즉 기둥과 보로 구성된 건축의 원형이 출발점이 되었다. 그리고 1928년부터 1931년에 걸쳐 파리근교의 포와시에 지었던 사보아 주택에는 그의 이념과 미의식이 아름답게 실현되었다. 이 작품은 그의 의도가 어떻든 그의 예술적인 향기로 충만한 작품이라 할 수 있다. 그는 아름다움을 가장 첫 번째 가치로 여겼던 것은 아니었다. '주택은 살기

사보아 주택. 르 꼬르뷔지에, 포와시, 1929

위한 기계다'라는 것이 그가 생각했던 건축관이었다. 즉 역사적인 장식과 양식에 속박된 건축을 부정하고 합리적 사고에 의거한 건축을 만들고자 했다.

교외 주택의 출현

교외 주택지는 산업혁명 이후의 사회에 대량으로 출현한 전문직의 중산계급과 노동자계급을 위한 전용주거가 건립된 지역이다. 이러한 지역은 우리에게는 익숙한 주택지이지만, 19세기 이전에는 존재하지 않았던 생활양식이다. 직주분리職住分離의 근로자 생활을 성립시켰던 요인이 바로 교외 주택지이다.

교외 주택지에 건설된 건축모델이 되었던 것은 윌리엄 모리스William Morris의 주택인 '붉은 집'이었다. 필요에 의해 충분한 크기의 독립 전용주택에 거주할 수 있는 생활이 붉은 집의 생활이미지이며, 곧 근대사회에서 샐러리맨의 생활모델이 되었던 것이다. 붉은 집의 건축 양식의 원천은 중세의 목사관[4]이었다고 한다. 또 그곳의 생활이미지도 중세를 강하게 의식한 것이었다.

4) 중세의 목사관은 농가, 상가, 대영주관이 아닌 독립전용주거였다. 붉은 벽돌이나 돌을 쌓아서 지었던 주택의 모습과 근대 수거의 성격에는 공통점이 있다.

붉은 집의 외관

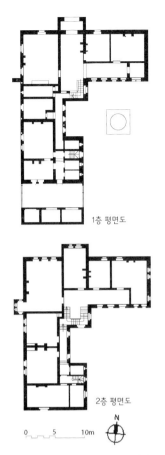

1층 평면도

2층 평면도

0   5   10m

N

윌리엄 모리스의 붉은 집 평면도, 필립 웹, 1859

교외에 사는 사람들은 노동자였다. 극단적으로 그들의 삶을 표현한다면, 그들은 통근가능한 곳이라면 어디에 살아도 좋았다. 노동자들의 통근수단과 소요시간 그리고 지가地價에 따라 거주비용이 결합된 수치数値가 그들의 주거지였다. 노동자 계급에 속한 사람들은 공장과 가까운 장소나 고유 풍속에 구속된 거주지를 만들 수밖에 없었다. 19세기 말까지 공공교통기관은 발달하지 못했고 교통비는 상당히 올라가게 되었다. 때문에 19세기 도시의 옛 시가지나 공장 주변에 노동자 계급의 거리가 형성되었다.

다른 한편 상류층 중산계급의 경우 경제적, 시간적으로 보다 자유롭게 주거를 선택할 수 있었다. 예로시 귀족이나 시주가 전원지역에 소유했던 거대한 별장 이미지를 희미하게 드리운 정원이 달린 전용주거가 그들의 생활에 이상적인 모습으로 떠올랐다. 19세기 후반 도시의 스프롤Sprawl 현상[5) 속에는 그러한 이상도 존재했던 것이었다. 이러한 상황에서 '가든 서버브Garden suburb=전원교외'라는 사고가 생겨났으며, 이는 '전원교외 주택지'라고 해석할 수 있다. 즉 도시와 마을의 주변에 위치하면서 약간의 상점가가 있고 주거전용의 주택이 늘어선 지구였으며, 그러한 의미에서 전원교외는 완전한 교외 주택지였다. 베드타운Bed Town은 전원적인 분위

5) 도시계획이나 토지이용계획을 소홀히 한 결과로 도시의 성장과 개발이 무질서하고 불규칙하게 평면적으로 확산되는 현상으로 여러 가지, 도시의 사회적 문제를 야기시킨다.

베드포드 파크의 마을주택

기가 아닌 전원교외이다. 그것은 직주분리된 도시생활에서 단지 주거 부분만을 강조하는 형태이기 때문이다.

1877년에 런던 서부에 개발된 베드포드 파크Bedford Park라는 주택지는 전원교외의 선례라고 할 수 있다. 당시 새로운 양식이었던 앤여왕 양식Queen Anne Style [6]을 사용하여 쇠락한 주택이 처마를 이으며 늘어있다. 이곳에서는 근대적 통근의 이동패턴이 출현하면서 근대특유의 모습을 나타낸 곳이었다.

19세기 말부터 20세기 초에 걸쳐 전원도시라는 사고방식이 나타났다. 전원도시의 이념에 중요한 역할을 달성한 인물은 영국의 사회 개량가인 에버니저 하워드Ebenezer Howard이다. 그리고 그의 저서《내일의 전원도시Garden Cities of Tomorrow》(1989년)에서 보여준 구상은 전원도시라는 이름을 일반화시켜 보급하였다. 그는 1903년에 제1차 전원도시 회사를 만들었고, 레치워스 전원도시Letchworth Garden City를 건설하였으며, 1919년에는 웰윈 전원도시Welwyn Garden City를 건설했다.

두 개의 전원도시는 런던에서 기차로 1시간 정도의 거리에 있으며, 그 도시는 농지, 녹지, 공장을 갖춘 반독립적인 기능으로 구성되었다. 전원도시의 근저에 있었던 사고방식은 생활을 완결할 수 있는 자립적인 마을을 만드는 것이었다. 이 점에서 전원도시와 전원교외는 확실히 달랐다.

전원도시에서 보이는 직주일체의 새로운 마을 만들기의 사고

6) 앤여왕 양식은 앤여왕(1702~1714)이 통치하던 시기의 건축양식으로서 영국 바로크English Baroque라고도 한다. 또는 19세기 후반이나 20세기 초에 다시 부흥하여 인기를 모았으며 '앤여왕 리바이벌'이라고 알려졌다. 영국에서는 건축가가 설계한 우아하지만 단순한 최대크기의 영주 저택을 가리킬 때 사용하는 용어이다.

레치워스 전원도시, 1903

웰윈 전원도시, 1919

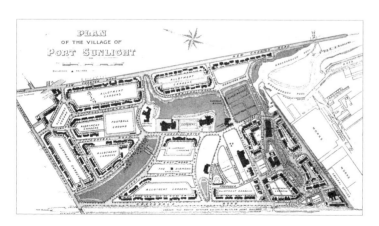

포트 선라이트 마을, 1880년 레버가 자신의 공장종업원을 위해 리버풀근교에 건설했다.

포트 선라이트의 주택지 모습

일리노이 주州 산업모델 타운

는 1880년 비누공장주인 W. H. 레버William Hesketh Lever가 자신의 공장과 함께 건설한 포트 선라이트Port Sunlight에서 전부 나타났다.

이 밖에도 독일의 철강 왕 알프레드 크루프Alfred Krupp는 1861년부터 근교에 회사의 노동자 주택지를 건설했고, 침대차의 발명가로 알려진 미국의 차량제조업자 조지 M. 풀먼George M. Pullman도 일리노이 주州에 산업 모델타운을 건설했다.

전원도시에 비해 전원교외는 어떠한 특질을 갖추고 있는 것일까? 그 특징은 기존의 도시에 대한 비독립성과 비완결성이라고 할 수 있다. 전원교외는 도시의 교외에 위치하면서 도시의 성격을 만드는 요소의 일부가 되었다. 이 부분에서 근대적 도시계획의 최대 무기인 용도지역Zonning의 사고방식이 자연스럽게 나타났다. 그리고 그곳에서 생활하는 사람들도 정도의 차이가 있긴 하지만 대부분 샐러리맨과 같은 통근자였다. 지역적, 사회 계층적으

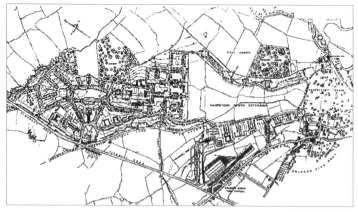

햄스테드 전원교외 주택지의 모습

햄스테드 교외 주택지, 배리 파커 & 레이몬드 언윈,
1905

브레베이크, 헨트릭 페트루스 베를라헤, 1916

로도 확실히 분절하는 것이 가능한 순수요소로서 전원교외는 존
재하고 있었다.

전원교외의 성과로는 베드포드 파크와 함께 1905년에 런던 외
곽 북쪽에 계획된 햄스테드Hampstead 전원교외 주택지가 유명하
다. 이것은 배리 파커Barry Parker와 레이몬드 언윈Raymond Unwin이 레
치워스에 설계한 전원도시였다. 독일에서는 1902년에 전원도시
협회가 설립되었다. 그리고 1906년에 리하르트 리마슈미트Richard
Riemerschmid가 계획한 헬레라우Hellerau 전원도시가 건설되었다.

또 네델란드에서는 헨드릭 페트루스 베를라헤Hendrik Petrus Berlage
가 대도시 주변의 교외 주택지인 브레베이크Vreewijk(1916년)를 계
획했으며, 프랑스와 러시아에서도 전원도시를 모델로 한 교외 주
택지가 건설되었다.

도시 주거

근대건축의 출발점이었던 주택에는 두 개의 원류가 있었다. 첫 번째는 슬럼개선과 주택개량운동 속에서 태어난 모델주택의 시도이며, 두 번째는 근대 건축의 이념적 원형인 '원시오두막'을 발상의 출발점으로 하는 주택의 탐구였다. 두 가지는 곧 도시의 주거에 대한 새로운 제안으로 통합되어 갔다.

근대 사회가 만들어낸 공간이 독립된 전용주거임을 생각할 필요가 있다. 근대 이전의 사회에서 주거는 거주만이 아닌 생산과 관리의 기능을 포함한 복합적인 것이었다. 즉 농가는 주택이면서 동시에 농사일을 위한 공간을 주택 속에 담고 있었다. 상인은 점포 위에 살았고, 장인은 집에 작업장이 있었으며, 이것은 지극히 자연스러운 생활의 관리방식이었다. 영주領主의 집이나 궁전과 같은 곳도 생활공간 일부에 대집회장, 정부청사 그리고 호텔의 기능을 포함한 것이 보통이었다. 결국 주거만으로 이루어진 독립전용주거의 건축 형태는 근대 사회의 산물이라고 할 수 있다. 독립전용주거가 성립했던 원인은 산업혁명에서 찾을 수 있다.

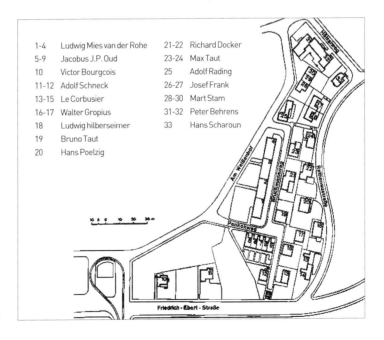

1-4	Ludwig Mies van der Rohe	21-22	Richard Docker
5-9	Jacobus J.P. Oud	23-24	Max Taut
10	Victor Bourgcois	25	Adolf Rading
11-12	Adolf Schneck	26-27	Josef Frank
13-15	Le Corbusier	28-30	Mart Stam
16-17	Walter Gropius	31-32	Peter Behrens
18	Ludwig hilberseimer	33	Hans Scharoun
19	Bruno Taut		
20	Hans Poelzig		

바이센호프 지들룽, 미스 반 데 로헤 외,
슈투트가르트, 1929

산업혁명은 공업화된 사회를 만들었고, 공장과 오피스 등의 생산시설을 분리 독립시켰다. 그 결과로 직주가 분리된, 현재 우리들이 살고 있는 생활공간 스타일이 나타났다. 이때 생활을 위해 독립된 건축이 전용주거이다. 근대 사회는 당시까지 주거 속에 다양하게 동거했던 복합적인 기능을 공간적으로 분리 독립시켰으며, 결과적으로 순수한 주택의 모습으로 만들었다.

르 코르뷔지에, 주택 No 13,14,15

독립주택은 근대건축이 탄생한 기반이라 할 수 있다. 프랭크 로이드 라이트Frank Lloyd Wright는 새로운 사회에서 접합한 독립주택 (Prairie house라고 한다)을 창출한 건축가였다. 그리고 르 코르뷔지에Le Corbusier가 도미노 시스템이라는 건축의 원형을 제시했던 것도 근본에는 독립전용주거의 원형을 발견하려는 정신이 있었다.

미스 반 데 로헤, 주택 No 1,2,3,4

근대 건축공간의 원형은 전용주거 공간과 오피스 공간으로 이루어졌다고 할 수 있다. 그리고 이것은 공업화된 사회, 즉 직주분리된 사회에서 주거와 직장이라는 공간을 각각 나타낸다.

현실의 도시에서 주거의 원형을 실현하려는 움직임은 슬럼의 개량과 다른 흐름으로 나타났으며, 이상적 주택의 모습을 전시하고자 시도했다. 그것은 1927년 독일 슈투트가르트 근교에서 바이센호프 지들룽WeissenhofSiedlung이라는 실험주택의 건설이었다. 이것

한스 샤로운, 주택 No 33

은 독일공작연맹이 제2회 건축전시회로서 행했던 것이었으며, 미스 반데 로헤Mies van der Rohe, 르 코르뷔지에, 발터 그로피우스Walter Gropius, 피터 베렌스Peter Behrens 등 당시 근대건축에 매진했던 건축가들이 한 채나 두 채씩 주택을 설계해서 건설한 것이었다.

J. J. P. 오우드, 주택 No 5,6,7,8,9

바이센호프 지들룽에서 근대건축이 독립전용주거라는 건물형식과 구분하기 어려운 실험을 반복했던 모습이 확실하게 나타났다. 독립전용주거는 건축표현 속에 새로운 사회의 구조, 즉 직주분리된 공업화 사회의 이미지를 집어넣을 수 있게 되었고 매우 상징적인 테마였다.

따라서 도시의 새로운 생활자인 노동자계급과 중산계급의 주거는 새로운 건축이었다. 근대건축가들은 새로운 건축을 통해서 새로운 사회를 표현했고, 또한 건축을 통해서 사회를 변화시키고

탑의 집, 아즈마 타카미츠, 도쿄, 1967

탑의 집 내부

자 했던 이상에 열정을 불사르고 있었다. 그리고 주택은 당시의 새로운 건축의 원형이라고 할 수 있었다.

이러한 영향은 곧바로 아시아에 미치게 되었다. 1950년대 한국은 6·25전쟁으로 전국토가 폐허가 되어 건축적 상황은 전무한 상태였지만, 오히려 일본은 한국전쟁을 발판삼아 높은 경제성장을 이루게 되었다. 일본에서 특히 주택건축은 새로운 전환기를 맞이하게 되었다.

1967년 도쿄에서 아즈마 타카미츠東孝光가 설계한 '탑의 집'은 땅값이 비싼 대도시 속의 작은 대지에 세 명의 가족이 살기 위한 주택이었다. 근대사회가 만들어낸 일하는 장소로서 도심, 가족과 개인적으로 시간을 보내는 장소로서 교외라는 구도를 벗어나 도시생활을 영위하기 위한 건축이었다. 이 건축에서는 대지의 협소함에 따른 주거공간의 제약을 극복하려는 공간구성 방식을 볼 수 있다. 주택은 대략 6평의 대지에 현관을 제외하고는 문이 전혀 없고 공간을 기능별로 5층으로 겹쳐쌓은 수직 원룸과 같다. 내부공간의 구성방식은 아트리움처럼 아래위로 오픈된 공간 속에서 입체적인 관계가 이루어졌기 때문에 충분한 시각적인 확장을 주고 있다.

국내로 상황을 돌려보면, 도시주거에 대한 관심의 증가는 1990년대에 시작되었다고 볼 수 있다. 그것은 크게 두 가지의 방향으로 나타났다. 첫 번째는 1990년대 초반 한국현대건축의 화두로 대두된 '한국적 건축'의 구현이다. 이러한 사고가 잘 나타난 도시주택의 예로는 승효상이 설계한 수졸당(1993년)을 들 수 있다.

이 주택이 들어선 대지는 도로와 접한 전면을 제외하고는 삼 면이 다른 주택지와 인접한 흔한 일반 주택지이다. 건물의 외부 형태는 그다지 특별하지 않지만 주택 내부로 진입하면 현대건축과 어울릴 것 같지 않게만 여겨졌던 고건축의 담장이 독특한 주택 내부의 분위기를 만들고 있다. 옛 담장은 건물의 내부공간을 시각적으로 막아주고 거실과 이어지는 마당 공간을 규정하는 중요한 공간적 요소로 작용한다. 따라서 수졸당은 기존의 건축언어를 답습

수졸당 내부 마당의 모습

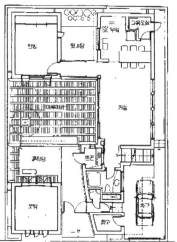

1층 평면도

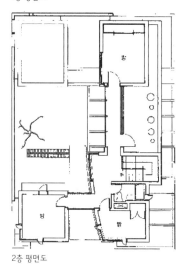

2층 평면도

수졸당, 승효상, 서울, 1993

한 현대 도시주택의 예상 가능한 공간 만들기가 아니라 내부에는 필요한 주택의 기능과 함께 다양한 용도의 마당이 함께 엮어져 유기적인 공간으로 만들어졌다. 또한 단순한 건축형태 속에 담, 마당, 장독대 등의 소박한 전통적인 생활 요소를 곳곳에 삽입하여 한국적인 풍경을 담은 공간을 만들었다고 평가할 수 있다.

두 번째로 이 시기에 급속한 도시의 성장과 가족의 분화가 빠르게 진행되면서 그에 합당한 주거유형으로 원룸이 활발하게 건설되었다. 대학생, 회사원, 신혼부부 등은 적은 비용으로 생활할 수 있는 주거공간에 대한 욕구와 함께 도심거주의 편리성 덕분에 원룸을 선호하였다. 하지만 도시에서 원룸은 수요가 증가하면서 안전한 노후보장을 위한 자산으로 평가되면서 투자의 대상으로 전락하게 되었다. 따라서 원룸은 이윤추구를 위해 방으로만 가득채운 임대주거의 형태로 도시 곳곳에 가득 넘쳐나게 되었다. 현재는 그로 인해 사회적·건축적으로 많은 문제가 일어나고 있는 실정이다. 원룸은 핵가족화 된 시대의 필요에 의해 생겨난 건축이었지만 국내건축가들은 이러한 주거공간에 대해 적절히 대응하거나 새롭게 제안하지 못하는 상황이었다. 특히 공간적인 측면에서 원룸주택의 문제로는 소유자와 거주자가 분리되어 있고, 지역사회·거주자 사이의 교류가 희박하기 때문에 개인의 고립화를 만든다는 점을 들 수 있다. 다가구나 다세대주택에서 교류가 이루어졌던 공용공간은 원룸주택에서는 극단적으로 줄어든 것을 볼 수 있다. 이것은 근대의 사회개량가나 건축가가 그렸던 '생활의 사회화·합리화'로서 공동주택과 반대되는 공간구성이라 할 수 있다.

조병수가 설계한 용인의 솔마당집(1998년)은 이러한 문제에 대해 어느 정도의 해결책을 보여준 예라 할 수 있다. 19세대를 수용하는 3층 규모의 원룸은 내부 마당을 중심으로 'L' 형태로 에워싸며 배치된 형태이다. 그는 이 건물을 설계할 때 세 가지 원칙을 생각했다고 한다. 첫째 탁 트인 마당을 중심으로 각 세대를 연결하여 배치하는 것, 둘째 원룸형식으로 각 세대를 나누어 환기나 채광문제를 없앨 것, 셋째 더불어 사는 곳으로서 원룸은 옆집사람과 커뮤니케이션과 독립성을 동시에 가질 수 있도록 하는 것이다.

건축가의 의도대로 이 건축에서는 기존의 원룸이 지니고 있던 문제점을 개선하기 위해 함께 사는 공간으로서 다양한 공용공간이 마련된 모습을 볼 수 있다. 근대 이후 현대까지 주택은 도시의 모습을 지시하는 원형에서 도시를 비추는 거울로서 미묘하지만 거대한 변화를 이루어갔다.

솔마당 집, 조병수, 용인, 1998

02

아르누보,
새로운 시대의 문을 열다

(1900년 이전)

도시 문화와 아르누보 Art Nouveau

19세기 말은 유럽에서 문화를 도시에 표현한 시대였다. 도시의 궁정과 전원에서만 아름다움을 나타낸 것이 아니고, 미美는 전체로 도시에 주입된 것처럼 거리에 넘쳤다. 산업혁명은 공업을 통해 부富를 만들었고, 부는 신흥 중산계급이 사는 도시로 흘러 들어갔다. 곧 도시문화는 궁정문화로 바뀌면서 새롭게 탄생하게 되었다.

도시문화의 첫 자기표현으로 아르누보는 아주 정직하게 나타났다. 아르누보 예술의 일반적 특징은 꾸불꾸불한 기묘한 곡선과 평면적 장식성이다. 세기말 유럽을 화려한 양식으로 채색한 아르누보 건축도 예외는 아니었다. 세기말적 아르누보의 평면성은 건축공간의 표면에 나타났다.

조르주 드 푀르, 르 주르날 데 방트

하지만 왜 아르누보 양식이 일시에 유럽으로 퍼졌으며 모든 예술장르에 전파되었는지에 대한 의문이 생긴다. 그리고 짧은 기간에 빛을 발하고 사라진 이유가 무엇인지 궁금하다. 이 의문을 푸는 열쇠는 아르누보가 본래 가지고 있는 두 가지 특징인 평면성과 장식성에 있다고 할 수 있다.

아르누보의 특징인 평면성과 장식성에는 예술의 출처를 묻는 일종의 익명성이 감돌고 있다. 즉 아르누보 장식에는 당시까지 역사적인 모티브와 동떨어진 추상성이라 할 수 있는 익명성이 내재해 있었다. 익명성은 자신들이 속한 귀족사회의 궁정문화가 부를 축적한 중산계급과 재능 있는 예술가들의 손으로 다듬어진 도시문화로 넘어간 시기에 도시적 표현으로 나타났다.

아서 맥머더, 렌의 시티 처치의 문 그림, 1883

19세기에서 20세기로 넘어가는 과도기에 도시는 갑작스럽게 팽창했다. 예를 들어 파리에는 프랑스혁명으로 인구가 10만 명 정도 감소되었지만, 1801년에는 인구가 55만 명이 되었고, 1851년에는 두 배로 증가하여 105만 명까지 이르게 되었다. 인구의 증가는 19세기 후반에 더욱 가속도가 붙어 1900년에는 271만 명까지 상승했다.

도시가 인구를 흡수하는 데는 이유가 있었다. 사람들이 농촌에 사는 것을 포기하고 도시에 모인 것은 단지 호기심 때문만이 아니었고, 사회구조가 도시적으로 변했기 때문이다. 즉 산업혁명이 초래한 사회구조의 변화라고 할 수 있다.

산업혁명의 진원지인 영국 리버풀Liverpool의 경우 그 변화는 파리Paris보다도 빨랐고 아주 격렬했다. 산업혁명이 시작된 1774년 리버풀이 인구는 불과 34,407명이었다. 하지만 항만도시로서 리버풀의 중요성이 비약적으로 높아지면서 인구는 급증하였다. 12년 후 1786년에 41,600명, 1790년에 55,832명, 1801년 77,653명으로 증가했다. 그리고 마을의 항구에는 평균 6,000명의 뱃사람들이 정박 중인 선박에 기거했다고 하며, 지금의 리버풀 일부가 된 교외에도 5,000명 가까운 인구가 있었다. 이러한 사람들을 전부 고려하면 1801년 리버풀의 도시인구는 영국에서 런던 다음으로 많은 두 번째였다.

많은 도시에서 도시 개조가 이루어졌고, 시설이 새롭게 만들어졌으며, 거대화되었다. 교외에는 주택이 건설되었고, 공장과 오피스가 만들어졌다. 그리고 도시와 도시를 잇는 철도가 개설되었고 외국으로 나가는 항로가 만들어졌다. 따라서 철도역사鐵道驛舍 및 항만과 창고가 많이 만들어졌다. 이 시기에 우리가 사는 현대도시의 원형이 확실하게 자리잡게 되었다.

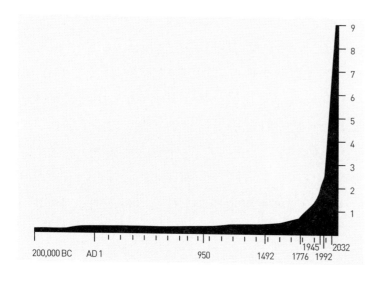

연도별 세계 인구 변화

1900년대 파리의 레스토랑

1900년대 런던의 관람객 모습

　도시는 산업혁명의 흐름을 배후에 두고 급성장하면서 다양한 꿈과 생각을 가진 사람들이 모여 사는 장소가 되었다. 다양한 생각이 공존하는 장소인 도시에는 문화를 꽃피우는 장소와 번화가가 출현했다. 그리고 번화가는 도시 속의 도시가 되었다. 사람들은 번화가에 모였고 다양한 목적이 달성되는 장소가 되었다. 번화가에서 도시는 더욱 도시다움을 발휘하였다. 농촌이나 작은 마을에 번화가가 없는 것은 아니었지만, 번화가는 특별히 도시를 세운 것을 기념한 날이나 축제일에 만들어진 경우가 많았다. 즉 번화가는 일종의 축제를 계기로 만들어진 도시성의 산물이었다. 번화가의 번잡함 속에는 많든 적든 일상의 삶에서 벗어난 비일상적인 축제의 분위기가 흘러넘쳤다. 사회 전체는 신분제도에 속박되어 생활이 지연·혈연에 얽매여 구속되었던 시대였다. 따라서 번화가의 축제적 성격은 사람들의 생활에 변화를 주었고, 잠시 숨 돌릴 수 있는 비상구와 같은 역할을 했다. 번화가의 번잡함 속에서 사람들은 어느 누구와도 알지 못하거나 또는 누군가를 아는 가벼움으로 약간의 자유를 향유할 수 있었다. 여기에서 번화한 장소의 두 번째 성격인 익명성이 나타났다. 사람들은 번화가에서 집단적 일상의 속박으로부터 해방을 맛볼 수 있었다. 이제 번화가에는 이러한 이유로 사람들이 모이게 되었고, 사람들이 모이는 장소가 있기 때문에 더 많은 사람들이 모이게 되었다. 축제적 성격과 익명성은 다양한 타입의 번화가에서 공통적으로 인식되는 흡입력의 원천이었다.

새로운 도시와 새로운 정신

축제적 성격이 장식으로 연결되었고, 익명성이 장식의 평면성에 연결되었던 것이 세기말 도시문화의 조형 표현인 아르누보에서 나타났다. 건축의 표현에는 물결치는 표면의 장식이 널리 사용되었다. 기로에 민한 건물의 파사드도 격식을 나타내는 표현에서 해방되어 한 장의 캔버스와 같은 면으로 변하였다. 파리의 아르누보 건축은 매혹적인 파사드로 사람들을 끌어들였다.

건축에 나타난 표면성은 개성적이었지만 사람의 시각을 표면 속에서 조형의 참된 성격을 담은 본질까지 이끌지는 못했다. 그것은 아르누보가 가지고 있는 평면성과 익명성 때문이었다. 공간의 평면성은 내부에서 어디까지나 표면으로 뒤덮인 한정된 긴장감을 품고 있었다. 실제는 움푹 들어가면서 넓게 확장된 표면성을 보여주고 있다.

아르누보를 둘러싼 명칭의 다양성을 살펴보면 순수하게 조형

구스타프 클림트,
아델 블로흐바우어 부인의 초상, 1907

A. 비어즐리가 그린 '살로메'의 삽화, 1894년

의 외면적인 특징을 포착하여 부르는 이름이 많이 보이는 반면, 진정한 깊이를 나타내는 것은 아주 적다. 이것은 반대로 세기 말 수수께끼와 같은 조형의식을 해명하는 열쇠가 되기도 한다.

마찬가지로 아르누보의 장식은 추상적이면서 부드러운 생명력을 품고 있으며 독특한 조형적 특징을 가지고 있다. 우아함과 생명력을 동시에 나타내는 듯한 모양은 새롭게 시작된 문화에서 비롯된 것이라 할 수 있다. 즉 서구에서 오랜 문화의 축적이 만들어 낸 결과가 19세기 말과 20세기 초의 과도기에 아르누보라는 새로운 예술을 탄생시켰다.

아르누보는 글자 그대로 풀이하면 '새로운 예술'을 의미하지만, 그 속에는 깊고 오랜 유럽문화가 녹아 있다. 마치 무표정하게 시치미를 뗀 표정으로 과거를 밀어젖히고 있지만 수수께끼 같은 우아한 미소의 표면 장식에는 약간의 혼란스러움과 함께 생명감이 넘친다. 따라서 그 속에는 새로움과 전통이 불가사의하게 혼재되어 있는 것이다.

하지만 이러한 정신은 그대로 현대건축의 표현에 이어진 것은 아니다. 일반적으로 근대건축은 정신이나 꿈을 중시하기보다 기술과 재료의 산물이기 때문이다. 그렇다면 현대건축의 근원을 어디에서 찾을 수 있을까?

아르누보와 관련된 다양한 이름

국가	명칭	의미
영국	Morris Style	모리스 양식
스코틀랜드	Glasgow Style	글래스고 양식
프랑스	Art Nouveau	새로운 예술
	Modern Style	현대 양식
	Métro Styl	지하철 양식
	Yachting Style	요트놀이 양식
	Style 1900	1900년 양식
	Belle Epoque	좋은 양식
벨기에	Le Style des Vingt	20인 양식
	La Libie Esthetique	자유 미학
독일	Jugentstil	젊은 양식
	Bendwurmstil	촌충 양식

	Schörkestil	성장하는 양식
	Lilienstil	백합 양식
	Wellenstil	물결 양식
	Belgischestil	벨기에 양식
	Veldeshe	벨도 풍
이탈리아	Stile floreale	꽃의 양식
	Stile Liberty	자유의 양식
	Ligne belge	벨기에 선線
	Syile inglese	영국 양식
스페인	Modernismo	모더니즈모

새로운 재료 - 철, 유리 그리고 콘크리트

근대건축을 뒷받침한 새로운 재료는 철과 유리 그리고 콘크리트라고 할 수 있다. 근대건축의 새로운 단편들을 편집한 케네스 프램튼Kenneth Frampton도 제1장을 '유리, 철, 동 그리고 콘크리트 1775~1915'로 시작하고 있다(A. D. A. Edita Tokyo, 1981).

새로운 재료가 출현할 때 새로운 건축이 나타났는지에 대해서는 일률적으로 말할 수는 없으며, 진정으로 새로운 재료가 존재하는가에 대한 의문도 품을 수 있다. 하지만 근대건축과 새로운 재료 사이에는 이미 명백한 신화가 완성되어 있으며, 이 신화를 면밀히 살펴보면 이것은 물구나무선 모습과 같다고 할 수 있다.

근대건축이 명확한 새로운 건축인 것은 의심의 여지가 없다. 그리고 이 사실에 엄격한 건축가와 역사가들은 근대건축의 근원적 시기의 결정요인을 발견하게 되었다. 즉 재료가 건축에 큰 작용을 미쳤음을 포착했다. 그것은 '새로운 재료가 만든 근대건축'이라는 문구로서 정착하였다. 근대건축의 새로운 재료인 유리와 철 그리고 콘크리트는 오래된 역사를 가지고 있다.

세 종류의 재료는 전부 고대부터 사용되어 왔다. 고대 로마 건축은 천연 콘크리트로 콜로세움과 같은 거대구조물을 만들었다. 그리고 중세 대성당은 넓은 창면적의 다양한 색조의 스테인드글라스로 만들어졌다. 따라서 근대건축을 만든 힘이라 할 수 있는 철, 유리, 콘크리트가 새로운 재료는 아니다. 그런데 이것을 새로운 재료로 의미 있게 만드는 어떤 이유가 있다. 또 이러한 재료를 공예제품으로 만들어낸 요인을 살펴보는 것이 중요하다.

근대건축은 새로운 재료로 만들어졌다고 할 수 있다. 하지만 새로운 재료는 물질 자체가 새롭다는 의미가 아니고 생산기술이 공업화되었기 때문에 새로운 것이라 할 수 있다. 결국 근대건축은 공업화된 기반 위에 성립된 건축이며, 이것이 근대건축의 신화로 표현된 것이다.

처음에 새로운 재료가 사용된 곳은 건축물이 아닌 구조물이었다. 철강구조가 최초로 사용된 곳은 교량 분야이며, 영국에서 아브라함 더비Abraham Darby가 설계하여 1777년부터 1779년 사이에 건설된 콜브룩데일교Coalbrookdale Bridge가 최초였다.

콜브룩데일교 이후에도 영국은 강철구조의 선진국으로 계속 나아갔다. 1826년에 토마스 텔포드Thomas Telford가 설계한 길이 178m의 메나이교Menai Bridge가 완성되었고, 1869년에는 I. K. 브루넬Isambard Kingdom Brunel에 의해 클립튼교Clifton Suspension Bridge가 완성되었다. I. K. 브루넬은 1859년에는 런던에 로얄 앨버트교Royal Albert Bridge를 완성하였다. 1883년에는 J. A. 로블링John Augustus Roebling이 설계한 브루클린교Brooklyn Bridge가 뉴욕에 만들어졌다. 철골콘크리트조의 다리도 이 시기에 실용화되었으며, 1894년에는 프랑스와 안느비크Francois Hennebique가 설계한 길이 약 24m의 다리가 스위스에 준공되

콜브룩데일교, 아브라함 더비, 슈럽쇼어, 1777~1779

메나이교, 토마스 텔포드, 웨일즈, 1826

었다. 당시 교량기술은 독자적 영역을 확실히 형성했지만 여전히 건축과 동떨어진 분야였다.

새로운 재료와 기술이 좀 더 작고 구체적으로 적용된 건축은 유리로 덮인 지붕구조 분야에서 나타났다. 18세기부터 이미 유리를 덮은 천창은 많은 건축물에 사용되었고, 철골보를 건축물에 채용한 예도 많이 있었다. 1829년에 만들어진 파리의 팔레 루아얄Palais Royal의 갤러리에는 P. 퐁테느P. Fountaine가 설계한 철골구조의 유리 지붕이 만들어졌다. 그리고 영국 국회의사당에서도 외관은 당당한 말기 고딕양식이지만 지붕은 거의 철골조로 만들어졌다.

근대건축에서 철과 유리를 조합시킨 건물의 예로는 온실을 들 수 있다. 조셉 팩스턴Joseph Paxton은 1840년에 챗스워스Chatsworth에 온실을 만들었고, 리처드 터너Richard Turner는 1847년에 큐 가든 팜하우스Kew Gardens Palm House를 완성하였다. 이러한 전통에 힘입어 1851년의 런던 만국박람회장인 크리스털 팰리스Crystal Palace가 탄생하게 되었다.

1865년부터 1867년에 걸쳐 주제페 멘고니Giuseppe Mengoni가 밀라노에 유리를 덮은 아케이드인 '갤러리아 비토리오 엠마누엘 Ⅱ세Galleria Vittorio Emanuele Ⅱ'를 만들었다.

엠마누엘 로코Emanuele Rocco는 나폴리에서 1887년부터 1890년에 걸쳐 '갤러리아 움베르토 1세Galleria Umberto Ⅰ'를 만들었다. 1876년에는 루이스 샤를 브왈로Louis Charles Boileua가 파리의 '본 마르세

크리스털 팰리스, 조셉 팩스턴, 런던, 1851년

백화점_{Le Bon Marche}'에 거대 유리 돔을 집어넣었다. 그리고 1882년부터 1883년에는 P. 세디뉴가 파리의 '프랭탕 백화점_{Printemps}'에도 유사한 유리 돔을 넣었다. 이것은 공학기술적 측면에서 큰 위업을 달성한 것이었다. 겉으로 나타난 것은 뛰어난 장식과 아름다운 스테인드글라스이지만 그 속에는 기술적 고심의 흔적들이 깊이 숨어 있었다.

이와 같은 건물은 건축으로 인식되지 않고 건조물로 표현되는

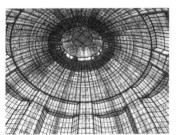

P. 세디유가 설계한 프랭탕 백화점, 파리,
1882~1883

갤러리아 움베르토 1세, 엠마뉴엘 로코, 나폴리,
1887~1890

에펠탑, 구스타프 에펠, 파리, 1885년

것이 많았지만, 이러한 기술이 독자적 영역을 형성하면서 존재
했다. G. G. 스콧G. G. Scott은 1869년에 런던 세인트 판크라스 역St.
Pancras railway station의 역사와 호텔을 완성했다. 건물의 외관은 위풍
을 없앤 고딕양식으로 설계되었지만, W. H. 발로William Henry Barlow
는 철과 유리로 플랫폼을 덮은 건조물을 설계했으며 73m의 경간
으로 된 당시 세계 최대의 실내공간을 만들었다.

1885년 파리 만국박람회에 건설된 루이스 뒤테르Louis Dutert와
빅토르 콩타망Victor Contamin이 설계한 기계관, 구스타프 에펠Gustave

Eiffel이 설계한 에펠탑도 이러한 계보에 속하며, 이러한 구조기술은 당시 건조물에만 나타났다. 철 재료는 창고, 도크 등에 대대적으로 사용되었고, 또한 전통적으로 교회를 상징하는 외관을 나타내고 있으면서 내부는 완전히 철골구조인 사례도 많이 만들어졌다.

아 르 누 보 의 건 축 가 들

벨기에는 아르누보 건축의 탄생지이기도 하다. 당시 아르누보 건축에 가장 몰두했던 건축가는 빅토르 호르타Victor Horta였다. 그는 고딕의 기술적 공헌을 찬양한 비올레르 뒤크를 추종했으며, 철과 유리와 같은 새로운 재료를 수공예 기술로 재구성하여 건축에 적용하였다. 주로 노출된 철골구조를 사용하였다.

아르누보의 출발점이 되었던 건물은 빅토르 호르타가 설계한 타셀 주택Hotel Tassel(1893년)이었다. 여기서는 철 재료가 구조체와 분리되었지만 조형과 장식에 적극적으로 사용되었다. 특히 건물 내부에는 식물을 모티브로 한 장식이 대거 사용되었으며, 공간의 유동성이나 환상성을 만들었다.

호르타가 설계한 대표적인 건축으로는 자신의 집인 호르타 주택을 들 수 있다. 이 건물은 개구부가 작은 소규모 건축이며 현재 호르타 박물관으로 사용되고 있다. 건물의 외관만 보면 내부 공간에 풍부한 장식의 아르누보 공간이 숨어있으리라고 상상하기 어렵다. 파사드에 표출된 철재세공의 곡선 디자인은 아르누보 건축을 알게 하는 실마리를 제공한다. 주택 2층의 발코니에서 3층의 내민창으로 연결된 철골 손잡이는 잠자리 같은 곤충 모양으로 이루어져 있다.

건물의 평면계획은 중간에 계단실을 두고 가로변과 정원 쪽에 방을 배치하고 대리석 계단을 따라 레벨이 변화하는 스킵플로어로 구성했다. 내부 공간에서 가장 주목할 것은 아트리움을 둘러싼

타셀 주택, 빅토르 호르타, 브뤼셀, 1893

호르타 주택, 빅토르 호르타, 브뤼셀, 1902

나선형 계단실의 장식과 구성이다.

장식은 구조 표현의 유기적 부분이어야 한다는 개념에 따라 독
창적이고 현란함을 느끼게 한다. 이러한 독특한 디자인은 아르누
보의 자연적 불규칙성에 기초하고 있다. 여기에 사용된 재료는 대
리석, 철, 유리이며, 식당의 볼트천정과 벽 그리고 바닥과 같은 내
부공간에는 타일을 다채롭게 사용하여 곡선디자인을 보다 강조
하고 있다.

계단의 난간 지지대는 부드러운 곡선으로 부서질 정도로 섬세
하게 만들어졌고, 위를 향해 원호를 그리며 상승감을 나타내고 있

카스텔 베랑제, 엑토르 기마르, 파리, 1898

다. 특히 최상층의 곡선 천장과 벽면, 달아내린 조명과 계단의 난간 디자인은 호르타 라인Horta line이라 불리며 아르누보의 걸작이라 할 만큼 아름답게 연출되었다. 또한 곤충이나 식물을 모방한 곡선은 가구나 조명의 디테일에 이르기까지 일관되게 사용되었다. 모더니즘의 기능주의적 공간에는 없는 인간의 감성을 직접 움직이는 풍성하고 부드러운 공간의 분위기가 내부에 감돌고 있다.

프랑스에서는 엑토르 기마르Hector Guimard가 프랑스 최초의 아르누보 건물인 카스텔 베랑제 주택Castel Béranger(1898년)에서 식물이나 곤충의 곡선을 이용하여 철 재료에 대한 심미성을 보여주었다. 하지만 당시 사람들은 카스텔 베란제에 대해 '기품이나 조화도 없는 지리멸렬하게 여러 가지를 뒤섞은 건축'이라고 차갑게 비판했다. 7층 36채의 주택으로 구성된 건물은 정원에서 접근하도록 계획되었다. 중정으로 가는 출입구 통로 벽면의 스틸프레임에 끼워진 도자기판과 바닥의 모자이크 타일은 특유의 아르누보 모양으로 그려져 있다. 호르타나 기마르도 새로운 재료인 철과 유리로서 자연을 모티브로 삼아 당시까지 없었던 새로운 감각을 표현했다.

03

신세계의 건축,
미국의 도시를 만들다

(1900년 이전)

시 카 고 파 Chicago School

1776년에 독립을 선언한 미국은 유럽에서 건너온 동일한 계통의 국가였지만 글자그대로 신세계를 만들 수밖에 없었다. 1804년에 시카고 천川이 미시간 호수로 흘러가는 곳에 디어본 요새Fort Dearborn가 만들어졌으며, 이후 시카고 마을로 발전했다. 시카고는 미대륙 중부의 대초원과 북부의 산림을 배후에 두고 농업과 임업의 중심지가 되었고, 나중에 오대호에 면하는 편리한 교통에 힘입어 상공업 도시로 발전했다.

하지만 1871년 시카고에 대화재가 발생하여 당시 형성되었던 도시가 거의 파괴되는 미증유의 피해를 입었다. 피해액은 약 1억 9천만 달러였으며 10만 명 시민의 주거지가 파괴되었다. 시카고에는 피해를 입은 도심부의 재건 과정 중에 새로운 타입의 빌딩이 탄생하게 되었다. 그것은 일반적으로 '시카고파'라고 불리는 건축가들이 세운 건물이다.

시카고파 건축은 기본적으로 오피스 빌딩의 건축으로 발전했다. 오피스는 20세기의 가장 중심적인 건물이라고 할 수 있다. 원래 '오피스'라는 말은 거대한 주택에서 가사 일을 하기 위한 각각의 방

1874년 시카고의 모습

(부엌, 식품저장고, 가정집무실 등)을 부르는 것이었다고 한다.

또한 도시 전체의 사무기능을 관리하는 시설로 시청사와 홀 등도 사무소라고 불렸다. 미술관으로 유명한 피렌체의 우피치궁전 Uffizi Palace은 이탈리아어로 오피스이며, 실제로 이 건물은 코시모 1세Cosimo I가 피렌체의 행정사무를 위한 건물로 완성한 것이었다. 하지만 현재 일반인이 이해하고 있는 '오피스'는 하나의 회사나 몇 개의 회사가 사무를 보기 위한 건물이며, 근대의 산물인 것은 누구나 알고 있다.

조르지오 바사리, 코시모, 1560

근대도시의 이념을 높게 평가했던 선언이면서 건축과 도시의 역사 속에 이름난 '아테네 헌장'(1933년)에서는 도시의 요소를 거주, 여가, 근로, 교통 그리고 역사적 유산으로 구분하여 분석하고 있다. 그중 근로의 요소인 사무소에 대해서는 다음과 같이 서술하였다.

'공업의 비약적 발전은 필연적으로 업무나 개인 관리사무나 상업을 파생시켰다. 이 분야에서 정확히 검사하거나 예측을 세우거나 한 것은 아무 것도 없다. 사거나 팔거나 해야 하고 공장과 공방, 공학자와 고객 사이를 중개해야만 했다. 이런 거래에는 사무소가 필요하다.'

홈인슈어런스 빌딩, 윌리엄 르 바론 제니, 시카고, 1885

오리엘 챔버스, 피터 엘리스, 리버풀, 1865

퍼스트 레이터 빌딩, 윌리엄 르 바론 제니,
시카고, 1879

므나드녹 빌딩, 번함&루트, 시카고, 1891

릴라이언스 빌딩, 번함&루트, 시카고, 1895

이렇게 탄생한 오피스, 즉 사기업을 위한 오피스 빌딩은 근대 공업의 성립과 함께 출현하게 되었다. 각종 건물의 성립과정을 연구한 건축역사학자 니콜라스 페브스너Nicholaus Pevsner는 근대적 오피스 빌딩의 역사적 시작을 19세기 초 런던에서 찾았고, 그 효시를 1819년 카운티 화재보험회사라고 했다. 이 건물은 1층에 아케이드를 둔 18세기 풍의 고전주의 건축이었다. 이후에도 오피스 빌딩은 보험회사가 많았으며, 웨스트민스트 화재보험(1829~1830년), 웨스트민스트 손해보험(1832년), 썬 화재보험 (1841~1842년)으로 이어진다고 페브스너는 서술했다.

그리고 초기 오피스 빌딩의 걸작이라고 할 수 있는 영국 리버풀의 오리엘 챔버스Oriel Chambers(1865년)는 피터 엘리스Peter Ellis가 설계하여 만들어졌다. 이 빌딩은 오리엘이라는 이름이 나타내는 것처럼 몸통에 철골구조를 사용하면서 빌딩 전체는 출창出窓으로 구성되어 있다.

이러한 오피스 빌딩을 본격적으로 발전시킨 도시는 시카고였다. 안토니오 가우디Antoni Gaudi를 탄생시킨 도시가 바르셀로나이고 찰스 레이니 매킨토시Charles Rennie Mackintosh를 탄생시킨 곳이 글래스고인 것처럼, 시카고 또한 국가의 상공업 중심지로 계속 확장된 도시였다.

시카고에서 철골구조빌딩을 확립시킨 건축가는 윌리엄 르 바론 제니William le baron jenny였다. 그는 파리의 예술수공예중앙학교에서 공부하였고 남북전쟁 때에는 기사로 활동했다. 그가 시카고에서 건축가로 활동하며 최초로 다룬 철골빌딩은 퍼스트 레이터 빌딩First Leiter Building(1879년)이며, 이어서 홈인슈어런스 빌딩Home Insurance Building(1879년)을 설계했다. 이 건물은 철골을 사용하여 석조빌딩의 중량을 1/3로 줄일 수 있었다.

홈인슈어런스 빌딩이 완성되던 해에는 파리의 에콜 데 보자르École des Beaux-Arts에서 배운 H. H. 리처드슨Henry Hobson Richardson이 시카고에 마샬 필드 스토어Marshall Field Store(1885~1888년)를 설계했으며, 이 건물도 많은 건축가에게 신선한 놀라움을 주었다. 또한 1891

년에는 다니엘 H. 번함Daniel. H. Burnham과 존 W. 루트John Wellborn Root가 설계한 므나드녹 빌딩Monadnock Building이 만들어졌고, 1895년에는 릴라이언스 빌딩Reliance building이 완성되었다. 이러한 건물은 당시의 양식적 표현에 의존하지 않고 철골구조로 디자인한 건물들이었다.

시카고의 건축발전은 구조와 기술의 거대한 발전 속에 위치시킬 수 있다. 동시에 근대 사회가 만든 새로운 공간의 출발점으로서 오피스를 이해하는 것이 이후 건축의 역사를 생각하는 데 중요한 부분이다.

구조·기술 산업연표

년도	활동 내용
1769	증기기관의 개발(J. 와트), 증기자동차(큐노Nicolas Joseph Cugnot)
1777~1797	콜브룩데일교Coalbrookdale Bridge(A. 다비Abraham Darby) : 강철 교, 영국
1804	증기기관차(리처드 트레비딕Trevithick)
1816	타임즈지紙, 증기기관에 의한 인쇄기채용
1818~1826	메나이교Menai Bridge(토마스 텔포드Thomas Telford, 176m), 최초의 근대적 현수교, 영국
1825	증기기관차 운영 개시(조지 스티븐슨, 스탁튼 앤 달링턴 철도), 영국
1828~1829	팔레 루아얄Palais Royal 갤러리(P. 퐁테느) : 철골구조, 파리
1829~1869	클리프톤교(I. K. 부르넬Isambard Kingdom Brunel, 124m), 영국
1830	철도개통(리버풀과 맨체스터, 시속 32km)
1831	압연형강 생산
1836~1840	챗스워스 온실(조셉 팩스턴Joseph Paxton), 영국
1843	최초의 전보국 개설, 영국
1843~1850	생 주느비브에 도서관(앙리 라브로스테), 파리
1845~1847	큐 가든 팜하우스(R. 터너), 영국
1849	철근콘크리트 개발(조셉 모니에F. Joseph Monier)
1850~1851	크리스털 팰리스(조셉 팩스턴), 런던
1852~1854	패딩턴역Paddington station(I. K. 브루넬), 런던
1854	최초의 엘리베이터, 뉴욕
1854~1859	로열 앨버트교(I. K. 브루넬), 런던
1855	베세머 강鋼Bessemer steel 생산
1857~1870	프레쥐 몽 지니 터널(12,233미터), 프랑스-이탈리아
1859~1861	나폴레옹 3세교(A. 우드리, 가동교), 브레스트
1861	아스팔트 개발

1863~1869	세인트 판크라스 역St. Pancras Railway station(W. H. 발로William Henry Barlow, 73m스팬), 런던
1866	대서양 횡단케이블 부설
1867	인쇄용 윤전기 개발
1869	수에즈운하 완성
1870~1883	브루클린교Brooklyn Bridge(J. A. 뢰블링, 520m), 뉴욕
1872~1879	산 고타르로 터널San Gttardo Tunnel (14,984m), 스위스
1876	전화기 개발(G. 벨)
1878	축음기 개발(에디슨)
1883	가솔린 엔진 개발
1888	자동전화기 개발
1889	자동차 개발. 피리 만국박람회(뒤텔과 콘타만의 기계관. 에펠탑)
1890	브레멘 박람회에 철근콘크리트교 제작
1893	디젤엔진 개발
1893~1896	미라보교, 파리
1894	최초의 실용 철근콘크리트교(H. 엔느비크, 24m), 스위스
1898~1905	심플론 터널Simplon Tunnel(19,770m),스위스-이탈리아
1903	최초의 비행선 운행
1908	몽고메리사의 철근콘크리트창고(R.E. 슈미트), 시카고
1922	브레스라우박람회장(M. 베르크) : 목조대가구
1927	지오데식 돔의 제안(벅민스트 풀러)
1932	조지 워싱턴교(1,067.5m), 허드슨강
1933~1937	골든 게이트교Golden Gate Bridge (J.B.스타라우스 외, 1280m), 샌프란시스코
1936	홀란드 터널Holland Tunnel (2,581m) : 도로 터널, 뉴욕
1958	배튼 루지에 지은 돔(벅민스터 풀러, 117mØ), 미국
1958~1969	몽블랑터널(12,600m) : 도로터널, 프랑스-이탈리아
1967	몬트리올 박람회(오트 프라이가 설계한 독일관, 벅민스터 풀러의 미국관)
1970	오사카 만국박람회(축제광장)
1972	뮌헨 올림픽 공원(오트 프라이의 텐션구조)
1977	오키나와 해양전(아쿠아폴리스). 드골공항 격납고(78m스팬), 프랑스
1980	보잉사 보잉707 및 767 조립공장(82700ft²),시애틀
1981	미국 : 스페이스셔틀 콜롬비아호 발사/마이크로소프트, IBM-PC용의 기본소프트 MS-앤를 개발.
1982	오존홀 관측
1994	미국 : 넷스케이프사, 브라우저개발, 인터넷으로 엑세스. 영국과 프랑스 터널개통
1995	미국 : 마이크로소프트, GUI형 기본 소프트 윈도 95개발
1996	말레이시아 : 세계 최고층 페트로나스타워 완성(450m)

1997	영국 : 로슬린 연구소에서 복제양 돌리 탄생(2003년 사망)
2000	미국 : 나노테크놀러지 전략 발표
2004	대만, 타이베이 101타워 완공(현재 509m로 아시아에서 제일 높음)
2007	애플사, 스마트폰 첫 출시
2010	초고층 빌딩, 부르즈 칼라파 완공(현재 828m로 세계에서 제일 높음)
2012	화상 탐사선 큐리오시티 착륙 성공

루이스 설리번과 프랭크 로이드 라이트

오피스 빌딩의 성립은 근대도시의 기본적인 성격을 결정짓는 것이었다. 아테네 헌장에서 오피스 빌딩에 관해서 '사무소는 도시 속에 집중된 업무거리를 만들었다.'라고 지적하였다. 오피스는 도시의 중심을 점유하게 되었고, 상황이 역전되어 오피스 빌딩이 집중된 지구地區를 도시 중심부로 간주하게 되었다. 그러면서 사람들은 자신들이 사는 곳에서 도시 중심부로 통근하게 되었다. 직주분리職住分離라는 생활형태가 여기에서 성립하였다. 직주분리는 근대사회의 공간구조였다. 한편으로 주거를 가지고 있으면서 다른 한편으로 오피스나 공장 등의 직장을 소유하는 장소가 근대도시였다.

주거 속에 독창적인 공간을 집어넣은 건축가인 프랭크 로이드 라이트Frank Lloyd Wright가 시카고에 등장하였다. 이것은 시카고가 상공업도시로 발전하면서 시카고파 건축가들이 발전시켰던 오피스 빌딩의 개발에 대응한 역사적 필연이라고 할 수 있다. 프랭크 로이드 라이트는 시카고의 건축가 루이스 설리번Louis H. Sullivan으로부터 건축가의 경험을 쌓았다. 설리번은 리처드슨처럼 파리에서 건축 교육을 받은 건축가였다. 설리번과 함께 라이트는 주택건축을 많이 다루었다. 따라서 라이트의 건축 속에 보이는 형태적·공간적 특징은 설리번의 사상으로부터 이어받은 것이다.

'형태는 기능을 따른다'라는 유명한 말은 라이트의 스승인 루이스 설리번이 말했던 것이다. 루이스 설리번은 자연 속에 숨겨진

로비 주택, 프랭크 로이드 라이트, 시카고, 1909

형태의 원리와 건축창조의 노동을 동일한 하나의 문맥으로 받아들였다. 루이스 설리번의 사상은 19세기 후반 유럽의 자연주의자로부터 많은 영향을 받았다.

영국의 사회사상가인 존 러스킨John Ruskin은 자연계의 생명이 모든 건축의 시작이라고 했다. 그는 자연 속에서 모든 형태의 근원을 찾았으며 건축은 자연의 생명력을 강력하게 표현하는 것이라고 생각했다. 루이스 설리번이 '형태는 기능을 따른다'라고 말했을 때, 그는 자연의 형태에서 보이는 원리를 건축에도 적용하고자 했다. 하지만 이후 이 말은 기능주의의 표어로 거듭나게 되었다.

라이트가 독립하면서 처음으로 다루었던 건축도 주택이었다. 대지가 넓은 미국에 적합한 주택은 저층으로 펼쳐진 방 배치로 이루어졌다. 각 방은 서로 흐르듯 상호 관입하며, 긴 처마의 지붕이 낮고 길게 튀어나온 형식으로 완성되었다.

프레리 하우스Prairie house(초원 주택)라고 부르는 이러한 일련의 주택은 독립전용 주거라고 하며, 근대사회에 필요한 건축형식에 새로운 개념을 집어넣었다. 이러한 개념에 근거하여 시카고의 교외에 오크 파크와 리버사이드라는 주택지를 만들었다. 로비 주택 Robie House(1909년)은 그중에서도 가장 아름다운 주택이다.

이후에 그는 시카고에 미드웨이 가든스Midway Gardens(1913년)를 지었고, 일본 도쿄에 제국호텔Imperial Hotel(1920년)을 만들었다. 제국

존슨왁스 빌딩, 프랭크 로이드 라이트,
위스콘신, 1936~1939

낙수장, 프랭크 로이드 라이트, 펜실베이니아,
1937~1939

호텔은 관동대지진 때도 피해가 없었지만 제2차 세계대전 후 경
제성장의 흐름 속에서 손실되었다. 현재는 아이치현의 메이지무
라에 로비 부분만이 재건되어 있다. 일부분의 재건에 불과하지만
그의 대표적 공간을 음미할 수 있다.

　프랭크 로이드 라이트가 설계한 건축공간의 본질은 독립전용
주거라고 하는 근대사회특유의 건축에 대한 깊은 공감이 있었다.
1910년에 라이트의 작품집이 유럽에 출판되었고 많은 건축가에
게 깊이 영향을 주었다. 그것은 라이트 건축이 보여준 독특한 유
기적 공간성 때문이었다.

　그가 설계한 펜실베이니아주⁩의 베어런에 지은 낙수장Falling wa-
ter(1937~1939년), 위스콘신주 라신의 존슨왁스 빌딩Johnson&Wax Build-

ing(1936~1939년) 등에서는 동일하게 인간적인 스케일의 공간을 볼 수 있다. 바꿔 말하면 그가 설계한 모든 건축에서 공간스케일의 출발점은 주택이었다고 할 수 있다.

동시에 라이트가 설계한 건축은 세밀한 장식적 요소가 큰 특징이다. 그의 공간은 근대건축에서 가능하게 된 자유로운 공간과 각 상세 부분의 풍부함을 동시에 나타낸 것으로서 시대를 넘어서도 그의 정신을 느낄 수 있다.

세부의 중요성은 그가 스승인 루이스 설리번에게서 배운 것이라고 할 수 있다. 설리번은 1895년의 개런티 빌딩Guaranty building, 1899년 카슨 피어리 스코트 백화점Carson Pirie Scott department 등을 설계하면서 시카고파의 오피스 빌딩의 형식을 완성했으며 정교한 세부장식의 풍부함을 나타내었다. 그가 설계한 건물에는 파리에서 설계를 공부하던 시절 배웠던 보자르풍의 세부장식에 대한 아기자기한 재능이 나타나 있다.

아 메 리 칸   보 자 르American Beaux- Arts

미국 건축이 자기표현을 하게 되었던 원천에는 토마스 제퍼슨Thomas Jefferson이 있었다. 미국독립 선언의 기초자로 알려져 있는 그는 미합중국 제3대 대통령이었다. 그는 1774년부터 1779년까지 프랑스 대사로 파리에서 지내면서 프랑스 고전주의 건축에 깊이 공조했었다.

그는 건축이 한 나라의 문화적 가치를 반영하고 사회의 중요한 질서를 결정짓는다고 생각했다. 또한 아름답고 이상으로 가득 찬 건축이라면, 국민의 수준을 향상시켜서 전 세계의 존경을 받을 수 있을 것이라고 믿었다.

미국처럼 역사가 짧은 나라에는 전통적 건축은 존재하지 않는다. 따라서 건축에 필요한 사항은 명쾌한 조형원리이다. 고전주의의 심메트리를 기본으로 한 구성법은 아무것도 그려지지 않은 흰 종이 위에 공간질서를 주는 중요한 근거가 되었다. 제퍼슨은 1809년에 완성된 자택인 몬티첼로, 1796년에 준공된 리치몬드의 버지니아 주의회사당, 그리고 버지니아 대학(1817~1826년)에 건축의 이상을 담아 설계했다. 정치가로서 제퍼슨의 행적을 살펴보면, 1785년에 서부로 이주하여 생활하기 위한 토지조례를 통과시켰고, 그가 국무장관을 맡으면서 1789년부터 1794년에 걸쳐 워싱턴 시의 기초를 다졌으며, 국회의사당 설계경기를 진행하였다. 그가 통과시킨 토지조례의 내용은 새로운 서부지역을 1마일씩 동서남북의 그리드로 분할하여 토지개발단위로 한 것이었다.

몬티첼로 주택, 토미스 제퍼슨, 몬티첼로, 1809

도시를 계획할 때, 국토 전체를 격자형 토지구획으로 연결하는 계획을 세우는 것은 곤란했지만 한정된 구역에서 격자상의 도로와 방사상 도로를 조합시켜 구획하는 방법이 자주 채용되었다. 이러한 디자인 방법을 바로크적 도시계획이라고 한다. 이는 도시를 눈에 보이는 형태로 파악하는 바람직한 방법으로 19세기 파리 나폴레옹 3세의 신하였던 오스망G. E. Haussmann에 의해 대대적으로 시도되었다.

미국에서는 한층 더 인공적인 구성이 이루어졌다. 1791년에 피에르 랑팡Pierre L'Enfant이 설계한 워싱턴 계획, 1807년에 우드워드Augustus B. Woodward에 의해 만들어진 디트로이트 계획, 1811년에 책정된 뉴욕 계획, 그리고 1821년에 알렉산더 랄스톤Alexander Ralston에 의해 만들어진 인디애나폴리스 계획 등은 기본적으로 격자형과

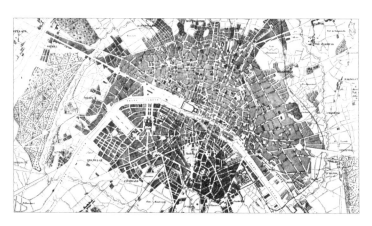

뉴욕 도로망 계획, 오그스트 우드워드, 1811

파리개조 계획안, G. E. 오스망, 1853~1869

인디아니폴리스 계획, 알렉산더 랄스톤, 1821

방사형의 도로에 의해 토지를 분할한 것이었다.

이러한 도시계획은 보자르가 시도했던 바로크적 장대한 도시 계획 수법과 같은 계통이면서 제퍼슨의 이상에 합치한 정신을 나타낸 것이라 할 수 있다. 토마스 제퍼슨은 18세기 영국 건축가 로버트 모리스Robert Morris의 건축서와 영국에서 영향력이 강한 16세기 이탈리아 건축가 안드레아 팔라디오Andrea Palladio 등을 연구했다. 이렇게 이탈리아, 프랑스, 영국의 전통적인 건축은 서서히 미국에 접목되면서 미국화되었다.

프랭크 로이드 라이트의 궤적은 이러한 미국의 전통이 제대로 자라게 된 증거이기도 하다. 그것은 다른 유럽 주변 국가에서 보였던 로맨틱 내셔널리즘의 출발과는 다르며, 어떤 의미에서는 스스로의 전통을 쌓고 난 후에 드러난 동질성이라 할 수 있다.

04

로맨틱 내셔널리즘,
전통과 혁신 사이에 머물다

(1910년대)

뒤처진 것이 선두로 나아가다

건축역사를 살펴보면 19세기만큼 양식적 사고가 지배적이었던 시대는 없었다. 모든 시대에는 시대마다의 양식이 있지만, 19세기에는 당시 시대고유의 양식이 아닌 과거 양식을 설계의 기본으로 삼았다. 건축가들은 고딕양식[1] 또는 고전주의[2]에 근거하여 설계했다.

고전주의라는 용어는 18세기 후반에 많이 사용되었던 낭만주의와는 대립되는 개념으로 나중에 생긴 것이다. 다른 예술영역, 예를 들면 문학에서는 고전주의를 정의하기 어렵지만 건축의 경우는 비교적 명확하게 설명할 수 있는 것이 특징이다. 또한 고전주의가 건축에서는 르네상스 이후 서양을 중심으로 하는 근세·근대 건축사에서 반복해서 나타났다.

19세기 건축에서는 네오 고딕양식이 영국과 프랑스에서 꽃을 피웠다. 또 19세기 후반에는 네오 바로크까지 출현했다. 19세기 후반에는 앞서 신고전주의를 포함한 그리스·로마 이후의 서구건축계에 나타났던 주요한 건축양식을 제거하면서 절충주의를 만들게 되었다. 유럽건축사에서 고전주의가 반복해서 나타났던 사정을 설명할 때, 프리드리히 니체 Friedrich W. Nietzsche 는 아폴로적인 것(고전주의)과 디오니소스적인 것(고딕, 바로크)의 대립의 역사로 유럽문화사를 그렸다.

하지만 19세기는 사실을 중시하는 시대였다고도 말할 수 있다. 관념론으로 한 가지의 가치관을 지적할 때 사실의 뒷받침이 없다면 그것은 약화된다. 유럽의 여러 나라가 해외에 식민지를 차례로 획득했던 19세기는 실적만이 전체의 평가기준이 되었던 시대였다. 마찬가지로 건축에서도 사실에 의한 뒷받침, 즉 역사적 실증성實証性이 요구되었다. 건축가들은 자신들의 설계도에 그린 건축 세부가 어떻게 역사적 내력에 충족되거나 정확한지를 곧바로 설명할 수 있어야 했다.

건축의 양식론은 관념적 가치관으로 설명되었던 것이 아니었

[1] 중세유럽에서 12세기부터 14세기까지 이루어진 양식이며 원호를 조합시킨 첨두아치, 장미창, 스테인드글라스, 플라잉 버트레스가 특징이다.

[2] 건축에서 고전주의는 아주 넓은 의미로 사용되고 있다. 그리스나 로마의 건축으로 시작하여 르네상스 건축에서 다시 나타나는 양식 전체를 가리킨다. 가장 큰 특징은 도리스식, 이오니아식 등으로 불리는 기둥을 사용하여 건축을 구성하는 것이다. 이러한 기둥 형식을 오더라고 한다.

다. 그것은 약간 고답적인 논의면서도 사회의 현실에 대항하기 위한 역사적 사실과 대치하여 보여주기 위한 논리였다.

건축가의 재능은 현실의 다양한 요구에 대해 정통적인 양식적 지식을 이용하여 즉각적인 해결안을 만들어 보여주어야 했다. 그때 요구되는 지식이란 양식적 세부에 대한 지식, 즉 건축을 구성하는 부분의 정확성이다. 따라서 '양식의 부품'을 조합하여 어떤 구성물을 만들어낼 것인지는 건축가의 재량이었다. 때문에 건축가는 아주 정확한 과거의 양식적 언어를 구사하면서도 전체로서는 미증유의 구축물을 만들었다. 이와 같은 상황이 발생한 이유를 살펴보면 다음과 같다.

19세기 양식의 다양성에 관한 상황을 전체적으로 살펴보면, 양식이라는 지위의 총체적 하락과 양식의 진행이 무력화된 시대였다. 절대 유일한 시대양식이 존재하지 않는다는 것은 어떠한 양식을 이용하더라도 가치는 상대적인 것에 지나지 않음을 의미한다. 다양한 양식은 항상 자신의 양식적 정통성을 계속 주장해야만 한다. 이때 각 양식의 정통성을 보증하는 것이 역사의 정확성이다. 건축가는 정확한 역사적 부분을 이용할 때만 자신의 정통성을 역사의 이름으로 주장할 수 있다.

19세기에 등장한 절충주의Eclecticism는 양식을 없애는 대신 그것을 카탈로그화하는 특징을 보여주었다. 이렇게 양식에 관한 패턴북이 출판되면서 건축가는 창조적인 디자인을 버린 채 양식의 패턴 조합에만 몰두했다. 19세기 말부터 모더니즘이 나타나기 전까지 이 시대를 건축사에서는 절충주의 시대라 부른다. 결국 19세기에서 양식은 건축의 정통성을 보증하는 근거였다. 건축가의 사고에는 건축의 시장가치를 높여 유통을 보증할 수 있다고 말할 만큼의 강한 신념이 자리 잡고 있었다.

하지만 세기 말의 도래와 함께 객관적 양식에 대한 회의적 사고가 건축가들의 마음속에 움트기 시작했다. 아르누보라는 신양식의 모색은 그러한 상황에서 만들어졌다. 아르누보는 유럽 각국으로 다양하게 확장되어 갔지만, 단순히 영향을 주고받는 관계만이

고딕양식의 교회. 19세기 고딕양식 부흥을
이루었던 건축가 A. W. N. 퓨진이 설계한
고딕 교회을 전부 모은 그림

아닌 문화의 자각이라고 할 수 있는 감정을 불러일으켰다.

20세기 초 영국, 프랑스, 이탈리아의 중심도시를 벗어난 각지에
나타난 다양한 개성적 건축에는 당시까지 유행했던 건축에서 독
특한 자극을 많이 받았다. 스페인에서 안토니오 가우디Antoni Gaudi
가 등장했고, 스코틀랜드의 글래스고에는 찰스 레이니 매킨토시
Charles Rennie Mackintosh가 등장했다. 그리고 네덜란드에는 암스테르담
파Amsterdam school 건축가들이 등장했고, 핀란드에는 에리엘 사리넨
Eliel Saarinen이 나타났다.

그들은 각기 다른 스타일로 창작했던 건축가들이었지만, 디자
인의 차이를 넘어 공통점이 느껴지는 부분도 있다. 그 공통점은
각각의 건축가들이 활동한 조국의 문화적 전통을 작품의 기반에
두고 건축을 설계했다는 것이다.

안토니오 가우디는 고딕양식과 카탈로니아의 지역성에 근거하
여 건축을 설계하였다. 찰스 레이니 매킨토시는 스코틀랜드의 조
형과 켈트풍 장식에 근거하면서 아르누보의 조형을 만들었다. 암
스테르담파의 건축가들은 벽돌 조형의 전통을 정교하고 치밀하
게 발전시켰다. 서로가 발판으로 삼았던 전통은 다르지만, 자신들
의 문화를 재인식하고 자신들의 문화에서 출발하려는 사고에서

시작했다고 말할 수 있다.

역사적 양식을 부흥시키는 리바이벌리즘의 건축은 19세기 말 일종의 전문지식과 같은 관점을 나타내었다. 하지만 유럽의 주변 국가에서는 자국의 문화적 전통을 재확인하면서 근대화된 의식을 상기시키는 듯한 분위기가 생겨났다. 일반적으로 이러한 움직임을 로맨틱 내셔널리즘Romantic Nationalism이라 부른다.

로맨틱 내셔널리즘은 근대적인 의식의 원천으로서 선진국의 이념을 적극적으로 받아들여 자신들의 건축기반을 굳건하게 만들었다. 따라서 이 흐름은 자신의 전통을 살린 조형을 만들고자 했던 움직임이라 정의할 수 있다. 그 점에서 로맨틱 내셔널리즘은 단순히 자신의 과거를 회고하고 뒤돌아보는 것만은 아니다. 이 용어는 북구의 20세기 초 건축에서 사용되었지만, 실제로는 근대화를 맞이했던 크고 작은 나라에서 동일하게 대두된 의식이었다.

한발 앞서 근대화를 진행했던 나라에 합병되지 않도록 의식을 일깨우면서 스스로가 근대화를 모색할 때는 무엇보다도 자기 문화의 출처를 의식하고 그것에 근거해야 한다. 이런 관점에서 볼 때 확실히 로맨틱 내셔널리즘은 그러한 움직임과 부합된다. 한발 늦게 근대화가 시작된 여러 나라에서 오히려 빼어난 건축표현에 도달하는 경우도 있었다.

안토니오 가우디Antonio Gaudi

안토니오 가우디는 1852년 스페인의 카탈로니아 지방에서 태어난 아르누보 건축가이다. 그가 태어나기 이전 해에는 산업혁명의 선진국이었던 런던에서 만국박람회가 개최되었으며, 카탈로니아는 스페인에서도 유일하게 공업화를 지향했던 지방이었다. 가우디가 태어난 시기에 근대화운동이 강하게 펼쳐지고 있었다. 가우디의 삶의 모태가 되었던 카탈로니아는 피레네 산맥의 다른 한쪽 끝에 위치하면서 이슬람 문화의 영향이 심한 유럽의 주변부였다.

사그라다 파밀리아, 안토니오 가우디, 바르셀로나, 1883~1926, 1953~

카사 밀라, 안토니오 가우디, 바르셀로나,
1906~1910

만일 카탈로니아가 당시 유럽문화를 동일하게 공유하는 곳이었다면 가우디는 당시 프랑스와 영국의 건축가와 같은 문제에 주목하면서 자신만의 개성을 찾지 못한 건축가가 되었을 것이다. 아마도 현재 우리가 볼 수 있는 가우디의 작품 역시 볼 수 없었을지도 모른다. 그만큼 그의 예술에는 카탈로니아의 정서가 깊이 스며들어 있다.

가우디가 학생시절에 그린 건축도면에는 프랑스 에콜 데 보자르École des Beaux-Arts(국립미술학교)의 도면기법을 숙달하기 위해 노력했던 흔적을 엿볼 수 있다. 또 그 도면을 보면 그가 당시 유럽에서 유행했던 고딕 리바이벌Gothic Revival[3]의 영향을 받았음을 알 수 있다. 정교한 도면에서는 치밀한 외부 구성에 대한 그의 고심과 애정을 느낄 수 있다. 따라서 그가 그린 초기의 도면을 통해 가우디를 영국과 프랑스 고딕주의자들, 이를테면 존 러스킨John Ruskin이나 비올레 르 뒤크Eugne-Emmanuel Viollet-le-Duc와 근접하게 평가하기도 한다.

하지만 그 후의 작품은 가우디만의 원리를 나타낸 것이었다. 이 점을 이해하기 위해서는 먼저 주변 예술운동을 살펴볼 필요가 있다.

19세 말 유럽으로 확산된 아르누보는 카탈로니아에서 모더니

[3] 19세기 영국, 프랑스, 미국 등을 중심으로 일어난 건축운동으로 중세 고딕양식을 사용하여 건축을 만드는 경향을 말한다. 대표적인 건축으로는 영국의 국회의사당이 있으며, 19세기에 중세 양식을 부흥시키고자 유행했다.

구엘 공원, 안토니오 가우디, 바르셀로나, 1900~1914

즈모Modernismo라는 이름으로 알려졌다. 가우디는 당연히 모더니즈모를 대표하는 한 사람이었다. 가우디는 모더니즈모의 운동과 관계가 깊으며, 아르누보 운동 속에 보이는 고딕 리바이벌에서 벗어나려는 자세는 가우디의 작품에서 독특한 형태로 나타났다.

도시 속에서 우뚝 솟은 탑이 특징적인 예는 여타 유럽에도 많지만, 사그라다 파밀리아 교회만큼 강렬한 인상을 주는 경우가 드물다. 이 교회는 바르셀로나의 최대 랜드마크 건축이다.

1883년 그가 고딕 리바이벌의 건축으로 사그라다 파밀리아 교회를 공사하게 된 후부터 그는 평생 이 교회와 관계하게 되었다. 이 교회는 가우디의 건축제작 생애에 걸쳐 미완의 최고 걸작으로 유명하지만, 최초의 건축가는 가우디가 아니었다. 그는 교회를 대지에서 대각선으로 배치하고자 생각했지만, 이미 바르셀로나 도시를 뒤덮은 그리드와 평행한 배치계획이 이루어졌기 때문에 그에 따라서 설계해야만 했다.

그가 사각형 대지에 교회를 대각선으로 배치하고자 했던 까닭은 도시의 어디에서나 건물을 최대한 두드러지게 보이고자 했던 욕구 때문일 것이다. 또 비슷한 집들이 연결되어 평행하게 이어지는 거리의 단조로움을 벗어나고자 하는 의도였다고 볼 수도 있다.

이 교회에서 가우디가 다루었던 부분은 지하의 예배당, 후진, 탄생의 파사드다. 그는 1884년에서 1891년에 지하 예배당을 만들었고, 1891년부터는 남쪽 측랑(교회의 제단을 향한 좌우에 퍼진 날개부분)의 벽면 공사에 착수했다. 지하예배당과 내진 후벽은 절충적인 스타일이며, 교회의 동쪽에는 생명의 파사드라 불리는 '탄생의 파사드'가 있다. 도시 경관적으로는 네 개의 탑이 중요하지만 파사드 부분에는 그리스도의 십자가 사건이 조각되어 있다. 탄생의 파사드는 독립적인 가치를 지닌 건축이라 볼 수 있으며, 이는 가우디가 만든 가장 아름다운 작품 중 하나이다.

교회 내부의 구성은 가우디의 제자인 프란시스코 베렌구에르Francisco Berenguer가 설계했다고 한다. 따라서 바깥 정면의 복잡함과는 대조적으로 추상적이고 단순한 기하학적 디자인을 보여주고 있다. 서쪽에는 그리스도의 수난을 표현하는 죽음의 파사드라 불리는 '수난의 파사드'가 배치되어 있고, 가우디가 죽은 뒤 교회건축과 관련된 관계자들에 의해 건설되었다. 그리고 신랑을 매개로 남쪽에는 주출입구가 되는 '영광의 파사드'가 건설되고 있지만 아직 그 모습은 볼 수 없다. 이 교회가 완성되었을 즈음에는 높이 170m의 탑과 그것을 둘러싼 130m의 네 개의 탑을 볼 수 있게 될 것이다.

1893년에는 그의 후원자였던 구엘 백작이 경영하는 공장의 종업원을 위해 가우디는 콜로니아 구엘 마을에 교회 건설을 착수했다. 여기에서도 공사는 미완성으로 끝났지만, 고딕구조를 사용하면서 현수선懸垂線을 이용하여 구상한 도면을 남긴 점은 단순한 고딕 리바이벌을 나타내는 새로운 의식을 보인 것만은 아니었다.

카사 밀라Casa Mila(1906~1910년)는 가우디가 54세에 설계한 건물로 바르셀로나 그라시아 거리에 위치해 있다. 당시 기업가인 벨 밀라와 그 부인 루제 세키몬의 주택으로 건설되었다. 건물의 특징은 직선이 전혀 없으며 마치 모래언덕이나 용암의 물결과 같은 외피로 이루어져 있다. 굽이쳐 흐르는 외관은 지중해를 이미지해서 만들었다고 한다. 하나하나의 모양이 전혀 다른 발코니는 철 재료를 사용했지만 부드럽게 흘러가는 조형을 나타내고 있다. 건물 내부에 숨어있는 중정의 벽면도 전부 굽이치며 에워싸고 있다. 독특하게 가공된 옥상의 굴뚝과 계단실은 초현실적인 형태를 나타내고 있다. 카사 밀라는 건축물이기보다 하나의 조각이라고 볼 수 있다. 건물의 실용성이 결여되었다는 비판도 있지만 압도적인 예술성을 보여주는 건축임을 부정할 수 없다. 아이러니하게도 건설 당시 바르셀로나 시민들은 카사 밀라를 추악한 건물이라 생각하여 '채석장'이라는 이름을 붙였지만, 현재는 바르셀로나를 대표하는 역사적인 건축물이 되었다.

콜로니아 구엘은 일종의 유토피아 건설이었지만, 1900년에 기공된 구엘 공원 또한 본래는 공원을 둘러싼 주택지를 형성하는 것으로서 전원교외 주택지 만들기의 일환이었다. 이 공사도 중도에 미완성으로 끝났다.

일반적으로 가우디는 특이한 형태의 건축가로 평가되지만, 그의 건축관의 근저에는 새로운 건축 비전과 함께 새로운 사회에 대한 비전이 있었다. 그것은 일종의 유토피아 사상이었지만, 유토피아 사상을 성립시킨 것은 스페인의 공업도시 바르셀로나에 퍼진, 근대화로 향한 문화의 자각이었다고 할 수 있다.

전 통 과   근 대

안토니오 가우디뿐 아니라 근대로 향하는 독자적 위치를 만든 건축가들 중에는 자신들의 건축을 성립시킨 풍토·문화적 전통을 강하게 의식한 사람들이 많았다. 하지만 그러한 건축가들은 자신만의 고고함을 지키면서 역사 속에 존재하는 모습을 보였기 때문에 큰 공통점을 좀처럼 찾을 수는 없다. 하지만 로맨틱 내셔널리즘이라는 문화적 맥락에서 공통점을 찾을 수 있다.

예를 들어 네덜란드의 헨드릭 페트루스 베를라헤_{Hendrik Petrus Berlage}라는 건축가는 1897년에 암스테르담의 주식거래소를 시공한 건축가로 알려져 있다. 그는 로마네스크 양식의 비례를 기본으로 하면서도 과거 양식을 재이용하지 않고 자유로운 조형에 근거하

에이엔 하르트 집합주택, 암스테르담,
미셸 데 클레륵, 1921

글래스고 예술학교, 글래스고,
찰스 레이니 매킨토시, 1987~1909

여 주식거래소라는 실용적인 기능을 가진 건물을 설계했다. 그리고 돌과 벽돌이라는 오래된 건축 재료를 사용하면서 철골구조로 주식거래소 홀의 지붕을 자유롭게 디자인했다.

베를라헤를 기점으로 재료조작의 방법을 발전시킨 암스테르담파라고 불리는 건축가들이 나타났다. 피터 클라멜, 미셸 데 클레르크Michel de Klerk를 중심으로 한 암스테르담파의 건축가들은 공영주택에 네덜란드 전통 벽돌을 사용했으며, 표현주의적인 조형과 경험주의적인 수법을 병행해서 건축을 디자인했다. 그들은 큰 흐름에서 네덜란드의 문화적 전통 위에 근대건축을 이루었다고 할 수 있다.

베를라헤의 전통을 이어받아 데 스틸이라고 불리는 기하학적 구성의 건축을 만든 그룹도 등장했다. 하지만 근저에는 베를라헤와 같은 존재가 있었던 것도 흥미롭다.

한편 글래스고 학파로 불리는 특이한 조형성을 나타내는 작가들 중에는 근대건축의 선구자였던 찰스 레이니 매킨토시Charles Rennie Mackintosh가 있었다. 그도 넓은 의미에서는 로맨틱 내셔널리즘의 작가로 볼 수 있다. 그들의 출발점은 모교인 글래스고 미술학교의 새로운 학교건축을 위한 설계경기에 입상한 것에서 시작했다. 동시에 그는 가구와 인테리어 작품에 자기의 스타일을 넓게 전개했다.

그의 디자인은 부인이 된 마가렛 맥도널드Margaret Macdonald의 화풍에서 보이는 곡선의 추상성을 출발점으로 하고 있지만, 그 곡선은 부드러운 모양으로 확장되어 팽팽한 느낌의 직선이 되어갔다. 글래스고 근교에 지은 반디힐(1899년)과 힐 하우스Hill House(1902·1903년) 등의 주택에는 그러한 곡선과 직선의 경계가 사라진 정교한 디자인이 나타났다.

1901년에 그는 독일의 출판사가 주최한 예술애호가의 주거를 위한 설계경기에서 2위로 입상했으며, 이것을 계기로 그는 유럽에서 영향력있는 건축가가 되었다. 그 즈음에 그는 글래스고를 떠나 런던에서 활약을 했지만, 진정한 원숙기를 맞이하지 못하고

헬싱키 중앙역, 에리엘 사아리넨, 헬싱키, 1914

헬싱키 중앙역, 에리엘 사아리넨, 헬싱키, 1914

병으로 죽었다. 그의 재능이 천재적이었던 것은 사실이지만, 그 출발점은 역시 자기의 문화적 전통에 대한 자각이라 할 수 있다.

　대부분의 로맨틱 내셔널리즘 건축은 1890년대부터 1910년대 걸쳐 계획되고 건설되었다. 1904년 핀란드에서는 헬싱키 역사의 설계경기가 이루어졌으며 당선된 건축가는 에리엘 사리넨Eliel Saa-nnen이었다. 이 설계경기에는 북구의 전통적 양식을 재발견한 라스 송크Lars Sonck 등의 건축가들이 응모했지만, 실제로 완성된 것은 양식부흥의 수법을 탈각한 방향을 나타낸 건축이었다. 또 사리넨은 1922년의 시카고 트리뷴 빌딩 설계경기에 응모했으며, 그의 계획안은 파문을 던지며 알려졌다.

로맨틱 내셔널리즘 건축의 다른 예로는 마르틴 니롯프Martin Nyrop가 설계한 코펜하겐 시청사(1905년), 라그나르 에스트베르그Ragnar Östberg가 설계한 스톡홀름 시청사(1923년) 등을 들 수 있다. 이들 작품의 대다수에서 수작업에 대한 강한 애착을 공통적으로 느낄 수 있다. 건축 소재에는 민족성을 상징하는 화강석과 목재가 즐겨 사용되었고 건축 외관에는 중세적이며 전근대적인 이미지가 늘 감돌았으며, 대지에서 독특한 존재감을 나타냈다. 또 건축과 장식이 일체되어 불가분의 요소로서 전체가 조형되었다. 그러한 의미에서 '건축은 모든 예술의 통합'이라는 이념적 실현의 공통적 특징을 말할 수 있다.

근대건축의 형태가 하얀 상자의 이미지로 정리되기 전에 이와 같은 다양한 방법을 모색한 것에 주목할 필요가 있다. 그리고 이러한 배경을 통해 지금과 같은 존재감이 있는 건축이 나타나게 된 것이다. 로맨틱 내셔널리즘 건축의 이념과 특징은 이후에 알바 알토Alvar Aalto, 레이마 피에틸라Reima Pietilä의 작품 그리고 현대 북구 건축에도 계속 이어지고 있다.

05

유기적 건축,
이성 중심에서 탈피하다

(1910년대)

오르간_{Organ} (기 관) 사 상 과 유 기 성

20세기에 들어서 아르누보가 자연을 모범으로 하는 곡선형태를 과잉으로 사용하면서 주관적으로 조작하는 것을 비판하여 객관적이며 보편적인 기하형태를 내부기능에 따라 사용하려 한 모더니즘 건축의 흐름이 일어났다. 이러한 움직임을 뒷받침한 배경이 공업화 사회였다. 자연과 대립하여 인공적이며 구축적인 모더니즘 건축의 특성이 공업화 사회가 원하는 기계를 신격화하는 기계미학을 만드는 데 잘 부합했기 때문이다. 사회의 공업화는 공장·오피스, 노동자 주택, 연구교육시설 또는 여가시설 등의 새로운 건축 과제를 만들었다. 또한 모더니즘 건축의 뛰어난 건축 작품은 이러한 과제에 훌륭하게 대응한 모습으로 서서히 탄생했다.

하지만 근대건축에는 모더니즘 건축 이외에도 몇 가지의 흐름이 있었으며, 그중 한 가지가 유기적 건축의 흐름이었다. 유기적 건축은 모더니즘 건축의 흐름과는 대조적으로 자연·역사·풍토의 관계를 단절하지 않았다.

자연을 이상으로 하는 유기적 건축에서는 건축가의 일생 또는 건축 작품의 생성과정도 연속적 전개과정으로 파악한다. 또한 그러한 연속성 속에서 자연이 그런 것처럼 다양한 형태를 만들어내는 것을 목적으로 한다. 어떤 작품과 프로젝트도 용도·부지조건·경제적 제약·시공주의 요망 등의 여건이 다르면 결과가 다양하며 개성적으로 이루어진다. 건축이나 공간도 내부에서 만들어지는 유기적 관계로서 파악되어 당연히 그 내부를 구성하는 가구도 유기적으로 관련된 일부로서 디자인의 대상이 된다.

유기적 건축은 개인의 내면세계를 중시한다는 점에서 표현주의와 유사해 보인다. 하지만 자세히 살펴보면 유기주의와 표현주의의 차이는 현격하다. 표현주의는 합리성, 즉 이성과 통하는 부분, 예를 들면 기술적·설명적인 것을 일체 배제하고 개인의 주관적 감성을 직접 표현하고자 한다. 반면 유기적 건축은 자연을 존중하고 자연에 숨어있는 질서나 조형원리를 정확히 파악하고 그것에 적합한 건축을 만들기 위해 합리적으로 대처하는 기술을 구사하는 것을 부정하지 않는다. 이 때문에 유기적 건축은 모더니즘 또는 합리주의와도 공통점이 있다. 따라서 유기적 건축은 우선 다음 세 가지로 정리를 할 수 있다.

첫째, 전체의 배치와 구성은 모든 인공과 자연의 구별이 불가능할 정도로 자연과 융화되어 대지에 뿌리를 내리면서 대지의 일부로 존재하고자 한다.

둘째, 개개 부분(부위 혹은 건축)의 형태는 다양하게 부여된 조건을 합리적으로 분석하면 자연스럽게 나타난다. 결과로 완전히 동일한 조건의 조합이 아닌 개개의 부분은 개성이 풍부하며 독자성이 강하다.

셋째, 개개의 부분은 생물의 기관에 해당하며 특정 형태와 기능을 나타낸다. 또한 다른 부분과 함께 전체는 확실히 유기적으로 구성된다.

유기적 건축은 영어로는 'Organic Architecture', 독일어로는 'Organhafte Architektur'로 표기된다. 주의해야 할 점은 '유기적'이라고 우리나라말로 번역되는 단어인 영어 'Organic'이나 독일어 'Organhafte'에서 동일하게 사용된 어간Organ은 동식물의 기관이나 기구·도구를 의미한다는 것이다. 오르간Organ(기관)은 외부에 존재하는 다양한 요소를 받아들이거나 그것에 저항하기 위해 특정 기능과 형태를 이룬 것이다. 이러한 의미를 전면으로 나타낸 것이 유기적 건축이라고 볼 수 있다. 유기적 건축은 오르간의 집합체이며 그 자체도 하나의 오르간을 이룬다. 예를 들면 대지에서 자라는 자연의 나무나 풀을 떠올리면 좋겠지만 오르간의 내부에는 각각에 고유의 조직과 공간적 시스템으로 조립되어 있다. 즉 전체 형상과 외관이 오르간으로서 자연이나 사회 환경과 대응하며 내부는 목적 수행을 위해 유효하게 기능하는 조직 또는 공간시스템이 출현하게 되었다. 여기에서 보다 철저하고 순수한 형태의 기능주의가 나타난다. 유기적 건축의 일관된 흐름 속에서 순도 높은 기능주의 사상이 형성된다. 이것은 유기적 건축만이 아니

가르카우 농장, 휴고 헤링, 1924

가르카우 농장 내부 공간

라 근대건축 전반의 평가에도 관계하는 특필特筆할 만한 사항이다.

개별의 오르간이 존재하면서 어디까지나 내적 필연성으로 자연스럽게 하나의 형태를 만들고, 다시 내적 필연성으로 외부공간을 개재介在시키면서 서로 긴밀한 관계를 맺으면서 보다 거대한 오르간으로서 건축복합체를 구성한다. 유기적 건축의 흐름 속에서 오르간의 개념을 중심으로 순수한 형태의 건축론을 구축하고 그 이론에 기초하여 설계를 했던 인물이 독일의 근대건축가인 휴고 헤링Hugo Häring이었다. 그가 '건축=오르간'의 이론을 최초로 독특한 형태로 전개했던 건축이 가르카우 농장계획Gut Garkau(1923~1926년)이다. 건축물은 외양간·목장을 중심으로 하는 건축복합체이며, 특이하게 부풀어 오른 듯한 외양간의 형태와 전체의 자유로운 배치가 인상 깊다. 개개의 오르간은 그룹핑되어 보다 거대한 오르간을 이루고 상호 관계에 의해 만들어진 건축이 그 장소에 견고하게 뿌리내렸다.

《현대건축의 조류Architektur und Städtebau des 20》(1980년)를 쓴 비토리오 마냐고 람퓨냐니Vittorio Magnago Lampugnani는 유기적 건축의 조류에 대해 휴고 헤링 외에 프랭크 로이드 라이트Frank Lloyd Wright, 알바 알토Alvar Aalto, 한스 샤로운Hans Scharoun과 같은 근대건축가들을 포함하고 있다. 반면 그는 유기주의 건축을 발터 그로피우스, 미스 반 데 로헤, 르 코르뷔지에 등의 근대건축의 거장들이 만든 모더니즘과 합리주의의 조류에 대항하는 흐름으로 다루었다.

1928년 스위스의 첫 CIAM 회의에서 휴고 헤링Hugo Haring은 유기적 표현을 주장했으며, 건축의 내부에서 형태를 유도하는 방법을 사용했다. 또한 한스 샤로운은 독일의 쿤스트볼렌Kunstwollen[1]의 정신을 2차 세계대전 이후 유기적 건축의 전통으로 이어나갔다. 유기적 건축은 유럽보다 미국에서 성공적으로 전개되었다. 그 이면에는 미국이 다른 나라보다 개인주의가 강하고 표현적 자유가 있었기 때문이다.[2]

1) 영어로 'will to form'이며 '형태표현'이라 해석한다.
2) Architecture Today, James Steele, Phaidon, 1997

한 스 샤 로 운 Hans Scharoun

독일에서 휴고 헤링의 유기적 사상은 이후에 한스 샤로운의 건축에도 동일하게 나타났다. 1957년에 베를린 필하모니 음악당 설계경기가 열렸는데 여기서 한스 샤로운의 설계안이 당선되었다. 베를린 필하모니 음악당은 유기적 건축의 상징이라 할 만한 작품이다. 한스 샤로운 자신도 사물과 용도와의 관계를 알맞게 만들기 위해서는 주어진 과제를 향해 상상력을 작용시켜야만 했었다고 말했다.

샤로운이 음악당을 설계할 때 이미지는 다음과 같다. "전체구성은 하나의 풍경을 지향한다. 홀은 계곡과 같으며 그 밑에는 오케스트라가 배치되고, 그것을 둘러싸고 언덕의 중턱에는 포도밭이 펼쳐진다. 마치 천막과 같은 천장은 풍경 위로 확장하는 하늘이다."라고 했다.

처음부터 '음악을 중심으로 자리 잡게 하는' 것을 기본으로 생각했던 한스 샤로운은 위에서 말한 이미지로 지극히 독특한 건축적 해결책을 제시했다. 오케스트라를 공간의 중심에 두고, 주변에서 청중이 그것을 내려다보듯이 에워싼다는, 예전에 없는 콘서트홀의 구성을 만들었다. 한스 샤로운은 "연주하는 쪽과 감상하는 쪽을 분리시키지 않고, 가장 자연스러운 좌석배치에 의해 오케스트라를 에워싼 청중들이 하나의 커뮤니티를 만들었다. 따라서 거대한 크기에도 불구하고, 홀에는 친밀해지기 쉬운 분위기 속에서 음악과 생생하게 마주하고, 또 음악을 함께 만들어낼 수 있는 장_場이 된다."라고 했다.

음악당은 내부에서 외부를 향해 계획되었다. 대지 및 지형과 방위를 고려하여 내부공간과 외부공간을 연결하는 매개 요소로서 청중들의 휴식장소인 로비공간이 있다. 홀은 메인 포이어 위에 거대한 용기처럼 떠있다. 모든 부속 시설이 홀 아래에 배치되어 유기적으로 결합되어 있다. 베를린 필하모니 음악당이 유기적이라 불리는 것은 홀의 내부나 외부에 직각의 형태가 나타나지 않기 때

다름슈타트 학교계획안, 한스 샤로운, 1951

베를린 국립도서관, 한스 샤로운, 베를린, 1964

베를린 필하모니 음악당, 한스 샤로운, 베를린,
1963

문만은 아니다. 건물 형태가 대상의 본질에 관한 상상력으로 만들어진 기능개념의 심오한 결과였기 때문이다.

샤로운은, 유기적이라는 용어가 건축 내부의 조직과 그 환경과 깊은 관계가 있다고 말했다. 따라서 샤로운의 건축은 대지, 주변의 물적 환경과 상호관계를 유기적으로 다루고 있다. 예를 들면 다름슈타트 학교계획(1951년)에서 건축 형태는 연속성있는 구성으로 디자인되었다. 건물은 복잡한 길과 같은 복도에 의해 전체가 유기적으로 결합되도록 계획되었지만 비원근법적인 공간이 특징이다.

그리고 또 다른 예인 베를린 국립도서관Berlin State Library은 1964년도 설계경기 당선작이다. 이 건물은 도로로 둘러싸인 삼각형 대지에 위치해 있으며 배면의 고속도로 쪽에는 자동차의 소음을 차단하기 위해 11층 높이의 도서관 행정과 서비스 시설이 위치해 있다. 서쪽에는 주 출입구가 있고 열람실과 독서실이 있으며, 1층에는 대출영역과 전시공간, 2층에는 열람실이 있다. 내부공간은 톱라이트에서 들어오는 빛과 함께 층마다 서로 다른 바닥레벨과 거대한 테라스가 겹치면서 드라마틱한 풍경을 만들고 있다. 그의 이념이 만든 강렬한 유기적 공간의 모습이다.

나치 체제하의 독일에 머물렀던 한스 샤로운은 모더니즘 운동

의 역사 속에서 저평가되었던 건축가이기도 하다. 하지만 독일의 현대건축을 살펴볼 때, 한스 샤로운의 유기적 건축 이념이 많은 영향을 주었음은 틀림없다.

알 바 알 토_{Alvar Aalto}와 북 구 의 건 축

근대건축이 국제주의 양식으로 확산되면서 매너리즘에 빠질 때 1950년대 이후 건축에는 국가적·지역적 전통과 융합된 건축개념이 등장했다. 또한 민족주의적 경향에 눈을 돌리면서 지역적인 동질성을 탐구하고 인간에 근거한 건축을 추구하는 경향이 핀란드를 포함한 스칸디나비아 지역에서 나타났다. 건축역사학자 지그프리드 기디온_{Sigfried Giedion}은 이러한 건축의 움직임을 신지역주의_{New Regionalism}라 했다. 특히 알바 알토의 건축 접근방식은 대지와 건축의 유기적인 조화를 중시한 방법으로서 자연을 건축의 모델로 이해해야 한다는 생각을 가지고 있었다.

지금도 풍토성과 지역성을 중시하는 건축가가 즐겨 '대지에 뿌리내린'이라는 표현을 사용하지만 알바 알토는 확실히 모국의 대자연에 뿌리내린 건축을 평생 만들어 온 건축가였다. 핀란드는 유럽문화권의 주변에 위치하면서 풍부한 대자연의 혜택을 받았지만, 핀란드만의 건축 역사는 그리 오래되지 않았고 근대에 와서야 독자적인 걸음을 시작했다.

19세기 역사주의 건축에서 탈피하는 움직임은 세기말에서 시작되었다. 한걸음 더 나아가 자연과 접하면서 건축의 구성 원리를 배우고자 했던 유기적 건축이 미국과 핀란드에서 크게 꽃피운 것은 근대건축사에서 특필할만한 사건이다. 프랭크 로이드 라이트와 알바 알토는 각각 자신만의 스타일뿐 아니라 모국 전체의 건축이미지를 만들었다고 해도 과언이 아니다. 그러나 라이트나 알토처럼 독특한 형태의 모방만으로는 실패하고 만다는 것을 이후 세대의 예에서 볼 수 있다. 공간과 형태는 그들의 해방된 자유로운 정신과 신체에 축척된 것의 표출이며 지적_{知的}으로 배울 수 있는 구도나 비례가 아니기 때문이다.

알바 알토는 1923년에 유바스큘라에 사무소를 설립했고 1927년에는 핀란드 제2의 도시 튈크에, 그리고 1933년에는 수도 헬싱키로 사무소를 옮겼다. 당시 핀란드는 북구의 자연풍토 색채가 이여전히 풍부하게 남아있는 나라였기 때문에 그는 보다 공업화·근대화·도시화가 진행된 장소를 찾아 이동했다. 하지만 그의 내면 속에는 여전히 유기적인 사고가 자리 잡고 있었음을 알 수 있다. 헬싱키의 아틀리에는 지금도 자연이 풍부하고 한적한 장소이다.

알바 알토의 대표작은 핀란드 파이미오에 설계한 사나토리움 Sanatorium(1933년)이다. 이 건축물은 외관은 흰색 콘크리트 벽면, 플랫루프, 구조형식을 그대로 표현한 측면과 수평 연속 창 그리고 금속제 손잡이 등으로 이루어졌다. 내부에는 노리움의 바닥, 크게 개방된 창 등 당시 유행했던 모더니즘 건축의 소재·기술·표현을 적극적으로 도입했다. 환자의 기호에 따라 작은 그룹을 만드는 것이 안정요법에 효과적이라 생각하여 설계된 여섯 개 층이 연속된 발코니도 모더니즘 건축의 대표작인 발터 그로피우스 Walter Gropius가 설계한 데사우 바우하우스 교사(1926년)의 아틀리에동_棟 입면의 리드미컬한 발코니를 의식한 흔적이라 할 수 있다. 알토가 파이미오의 사나토리움을 설계했던 시기는 1928년이었다. 2년 전에 준공되어 세계적으로 명성을 떨쳤던 데사우 바우하우스 교사가 그의 의식을 강하게 사로잡았던 것임은 의문의 여지가 없다. 그는 그로피우스뿐만이 아니라 르 코르뷔지에와 라이트의 언설과 새로운 작품에도 날카롭게 반응하면서 자신만의 독자적 해법을 모색했다. 따라서 데사우와 파이미오에서 공통점을 발견하는 것은 당연한 사실일 수도 있겠지만 결정적으로 다른 부분도 많다. 발터 그로피우스의 데사우 바우하우스교사는 비대칭이지만 직교하는 직선만으로 균정한 구도를 만들고, 바우하우스적인 조형을 느끼게 한다. 반면 알바 알토의 사나토리움은 각 동의 형태·색채·디테일과 전체 배치가 기능·일조·통풍·조망에서 이용자의 심리

에 미치는 영향과 사용방식 등의 주어진 조건을 다각적으로 검토
하여 결정된 건축이다.

합리적인 사고와 공통된 부분은 많지만 모더니즘 건축의 사고
는 낭비를 없애는 경제성이 중요하다. 사나토리움은 완성되기 전
부터 전 세계의 주목을 모았고, 완성된 후에는 '기능주의 건축가
알바 안토'라는 이름을 알리게 되었다. 그는 아무나 이룰 수 없었
을 만큼 철저하게 기능을 공간으로 치환했다. 특히 이 건축에서는
부분을 간략화하여 전체의 정합성을 목표했다. 그것에 비해 유
기적 건축의 사고는 건물동棟마다 다양한 여건에 자연스럽게 대
응하는 형태를 도출하고 서로 한데 묶은 형태가 그대로 나타나서
건물동을 연결했기 때문에 전체는 복잡하며 마치 유기적인 형태
처럼 되었다. 이 건물이 유기적 건축으로 보이는 것은 모더니즘
건축처럼 최종적으로 다시 전체형태를 기하학으로 정리하지 않
았기 때문이다.

이것은 바우하우스와 사나토리움의 배치도·평면도를 비교하
면 일목요연하게 알 수 있다. 전자는 회전할 듯한 비행기의 프로
펠라처럼 기계적이지만, 후자는 사방팔방으로 뻗어나가는 동식물
의 조직처럼 유기적인 복잡함을 나타내고 있다.

알토의 유명한 주택작품인 마이레아 주택Villa mairea(1937~1939년)
에서는 기능이 다른 방들이 외부로 각각의 존재를 강하게 주장하
고 있다. 1층 거실에는 목재 외벽에 큰 유리개구부가 만들어져 있
다. 아틀리에는 검은 통모양이다. 사우나는 소박한 오두막과 같은
정취를 풍긴다. 2층의 각 방들에는 하얀 벽에 작은 창이 뚫려 있
다. 테라스의 형태도 남쪽과 북쪽이 완전히 다르다. 각 형태는 서
로 상호보완하기도 하고 또한 두드러지기도 하여 조화로운 전체
를 이루며 주변 풍경 속에 스며들어가 있다.

알토는 1946년에서 1948년에 매사추세츠 공과대학 교수로 재
직하면서 동 대학의 학생기숙사 베이커하우스(1948년)를 붉은 벽
돌이 만곡된 형태로 설계했다. 그리고 제2차 세계대전 후, 부흥기
를 누린 모국으로 돌아갔던 알토는 1950~1960년대의 황금기를

바우하우스, 발터 그로피우스, 데사우, 1926

사나토리움, 알바 알토, 파이미오,
1929~1933

마이레아 주택, 알바 알토, 눌마크, 1937~1939

이룬 실마리로 세이나첼로 시청사(1952년)를 완성했다. 이 건물은 붉은 벽돌로 만든 질박한 분위기의 작은 건축이면서 북구 풍토와 지역생활의 거점으로 고려하여 합리적 또는 유기적인 상상력으로 완성한 건축이다. 그는 "건축은 단지 단순하게 내부에서 외부를 향해 만드는 것이 아니고, 전체가 외부환경에 대응하여 하나의 유기체로서 움직이듯이 만들어야만 한다."라고 말했다. 이 말에서 그의 건축적 특징을 잘 알 수 있다.

알바 알토가 설계한 세이나첼로 시청사는 자연·역사 풍토에 뿌리내린 유기적 건축이 보다 교묘하게 만들어진 것이었다. 완성된 시청은 경사지붕, 붉은 벽돌에 흰줄눈의 벽돌, 의회장 천정에 구성된 부채꼴의 목조트러스는 이 지방의 전통수법을 활용했다. 또한 휴먼스케일의 건물형태는 2층의 중정을 에워싸고 있다. 중정으로 이르는 대 계단에는 잡초가 자라서 마치 자연의 언덕처럼 보인다.

알토의 합리적인 사고는 다양한 계획적 여건을 음미하면서 시청의 모습을 찾을 수 있도록 이끌어주는 역할을 했다고 본다. 최종적으로 1층에는 은행·약국·서점 등의 점포를 두고, 2층에는 성토해서 만든 중정을 둘러싼 듯한 시청·의회장·도서관을 배치했다. 그중에서 의회장은 불과 9m로 사방이 좁은 공간이지만 개구부를 마주한 내부를 어둡게 하여 협소함을 느끼게 하지 않고 높은 천장에는 모뉴멘탈한 목조트러스로 이루어져 내향적인 정신성을 느끼게 했으며, 이 공간이 2층의 중정을 둘러싼 여러 공간 속에서 아주 중요한 부분임을 의식하게 했다. 그리고 의회장은 탑처럼 높고 독특한 형태적 변화를 주어서 그 중요성을 나타내었다.

알토의 생애를 살펴보면 풍토와 융합하거나 극복하는 아이디어를 어떻게 건축화했는지 잘 알 수 있다. 건축가가 풍토에 살아가는 것은 이런 영역에까지 도달하는 것을 의미한다. 여기에서 나타난 알토 건축의 중심은 상자모양의 닫힌 공간이다. 라이트, 르코르뷔지에 그리고 미스도 상자공간의 해체를 목표했던 시기에 유동적 형태를 특징으로 알토 건축이 상자형 공간에 머물렀다면 기묘하게 보일 수 있다. 하지만 당시나 지금도 북유럽의 건축은 어느 정도 닫히고 외부의 험한 자연환경에서 내부공간을 지켜야만 한다. 그리고 닫히면서 내부가 어둡지 않도록 천장고를 조절하고 톱라이트를 넣어 조명기구로 연출하는 방법이 사용되고 있다.

또 알토는 수평 방향으로 펼쳐지는 복도와 홀 공간을 매개하여 외부와 연결시키는 방법을 공간에 사용했다. 그의 대표작인 보크세니스카 교회 Vuoksenniska Church (1959년)가 표현주의적 외관의 유기성과는 다른 충실한 아름다움을 나타내고 있는 이유는 내부공간과 함께 수많은 문제를 한꺼번에 통합하여 산출된 기능적 공간이기 때문이다. 건물이 유기적인 것은 단지 곡선적인 외형만이 아니

매사추세츠 공과대학 학생기숙사, 알바 알토, 보스턴, 1949

세이나첼로 시청사, 알바 알토, 세이나첼로, 1951

보크세니스카 교회, 알바 알토, 핀란드, 1959

오타니에미 공과대학, 알바 알토, 헬싱키, 1964

고 형태의 성립과 유래에 근거가 있기 때문이다. 내부공간은 여러 규모와 종류의 집회에 대응하기 위해 세 가지 공간으로 분할할 수 있게 설계되었다. 그리고 설교 소리가 매끄럽게 울려 퍼질 수 있도록 벽과 천장이 굽이쳐 있는 것 등의 복잡한 문제를 해결한 결과가 형태로 드러났다.

급격하게 변화하는 외계와 거리를 두면서 내부 세계에서 자족自足하며 안정 상태를 목표한 유기적 건축의 흐름은 알바 알토 이후에도 단절되지 않고 현대건축에 여전히 이어지고 있다. 이후 그는 헬싱키의 쿨투리탈로Kulttuuritalo(1958년), 오타니에미 공과대학(1964년)과 같은 걸작을 만들었다.

프랭크 로이드 라이트Frank Lloyd Wright의 자유로운 정신

라이트가 말하는 유기적 건축이란 '현대적인 도구와 기계'를 이용하여 '아름답고 풍부하며 시대와 장소와 현대인을 위해 충당하는 것'을 목적으로 하는 건축이었다. 1893년 최초의 작업 이래로 라이트의 본래 과제는 유기성에 있었다. 라이트는 자연을 무엇보다 존중했다. 그리고 라이트에게 자연은 사물의 본성이며 기술조차도 자연이어야만 했다. 인간을 위한 사물로 존재하는 것, 이것은 기술의 자연이다. "기계가 모티브로 되는 것을 결코 인정하지 않는다." 이것은 라이트가 근대건축을 비판했던 말이며, 이를 통해 그의 유기주의적 사고를 확실히 이해할 수 있다.

라이트의 건축은 크게 두 가지로 구분된다. 즉 프레리 형식과 유소니안 형식이다. 프레리 형식의 중요한 건축은 윌리츠 주택Willitts House(1901년)이다. 후기의 유소니언 형식에서는 L자나 T자로 건물형태가 이루어지며 각 실의 관계가 명확하게 구성된 경우가 많다.

라이트의 조형언어 근원을 살펴보면 스승인 설리번뿐만 아니라 H. H. 리처드슨으로부터 공간과 형태의 영향을 많이 받았다고

프뢰벨 완구

한다.[3] 그리고 주목할만한 특징 중 하나로는 기하학을 많이 사용한 점을 들 수 있다. 라이트의 대부분 평면은 기하학 패턴 위에 놓여있다. 직각패턴뿐 아니라 삼각형, 육각형, 원의 패턴과 같이 다양하지만 모두가 정돈된 기하학이다. 그가 기하학을 많이 사용하게 된 이유 중 하나는 유아기에 어머니에게 받았던 프뢰벨Froebel 완구 때문이라고 한다. 이는 프뢰벨의 사고가 부지불식간에 라이트의 감성에 깊은 영향을 주었음을 말해준다. 프뢰벨 완구는 현재 어린이 장난감의 일종인 블록쌓기의 일종이다. 완구를 가지고 놀면서 사물 속에 숨어있는 통일 원리를 찾게 하는 것이 프뢰벨의 목적이었다. 프뢰벨 완구의 영향을 받은 라이트에게 건축의 각 부분과 재료나 환경에서의 유기성 외에 자연계의 보이지 않는 질서로서 형태를 융합시켜 유기성을 만들고자 하는 강한 의도가 작용했던 것 같다. 따라서 그는 평면을 단순한 기하형태의 반복 패턴으로 만들어 통합적인 질서를 부여하면서 우주로 확장되는 연속성 속에 집어넣고자 했다.

라이트가 건축설계를 할 때 유기적인 사고가 어떻게 이루어졌는지에 대해 그의 수제자인 에드가 타펠Edgar A. Tafel은 흥미로운 일화를 전해주었다. 라이트의 고객이었던 카프만이 소유한 광대한 산림을 함께 돌아다니면서, 그는 카프만에게 "당신은 어디에 앉고 싶은가요?"라고 물었다고 한다. 카프만은 눈 아래로 폭포와 계곡을 바라보며 거대한 바위를 가리켰다. 후일 그 바위가 유명한 낙수장Fallingwater(카프만 주택)의 중심인 벽난로 바닥이 되었다.

3)《Frank Lloyd Wright : Between Principle and Form》, Paul Laseau & James Tice, Van Nostrand Reinhold, 1991

낙수장. 프랭크 로이드 라이트. 펜실베이니아,
1936~1939

라이트는 설계를 오랜 시간 머릿속에서 생각하여 숙성한 후에 줄곧 낮은 목소리로 중얼거리면서 한 번에 도면을 그렸다고 한다. "카프만과 릴리안은 발코니에서 차를 마시겠지…… 그들은 다리를 건너 숲 속을 산보하겠지……." 라이트는 언제나 건축주의 요구를 생각하고서 구체적인 생활 이미지를 형태화하고자 노력했다. 한편으로 라이트는 형태와 공간을 환경과 대지성격과 깊이 관계시키는 데 큰 관심을 기울였다. 낮고 수평으로 뻗은 깊은 차양은 미국 초원에서 만들어진 자연스러움을 갖추고 있다. 그리고 그 아래 전개되는 유동적이며 자유로운 공간은 유기적 건축의 주요한 성격이다. 라이트가 설계한 건축공간에 나타나는 자유의 감각은 유기적 건축을 만드는 중요한 개념이다.

기하학적 패턴 위에 상호 관입하는 공간의 유기성은 사람들의 눈길을 끈다. 유니티 교회Unity Church, 존슨왁스 빌딩Johnson&Wax Building, 구겐하임 미술관Guggenheim Museum과 같은 대공간에서는 코너를 둥글게 처리하여 에워쌈을 애매하게 만드는 바로크적 수법으로 기하학의 경직성에서 해방된 자유로운 공간감각을 나타내었다.

현대건축에서도 여전히 헤링의 유기적 건축은 계속 이어지고 있으며 우시다 핀들레이Ushida Findlay가 설계한 건축에서 그것을 확인할 수 있다. 합리주의를 지향하는 보통의 일본 건축가와 달리 우시다 핀들레이는 표현주의에 가까운 유기적 건축을 시도한 드

유니티 교회. 프랭크 로이드 라이트. 시카고,
1904

구겐하임 미술관. 프랭크 로이드 라이트. 뉴욕,
1959

문 예이다.

유기적 건축 경향을 순수한 형태로 나타낸 '트러스 월 하우스 Truss Wall House'(1993년)는 곡면 콘크리트를 사용하여 건축의 모서리 부분을 모두 둥글게 만들어 벽의 조소성을 강조했다. 그들은 '트러스 월'이라는 곡면 콘크리트 특허공법을 실험적으로 사용하여 자유로운 곡면의 조소적인 형태를 만들었으며, 바닥·벽·천정의 일반적인 건축 부분을 모두 한 번에 슬라이미한 유체로 치환하였다. 기능을 달성하는 부분은 슬라임화된 기관에 해당하며, 형태는 융통성이 충만한 상태지만 위치와 넓이가 지정된 기능공간이다.

덧붙여 그들은 물질을 '끈적끈적한 모양'이나 '질척한 모양'의 점액상태를 의미하는 표현을 하기 위해 '슬라이미slimy'라는 용어를 재미있게 사용했다. 설계의 진행과정은 먼저 슬라이미하게 연결된 기관들을 해당 대지 속에 최대 용량으로 집어넣는다. 다음으로 개개의 기관이 들어간 형태는 잘 기능한다고 생각되는 순간을 가늠하여 전체를 동결한다. 이 순간에 그들이 원하는 건축이 탄생하게 된다. 그들은 다양한 조건이 균형을 달성한 순간 자연스럽게

트러스 월, 도쿄, 우시다 핀들레이, 1993

소프트&헤어리 하우스, 이바라키,
우시다 핀들레이, 1994

나타나는 공간과 형태를 최대한 존중하고자 했다.

소프트&헤어리 하우스Soft & Hairy House(1994년)에서는 욕실공간
을 달걀모양으로 만들어 중정에 위치시켰다. 주택은 대지를 나선
형으로 올라가는 무수한 니치와 레벨차로 만드는 슬라이미한 유
체가 어떤 순간에 동결하여 완성된 건축이다. 현재 유기적 건축은
새로운 형태로 나타나고 있다. 20세기말에 등장한 친환경적인 사
고와 함께 컴퓨터를 이용한 공간의 창작방식은 21세기의 새로운
유기적 건축을 만들 수 있는 토양을 제공했다.

06

모더니즘,
새로운 조형과 공간을 실험하다

(1900~1930년대)

인터내셔널 스타일 International Style (국제건축양식)

'인터내셔널 스타일'이라는 단어는 1932년에 만들어졌다. 1932년 헨리 러셀 히치콕 Henry-Russell Hitchcock 과 필립 존슨 Philip Johnson 이 기획한 전람회가 뉴욕근대미술관에서 열렸다. 이는 유럽의 새로운 건축을 미국에 소개하는 전람회였다. 두 사람은 이 시기 근대 건축전에 즈음하여 《인터내셔널 스타일》이라는 책을 간행했다. 그들은 과거 10년간 근대건축운동의 주된 조류로서 세계에 확산되고 있는 신경향의 공통된 조형적 특징을 세 가지 원리를 바탕으로 정의하여 발표했다.

세 가지 원리는, 매스'가 아닌 '면으로 에워싸인 볼륨'으로서의 건축, 축선에 의한 심메트리와는 다른 방식의 질서를 이룬 '규칙성', 그리고 '장식의 기피'(이후 1966년에 '구조의 분절'로 수정된다)이다. 표현주의가 잠잠해지기 시작한 1920년대 중반에 유럽에 등장한 기능주의와 합리주의의 이념에 입각한 건축가들의 작품은 무장식적이고 기하학적이며 추상적인 상자형 건축이 주류를 이루었다. 그것을 '인터내셔널 스타일'로 정리하여 통합한 것이다.

인터내셔널 스타일이라는 말은 이후에 일반화되었는데, 이는 2차 세계대전 이후 미국이 세계건축의 중심이 되었던 것이 크게 작용했다. 이후 인터내셔널 스타일이라는 용어는 근대건축의 대명사처럼 사용되었다. 근대건축은 아주 알기 쉽게 설명하면 '철과 유리와 콘크리트 상자형의 건축'이라고 말할 수 있다. 정글짐과 같은 라멘구조로 만들어진 일반적인 빌딩을 생각할 수 있으며, 대표적인 예로서 커튼월의 초고층빌딩을 들 수 있다. 그리고 미스 반 데 로헤 Mies Van Der Rohe 의 일련의 작품들이 그 이념을 잘 나타내었다.

하지만 '인터내셔널 스타일'이라는 용어와 유사한 '인터내셔널 아키텍처'가 이미 독일에서 사용되었는데, 1925년 발터 그로피우스 Walter Gropius 가 바우하우스 총서 제1권으로 《인터내셔널르 아르히텍투르 Internationaler Architektur》를 간행한 바 있다. 그는 책의 서문에서 세계 기술과 교통의 발전을 근거로 개인과 민족을 넘어선 인류공통의 객관적 세계의 도래와 통일적 세계상을 다루었다. 그리고 국제적 시각에서 보편적 성격의 새로운 건축으로서 '인터내셔널 아키텍처'의 필요성을 제창했다. 인터내셔널 스타일이라는 말은 명확하게 '인터내셔널 아키텍처'를 인식했던 것이다. 건축에서 인터내셔널리즘의 문제가 여기에서 스타일의 문제로 변하게 되었다.

이 책에서는 독일공작연맹의 작업을 시작으로 네덜란드에서 마르트 스탐Mart Stam의 계획안, 러시아의 베스닌 형제Victor&Leonid Vesnin, 프랭크 로이드 라이트Frank Lloyd Wright, 그리고 에리히 멘델존Erich Mendelsohn의 작품이 도판으로 소개되었다. 발터 그로피우스의 데사우 바우하우스(1926년)는 자신이 제창했던 '국제건축'의 구현이기도 했다. 그것이 일찍 정착되었음을 보여주는 무대가 1927년에 개최된 바이센호프 지들룽Weissenhof Siedlung 주택전시회였다.

1920년대 건축을 생각할 때, 우리들은 현재의 건축의 근간이 되었던 것만을 들추어서 평가하는 경향이 있다. 즉 1920년대는 인터내셔널 스타일이 형성되었던 과정으로 그려지는 경향이 있었다. 그러나 현재와 구분하여 1920년대만을 생각해보면 이 시대는 새로운 건축의 존재방식을 모색한 다양한 실험의 장이었다. 인터내셔널 스타일에 관계된 네 가지 사항을 살펴보면 다음과 같다.

첫째는 형태구성의 방법에 관한 다양한 시도이다. 20세기에 들어 당시까지 건축에 사용되었던 석조구법을 대신하여 철근 콘크리트조와 철골조의 새로운 구조방법이 보급되었다. 석조건물에는 자유롭게 개구부를 만들 수 없었으며, 건축가의 역할은 미리 주어진 구조체의 표면에 다양한 양식으로 자신의 선호에 맞추어 입면을 그리는 것이었다. 새로운 구조방법을 다루었던 건축가들이 부정했던 것은 당시까지 건축의 존재방식이었다. 그들은 표면의 의장에만 관계했던 건축가의 작업을 3차원의 전체적인 구성으로 전환시켰다. 또한 다양한 양식을 자의적으로 선택하는 방식을 부정하고 일의적으로 형태가 결정되는 이론을 제시했다. '형태는 기능

바이센호프 지들룽, 미스 반데 로헤 외,
슈튜트가르트, 1927

을 따른다'라는 기능주의 이론이 그 전형이다.

두 번째로 지들룽 Siedlung은 독일어로 복합주택 또는 집합주택을
의미한다. 19세기까지 건축가는 형태를 추구하는 것이 자신의 사
명이었지만 반드시 후원자가 있어야만 했다. 원래 건축가는 궁전
과 대저택, 교회 등을 설계하는 사람이었지만 1920년대 획기적인
변화가 일어나면서 비로소 건축가가 주체적으로 건축을 만들 수
있게 되었다. 당시 지들룽이라는 노동자를 위한 집합주택이 큰 주
제가 되었다. 형태의 문제보다도 당시 사회가 무엇을 필요로 하는
지가 중요한 사항이었다.

세 번째로 바우하우스의 교육 문제이다. 19세기까지 그리고 지
금도 변함이 없이 건축교육의 문제는 정치와 행정의 문제였다. 그
것에 대해 유일한 예외로 1920년대 바우하우스가 있다. 발터 그
로피우스는 건축가상을 제시하고 실현하기 위해 건축교육을 고
안하여 실행으로 옮겼다. 바우하우스는 건축가의 상상력이 어디
까지 미칠 수 있는지를 나타내는 이정표가 되었다. '인터내셔널
아키텍처'가 내포한 것은 '인터내셔널 스타일'보다 더 풍부했다.

마지막으로 이 시기 건축가의 행동방식이 정치적인 활동에 직
접 관계했던 사례를 많이 볼 수 있다. 1918년 독일에서 결성되었
던 예술노동평의회[1]는 건축교육의 국가통제 철폐, 건축가에 대한
국가적 명예칭호 폐지 등의 건축법령을 내세우면서 정치적 실현
을 위해 정부에 압력을 가했다. 그리고 자신들이 직접 정부의 일

1) 의장은 부르노 타우트Bruno Taut이었지만
나중에 발터 그로피우스가 맡았으며,
1921년까지 존속했다.

원으로서 정책을 만들고자 했다. 이즈음 많은 독일의 건축가가 혁명 후 러시아의 사회건설에 참여하기도 했다.

인터내셔널 스타일이라는 용어는 약간 기묘한 말이다. 근대건축은 당시까지 양식을 부정하여 만들어진 건축이기 때문이다. 하지만 근대건축이 부정했던 것은 과거의 역사적 양식이었으며 양식 자체는 아니었다. 그런 까닭에 근대건축도 인터내셔널 스타일, 즉 근대건축양식을 만들면서 자기모순을 나타내었다.

인터내셔널 스타일은 우리들에게 근대건축의 역사를 연속적으로 볼 것을 강조했다. 그러나 오히려 스타일을 부정한 스타일, 인터내셔널 스타일이라는 단어의 왜곡이 시작되었던 1932년 전후를 즈음하여 근대건축을 살펴볼 필요가 있다. 1920년대는 건축가의 의식이 사회전반으로 확대되었고, 사회 속에서 건축의 존재방식이 직접적으로 대응하며 다양한 시도가 이루어졌던 시대였다. 반면 1930년대는 건축가의 의식이 후퇴하고, 자기의 직분을 충실히 수행하는 실무가로 변했던 시대였다. 그리고 이 경향은 2차 세계대전 이후에 계승되었다. 그리고 이후에는 인터내셔널 스타일이라는 단어만이 남게 되었다.

이 탈 리 아 의 미 래 파 Futurism

19세기가 막을 내리고 20세기가 시작되었을 즈음, 세기의 전환기를 맞이하면서 새로운 속도 감각이 나타났다. 걸어 다니거나 마차를 타고 다니던 사람들은 그 속도감각을 훌쩍 뛰어넘어 자동차로 도시를 빠른 속도로 달렸으며, 하늘에서는 비행기가 날아다녔고, 거대한 외양기선의 취항이 사람들의 눈을 압도했다. 또한 고가철도가 도시를 가로지르며 역동감 넘치는 공간체험을 할 수 있게 되었다. 산업사회에 등장한 새로운 테크놀로지로 인해 도시의 모습은 크게 변하게 되었다. 이러한 테크놀로지에 잠재한 미 의식에 몇몇 시인과 예술가들은 날카롭게 반응하였다.

벤츠사에서 제작한 '블리첸 벤츠'. 1909년 영국 브룩랜드에서 열린 자동차 경주에서 평균시속 202km를 기록했다.

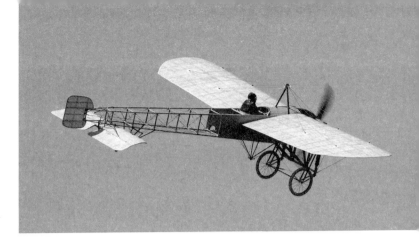

블레리옷 XI 비행기. 제작자인 루이 블레리옷은
1909년 최초로 도버해협을 횡단했다.

미래파는 1909년 2월 20일 이탈리아 밀라노에서 창립되었으며, 시인詩人 필리포 마르네티Filippo Marinetti는 '미래파창립선언문'을 르 피가로Le Figaro지紙에 발표했다.

미래파 창립선언은 "우리들은 위험에 대한 사랑, 활력과 무모함의 습관을 노래하기 원한다."라는 구절로 시작하고 있으며 시적詩的 비유의 과장으로 표현했다. 내용은 새로운 공업환경으로 해방된 시적 감각과 현대의 힘으로 배양된 표현을 옹호하는 것이었다. 위기에 대한 사랑과 반역의 용기, 스피드의 아름다움, 공장과 비행기의 다이나미즘과 조형, 특히 기계를 적극적으로 찬양했다. 반면 박물관이나 아카데미와 같은 전통문화에 대한 공격을 시사했다. 미래파의 지도적 인물이었던 시인 필립포 마리네티는 철학자 조르주 소렐Georges Sorel[2]의 '폭력론'과 철학자 앙리 베르그송Henri Bergson[3]의 '생의 철학'에서 영향을 받아 무정부주의적 사상을 품고 투쟁적인 활동을 전개했지만 특정 정치와 연계는 없었다.

세라타Seretta(저녁)라 불리는 시낭독 퍼포먼스와 1905년에 창간한 잡지《포에시아Poezia》의 지면을 통해 도시에 미래파의 모습을 나타낸 새로운 지각이나 감각을 그렸다. 미래파의 과제는 근대도시였으며, 사회 결속력을 위한 집약적 표현으로 나타났다. 눈부신 전등 불빛, 전화, 무선, 사진, 영화 등의 새로운 미디어, 공장이나 조선소에서 연기를 뿜어내면서 작동하는 거대한 기계를 이야기했고, 역사주의로 채색된 19세기의 미적 규범에서 벗어나고자 했다. 미래파가 사용했던 테크놀로지는 근대사회의 진보와 발전을

2) 조르루 소렐(1847~1922)는 프랑스의 철학자이다. 그는 유럽 정치학 역사에서 중요한 인물이다. 그의 사상은 20세기 초에 일어났던 아나키즘, 사회주의, 공산주의, 마르크스 주의, 민족주의 사상들을 상호보완했다.
3) 앙리 베르그송(1859~1941)은 프랑스의 철학자이다. 그는 인간의 생명을 가장 중요시한 '생의 철학'을 부르짖었다. 인간과 사회에 대해서도 '시간', '변화', '운동'에 중점을 두고 재해석했다.

약속하는 도구이기보다 부르주아 사회를 전복하려는 도구였다.

'장 톰톰'처럼 의미전달을 전제로 하지 않는 의성어의 시詩 오노마토페아나 음악분야에서는 인터날모리Intonarumori(구음악기)를 이용한 루이지 루솔로Luigi Russolo의 구음예술L'arte dei Rumori(1913년) 등 부르주아 예술의 표현형식 자체에 대한 반대행위도 일어났다. 다이나미즘이 표현이 추구되었고, 아방가르드 운동의 한 부분을 맡았다.

장 톰톰, 마리네티의 시

미래파 회화와 조각 선언은 미래파의 감각을 더욱 확산시켰다. 이탈리아에서 미래파는 운동감을 표현하는 데 매진하였다. "질주하는 버스 속에서 16사람은 각 순간에 한 사람이 되고, 열 명이 되고, 네 명이 되고, 또는 세 명이 된다. 사람들은 움직이지 않고 위치를 변화시킨다. 사람들은 나타나거나 사라진다. 그들은 거리에서 뛰쳐나온 것처럼 보이거나 갑자기 빛으로 에워싸이며, 다음 순간에는 되돌아 와서 당신 앞에 앉아 있다." 이것은 미래파 예술가들이 1910년에 썼던 '미래파 회화의 기술선언' 속의 한 문장이다. 이 문장에 적힌 내용은 미래파 화가들인 움베르토 보치오니Umberto Boccioni, 지아코모 발라Giacomo Balla 등의 회화와 조각에 나타났다.

움베르토 보치오니, 1913

이전에 마리네티는 '속도의 미美'가 당시까지 고전미를 무너뜨릴 것이라고 선언했다. 그 때문에 미래파 예술은 운동의 미학으로 이해되었다. 하지만 운동과 스피드라는 주제는 그리는 방법에 따라 완전히 다른 예술이 된다.

미래파들은 주로 두 가지 기법으로 운동과 스피드를 정의했다. 첫 번째는 사물의 연속적인 움직임을 비연속적인 형태로 분해하여 마치 영화 필름의 단편처럼 그려내는 기법이다. 두 번째는 인간의 눈에 보이는 운동하는 사물을 영상적으로 상호 침투하는 상태로 만들어 표현했다. 즉 화면 또는 입체에 내장된 여러 사물이 상호 관입하고 서로 겹치는 관계성을 표현하는 방법이다. 이렇게 미패파의 작품에는 시간과 공간의 상호침투 개념이 많이 등장하게 되었다.

건축에서 나타난 미래파의 모습은 안토니오 산텔리아Antonio

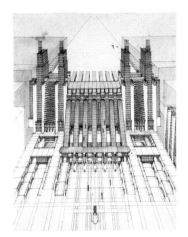

신도시, 안토니오 산텔리아, 1914

신도시, 안토니오 산텔리아, 1914

_{Sant'Elia}가 그린 드로잉 신도시_{La Città Nuova}(1914년)에서 확인할 수 있다. 그는 다양한 건축형태를 연속시킨 동적인 공간감각을 미래도시의 드로잉으로 표현했다. 그의 드로잉에는 지하와 공중을 달리는 고속철도나 입체 가로에 의한 수직적이며 중층적 도시공간이 나타나 있다. 이것은 제1차 세계대전 이후에 건축가들이 모여 그리기 시작한 근대도시 이미지의 원천이 되었다.

산텔리아가 그린 드로잉의 놀라운 점은 공항, 비행기 격납고, 댐, 교각, 발전소 등의 새로운 토목구조물 형태를 건축의 미美로 인식한 부분이다. 그중에는 입방체, 원통, 원추와 같은 기하형태의 건물도 있다. 즉 순수형태와 선명한 직선이야말로 기계화에 적합한 감각이라고 생각했기 때문이다.

산텔리아를 비롯한 수많은 미래파 예술가들은 전쟁터에서 전사했다. 하지만 그의 생각과 드로잉은 네덜란드, 러시아, 독일, 프랑스의 아방가르드에게 큰 영향을 주었다. 미래파는 새로운 재료와 기계에 대한 찬양, 진보주의적 태도, 반전통적 입장, 추상적 형태의 추구가 서로 맞물려 나타난 근대시대의 결과물이었다.

미래파가 대상으로 했던 사물은 다양한 권역에 영향을 미쳤다. 문학이나 미술 등의 예술형식을 넘어 '정치 선언', '패션 선언', 1930년대에는 '요리 선언', '도자기 선언' 등의 무수한 선언으로 미래파는 일상생활 세계의 개혁을 표방하게 되었다. 미래파는 1차 세계대전 후에 꽃핀 다양한 아방가르드 운동의 첨병역할을 했다.

네덜란드의 데 스틸_{De Stijl}

데 스틸은 1차 세계대전 중인 1917년에 중립국이었던 네덜란드에서 테오 반 되스부르그_{Theo van Doesburg}를 중심으로 창간된 전위예술 잡지의 명칭이다. 근대사회의 성장에서 벗어난 생활과 예술의 재통합을 추구하면서 '데 스틸' 잡지는 새로운 조형을 나타낸 화가와 건축가의 국제적 운동을 말하였다.

앞으로의 시대에 대응하고 또는 누구나 이해할 수 있는 객관적 조형의 확립을 목표한 데 스틸 운동의 장대한 전망은 네덜란드어로 양식을 의미하는 말인 '스틸Stijl'에 정관사 '데De'를 붙여 사용한 명칭 자체에서 그 의미가 잘 나타나 있다. 이것은 세계내전의 참극을 불러일으켰던 근대사회의 부르주아가 양성한 사회의 병폐를 비판하고 치료하는 것을 의도했다. 데 스틸은 근대사회가 만든 병폐의 근원을 과잉된 개인주의에서 찾았다. 그리고 그것을 극복하기 위해 보편성이라는 기치를 내걸었다. 조형적인 측면에서는 주관적 성향에 따른 장식성을 배제했으며 기하학적이며 추상적인 표현을 추구했다. 20세기 초에 등장한 새로운 사상과 맞물려 데 스틸의 조형은 1920년대 초에 확산되었다.

데 스틸의 추상적 조형의 기초가 된 것은 큐비즘Cubism이라 할 수 있다. 큐비즘은 1907년 조르즈 브라크와 파블로 피카소가 시작했던 혁신적인 예술 운동이다. 공간과 형태를 결합하여 추상적으로 표현하는 큐비즘은 독일, 러시아, 네덜란드로 확산되었다.

데 스틸의 조형 표현에서 핵심적 역할을 했던 인물은 화가 피터 몬드리안Pieter Mondriaan이었다. 그리고 그가 제시한 회화 이론인 신조형주의Neo-Plasticism는 데 스틸 운동의 이념적 기반이 되었다. 신조형주의는 개인주의를 배제하고 인간과 자연의 조화를 절대적이며 보편적으로 만드는 것이 목적이었다. 그리고 자연적 섭리의 상징인 수평, 인간만이 가진 이성적 능력의 상징인 수직의 조합으로 기하학적 조형요소와 적, 청, 황의 기본적인 삼원색과 무채색의 요소만으로 구성된 절대 추상적 조형으로 이상을 나타내었다. 이것이 데 스틸 조형의 원점이 되었다.

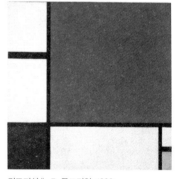

컴포지션 Ⅱ, P. 몬드리안, 1930

건축에서 3차원 공간의 개념을 제시했던 사람은 데 스틸의 중심인물인 테오 판 되스부르그이다. 그는 신조형주의를 출발점에 두고 건축과 환경까지 확장하는 방법론을 추구했다.

그리고 1920년대에는 적극적으로 러시아 구성주의Russian Constructivism, 바우하우스Bauhaus 등의 예술운동과 연대하게 되었다. 따

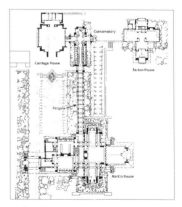

마틴 주택, 프랭크 로이드 라이트, 뉴욕, 1904

라서 이시기에 데 스틸 운동은 국제적인 확장을 나타내기 시작한 근대건축 운동의 주된 흐름을 담당하게 되었다.

데 스틸은 프랭크 로이드 라이트와 깊은 관계가 있다. 라이트의 건축은 1910년부터 1911년에 독일에서 작품집이 출판되어 유럽에 소개되면서 신선한 충격을 주었다. 네덜란드 근대건축의 거장이었던 베를라헤는 라이트의 작품을 높이 평가했다. 또한 그의 작품은 많은 데 스틸의 젊은 건축가들을 매료시켰다. 수평과 수직으로 늘어나는 선의 교차, 개방적으로 유동하는 공간의 조형은 데 스틸에 큰 영향을 주었다.

이러한 분위기 속에서 데 스틸의 조형은 몬드리안과 프랭크 로이드 라이트로부터 획득한 추상적 기하형태의 융합이 계속 시도되었다.

파리 모델, 테오 반 되스부르그 + 코르넬리스
반 에스테렌, 1923

데 스틸 건축상의 원형(原型)이 된 것은 되스부르그가 코르넬리스 반 에스테렌Cornelis van Eesteren과 공동으로 작성한 세 가지 주택 계획안인 '파리 모델'(1923년)이었다. 이것은 신조형주의의 규범을 답습한 추상적·기하학적 형태를 따랐지만, 처음으로 양식에 의한 전통적 조형사고를 버리고 기능성의 프로그램에 근거하여 필요에 따라 공간의 분절을 도모하였다. 그리고 그것을 입체적으로 조합하기 위해 조형을 만든 것이다. 즉 양식성과 장식성을 부정하는 것이 전제조건이었다. 되스부르그는 1924년 자신의 글 속에서 다음과 같이 명확하게 말하였다. "새로운 건축은 비육면체이며, 심메트리나 반복이 없고, 서로 다른 부분끼리 고도로 균형 잡힌 관계이며, 정면성이 없고, 다양한 방향에서 시간-공간이 확산되는 효과를 가지고 있다."

적청 의자, 게리트 리트벨트, 1917

정면성이 없는 것, 확산적인 것은 시점이 고정되지 않은 것을 의미하며 변화의 '지속'으로 표현하고자 했다. 여기서 지속이란 의식이 다양한 현상을 서로 겹치면서 유동하는 변화의 과정이라고 철학자 베르그송은 말했다. 데 스틸의 조형은 시간과 공간의 경험으로 확장되었다.

1924년 리트벨트는 데 스틸의 기념비적 작품인 슈뢰더 주택

슈뢰더 주택, 게리트 리트벨트, 유트레히트, 1924

Schröder house을 완성했다. 1917년 가구 기능인으로 출발한 리트벨트는 이미 적청 의자Red&Blue Chair로 유명해 있었다. 슈뢰더 주택은 외관에서 되스부르그의 카운터 컨스트럭션의 이미지를 유감없이 실현하였다.

또 면面과 선線의 부재를 수직과 수평으로 서로 겹쳐 놓아 공중에 떠 있듯이 배치시켰다. 그 배치는 어느 시점에서 보더라도 심메트릭하지 않으며, 각 부재는 삼원색과 무채색으로 나누어 채색되었다. 이것은 데 스틸의 조형원리를 충실히 따른 주택이었으나 내부는 분위기가 조금 달랐다. 물론 방의 모서리를 개방한 유명한 창이 내부에서 외부로의 연속성을 만드는 데 성공했지만, 기본적으로 내부는 사각형 상자였다.

건물이 완성된 후 이 건물은 유럽 각국의 건축 잡지에 소개되어 반향을 불러일으켰다. 현재 데 스틸을 대표하는 건축만이 아닌 20세기 건축의 기념비 중 하나가 되었다.

되스부르그는 거기에 머무르지 않고 다른 근대건축 운동이나 전위예술 운동과 교류를 쌓으면서 1925년에 엘리멘탈리즘Elementalism을 주장했다. 그것은 카페 오베트Cafe Aubette (1927년)에서 보이

카페 오베트, 테오 반 되스부르그,
스트라스부르그, 1927

듯이 대각선의 요소를 새롭게 도입한 것이었다. 즉 아인슈타인의 '상대성 이론'처럼 20세기 이전에는 생각하지 못했던 세계를 해석하는 하나의 틀로서 감추어진 질서의 다이나미즘을 집어넣은 것이었다. 이에 따라 신조형주의의 기반을 더 한층 높였다.

데 스틸 운동의 백미를 장식한 것은 되스부르그의 유작이며 미완으로 끝난 자신의 주택(1931년)이다. 그는 구상具象 예술이라는 주제로 한 걸음 더 나아가고자 했지만, 자신의 주택에서는 이질적 조형을 등장시켰다. 인터내셔널 스타일에 가까운 조형이지만, 동시에 기능에 근거한 분절과 재구성된 공간구성은 데 스틸의 선구적인 특징을 나타내었다.

1931년 되스부르그의 죽음과 함께 데 스틸 운동은 끝이 났지만, 다양한 운동체와 접목했던 데 스틸은 새롭게 배양된 조합을 만들면서 이후에 계승되었다.

러시아의 조형적 실험

근대건축을 단지 하나의 운동체로 말하기는 곤란하며, 동일하다고 생각되는 근대 운동 속에서도 건축가의 사상이나 작품에는 다양한 주의나 주장이 나타났다. 특히 20세기 초 러시아에서 시도되었던 아방가르드 예술은 근대건축을 이해하는 한 축이 된다. 사회주의를 배경으로 한 새로운 사회의 상황과 목표를 나타내는 선전수단으로서 구성주의는 1920년대 초반부터 서구세계의 새로운 예술을 흡수하면서 나타났다. 그리고 제1차 세계대전을 기점으로 부르주아 사회의 종말과 동시에 대중사회의 도래라는 희망을 발판삼아 왕성한 활동을 시작했다.

1917년 일어난 러시아 혁명을 통해 구성주의는 세계적인 영향을 미칠 수 있는 계기를 마련했다. 그리고 구성주의는 모든 사람들이 평등한 입장 아래에서 각 사회에 참여한다는 희망에 가득 찬 사회주의를 촉매로 성립했으며, 미래적 사회생활과 예술의 모습을 구현하는 힘과 새로운 가치관을 제공하는 수단으로서 자리매김하여 확실한 양식으로 확립되었다. 이러한 가치의 배경으로 미래파 사상이 수용되었으며, 기계화는 사회적·역사적 진보 과정과 일치하는 것으로 생각되었다.

러시아는 서구 건축가들에게 매혹적인 곳이었고, 그들은 새로운 발전을 직접 눈으로 보기를 원하면서 자신들의 작품을 선보이고자 했다. 러시아와 서유럽 사이의 가교역할을 했던 엘 리시츠키El Lissitzky에 의해 발터 그로피우스와 미스 반 데 로헤 그리고 에리히 멘델존Erich Mendelsohn은 모두 전시회를 열었다. 리시츠키는 주로 유럽의 예술을 러시아에 소개하는 건축가였으며, '프라운'이라는 이상주의적 내용을 담은 조형을 실험했다.

프라운. 엘 리시츠키, 1920

러시아에서 주목할 만한 예술 운동으로는 구성주의Constructivism 가 있다. 구성주의 개념은 제정帝政 러시아 시대인 1913년에 블라디미르 타틀린Vladimir Tatlin이 자신들의 작품에 '컨스트럭션construction'이라고 이름 붙였던 것이 출발점이었다. 타틀린의 가장 유명한 작품은 제3인터내셔널 기념비The Monument to the Third International이다. 하지만 기념탑의 조형성은 마르크스주의 사상의 문맥에서만 해석이 가능하다. 정상을 향해 점점 뻗어가는 이중나선의 형태 속에 주된 볼륨을 수용하고 있다. 이것은 정과 반 사이의 변증법적 역사 과정을 거쳐 최종적으로 통합의 이미지를 나타내고 있다. 실제 움직이는 부분과 보강재의 조각적 역동성은 혁명 러시아가 보

제3인터내셔널 기념비 계획안.
블라디미르 타틀린, 1919∼1920

여주고자 하는 노동자의 천국을 갈망하는 사상을 상징하고 있다. 하지만 타틀린의 제3인터내셔널 기념탑(1919년)의 조형적 핵심은 알렉세이 간Alexei Gan의 저서《구성주의》(1922년)에서 이론적 기초를 제시하였다.

1920년대 중반부터 구성주의는 세계적으로 확장되면서 근대 건축 운동의 한 부분을 담당했다. 1930년대 중반 스탈린이 저지하기 전까지 잠시 빛을 발했던 구성주의자들은 제한 없는 실험의 결과뿐 아니라 중요한 프로젝트를 실현하면서 자신의 역량을 증명해 보였다.

나움 가보Naum Gabo와 안트완느 페브스너Antoine Pevsner 형제는 입체조형 세계에서 또 하나의 구성주의 활동을 진행했다. 그들은 철, 유리, 플라스틱으로 과학기술을 나타내는 조각을 만들었다. 그들이 발표한 1920년 선언에는 다음과 같은 구절이 있다. "우리들은 새로운 요소로서 시간을 받아들이려는 생각 …… 진정한 움직임은 단지 일루전을 주기 위해서가 아니라 동적인 리듬을 적용할 수 있도록 이용해야 한다." 그들의 이념은 모홀리-나기Laszlo Moholy-Nagy 의 움직이는 금속구조 속에 유감없이 실현되었다.

혁명 러시아의 예술교육기관으로는 인후크INKhUK(예술문화연구소)와 부프테마스Vkhutemas(국립고등예술기술공방)가 있었으며, 제정 러시아 시대의 보자르예술 교육의 흔적은 사라지고 구성주의가 약진하는 원동력으로 작용했다. 이곳에서는 기본 기하형태에 의한 자유로운 실험이 추진되었고, 구체적인 조형방법과 이론적 단서를 제공하였다.

1920년대 러시아에서 개최되었던 설계경기에서 새로운 건축가들의 작품들이 대거 채택되었다. 모든 인간을 위한 예술과 생활상의 확립을 목표한 구성주의는 장식성·비실용성 등의 주관적인 선호에 좌우되는 것, 즉 비합리적 성격을 포함한 전통적 조형과 그것을 수긍하는 생활상을 거절했다. 그리고 기능성·합목적성 등 객관적으로 평가할 수 있는 척도에서만 도출된 모든 부분이 유

루사코프 노동자클럽, 콘스탄틴 멜리니코프, 1927

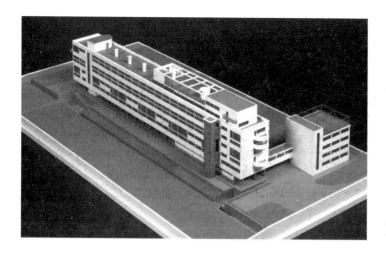

용하게 유기적으로 관련된 조형과 그것을 배경으로 한 새로운 생활의 모습을 제시했다.

　이러한 방식은 콘스탄틴 멜리니코프Konstantin Melnikov 노동자클럽(1927년)으로 대표되는 새로운 건축형태를 만들게 되었다. 모이세이 긴즈부르그Moisei Ginzburg는 새로운 주택이나 집합주택에 관심을 기울였다. 모스코바에 건설한 나르콤핀Narkomfin 아파트(1928년)는 개인주거형 전통적 아파트에서 새로운 형태의 공동주택으로 전환을 보여주는 예이다. 아파트는 두 개의 서로 다른 매스가 브리지로 연결되어 있는 형태였다. 장방형의 주거동棟에는 다양한 형태의 복층으로 구성되었으며, 한 해 동안 계속 상호교류가 일어나도록 복도에 난방이 이루어졌다. 육면체의 공용공간에는 간이식당, 부엌, 체육관, 도서실, 육아실 등이 자리잡고 있다. 그리고 르 코르뷔지에Le Corbusier의 옥상테라스에 대한 착상이 여기에서 공동체적 공간으로 채용되었다. 이러한 디자인은 1920년대 후반 러시아의 학생 기숙사에 많이 사용되었다. 또한 에른스트 마이Ernst May가 기본계획(1930년)했던 철강도시 마그니트고르스크의 건설에도 적용되었다. 마이는 콘크리트패널을 사용한 프리패브리케이션공법의 도입과 함께 서구에서의 경험을 본보기로 하면서 사회주의 도시의 이미지를 구체화했다. 이러한 러시아의 주거계획은 당시 유럽과 미국의 건축잡지에도 소개되었다.

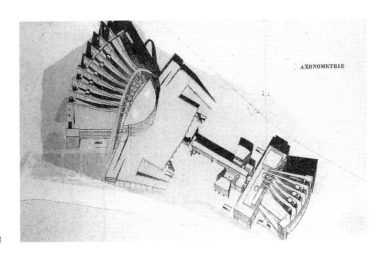

AXONOMETRIE

소비에트궁 설계경기안, 르 코르뷔지에, 1931

르 코르뷔지에가 모스코바에 설계한 대규모 프로젝트인 센트로소유즈 빌딩(1929년)은 자신의 첫 번째 작품이 되었다. 그리고 소비에트궁 설계경기(1931년)를 통해 보여준 서유럽 건축가들의 작품들은 혁명 이후 러시아에 근대건축이 영향을 끼친 확실한 사례였지만 정치적인 문제로 중단되면서 사회주의 국가의 한계를 드러내는 사건으로 남게 되었다.

1920년대 중반부터 구성주의는 세계적으로 확장되면서 근대건축운동의 한 부분을 담당했다. 그러나 1930년대 중반에 등장한 소련의 스탈리니즘과 함께 구성주의는 급속하게 그 힘을 잃어갔다.

20세기 초 러시아에서 시도된 다양한 조형실험의 성과는 일시적인 예술운동으로 끝나지 않고 근대건축의 이념을 형성하는 중요한 요인이 되었다. 또 러시아 구성주의는 시간을 넘어 20세기말 해체주의 건축의 이념적 바탕을 제공하기도 했다.

07

건축기술이 발전하다

(1910~1960년대)

프리페브리케이션 Pre-fabrication

프리페브리케이션이라는 용어에서 가장 먼저 생각나는 것은 '현장에서 바로 조립할 수 있는' 건조물의 이미지다. 본래 프리페브리케이션은 '미리 공장생산된 것'을 의미한다. 쉽게 예를 들면 유닛주택 또는 유닛구법이라 불리는 프리페브리케이션 주택이 있다. 즉 내외장까지 공장에서 마감한 직방체 유닛을 쌓아올려서 주택을 만드는 구법이다. 이 구법은 현장에서 작업할 필요가 거의 없다. 목수가 수개월 동안 만드는 재래구법과 비교하면 그 차이는 명확하다. 프리페브리케이션 건축은 현지에서 만들지 않고 공장에서 만들어 운반하는 것으로 건축의 개념을 완전히 바꾸었다.

프리페브리케이션의 개념이 만들어지고 실현된 시기는 산업혁명 이후이다. 건축생산의 공업화[1], 산업화와 프리페브리케이션은 밀접하게 관계한다. 따라서 건축생산의 공업화 진전의 지표가 프리페브리케이션이다.

쿠퍼하우스의 모형, 발터 그로피우스, 1931~1932

프리페브리케이션의 장점은 어디에서나 동일한 생산이 가능한 점이다. 즉 기후에 좌우되지 않고 생산할 수 있기에 공사기간을 단축할 수 있다. 또 공업생산화를 통해 현장생산의 불확정 요소를 가능한 없애고 공정을 합리적으로 조절할 수 있다.

쿠퍼하우스의 시공과정

하지만 프리페브리케이션이 이루어지기 위해서는 몇 가지 전제가 필요하다. 첫 번째는 양산화 Mass-Production 이다. 가격인하를 위해서는 하나의 공장, 하나의 시스템을 반복해서 사용해야 하며 가장 효과적인 방법은 동일한 주택을 대량생산하는 것이다.

양산화에 의한 가격인하는 근대건축가들이 주장했던 '대중을 위한 건축'과 '건축의 대중화'와 관계한다. 값싼 대량 주택을 대중에게 제공하기 위한 프리페브리케이션 수법은 다양하게 추구되었다. 따라서 건축생산의 합리화는 근대건축이 목표였으며 그 수단이 프리페브리케이션이었다. 그 예로 발터 그로피우스 Walter Gropius 의 트로켄 몽타주 바우 Trocken Montage Bau [2]는 조립식 구법을 적용한 것으로 가장 유명하다. 벽돌조나 콘크리트조와 달리 모르

1) 공업적으로 진행된 기술적용에 의해 사회의 구조를 변혁하고 정비하는 것을 말한다. ① 공사 가격을 줄이는 것과 공기단축, 품질의 보증 ② 불안정한 노동환경의 개선과 고도의 생산성 실현, ③ 국민생활과 균형을 이루는 양질의 건설기술 축적

2) 쿠퍼하우스로서 상품화되었지만, 시장에서 큰 성공을 거두지 못했다. 그러나 그로피우스의 새로운 시도는 건축계에 큰 영향을 주었다.

타르나 물을 사용하지 않았기 때문에 트로켄_{Trocken}(건식), 몽타주_{Montage}(조립), 바우_{Bau}(건축)라는 이름이 붙게 되었다. 1929년 바이센호프 지들룽_{Weissenhofsiedlung}[3]에서 처음으로 시도되었으며, 두께 15cm 금속패널을 볼트접합하여 조립하는 방식이었다. 그로피우스는 시험주택을 배경으로 1930년대는 쿠퍼하우스_{Cooper House}라는 프리페브리게이션 주택을 상품화했다.

3) 슈투트가르트에서 열린 근대건축의 주택전시회이다.

프리페브리케이션의 두 번째 전제 조건은 건축의 표준화, 규격화, 부품화이다. 양산을 추구하기 위해서는 규격화가 필요하다. 실제로 표준형을 생각하고 그것의 변형으로 개별수요에 대응할 수 있다. 그리고 건축을 다양한 부분으로 나누어 구성하고, 건물은 달라도 가능한 부품을 공통으로 설계하고 양산하는 것이 일반적이다. 부품화의 수법도 그러한 의미에서 건축생산의 공업화와 이어진다. 하지만 완전한 프리페브리케이션이란 존재하지 않는다. 왜냐하면 어떤 건물이든 구체적인 대지에 지으려면 어느 정도 현장에서 해야만 하는 작업이 남아 있기 때문이다.

현재 프리페브리케이션과 무관한 건축은 존재하지 않는다. 프리페브리케이션화율이나 완성현장의존률이라는 지표가 자주 사용되고 있지만, 공장 생산된 부품을 사용하지 않는 건축은 산업사회에서는 거의 없다고 볼 수 있다. 프리페브리케이션 수법의 건축에 대해 미래를 어떻게 전망할 수 있을까? 이것은 근대건축 비판의 근저에 관계한 문제이기도 하다.

프리페브리케이션은 건축을 장소와 고유한 관계에서 떼어놓는 것을 전제로 한다. 그리고 그곳에서 건축의 인터내셔널리즘과 연결된다. 하지만 본질적으로 건축은 구체적인 장소에 짓는 것만이 의미가 있으며 고유한 지역 건축의 표현이 성립하게 된다. 프리페브리케이션은 건축이 용기로서 공간으로 환원된다. 건축은 계량화된 공간이 된다. 여기서 공간은 어디서나 생산가능하며 어디서나 이동가능하다. 또한 언제나 교환가능하다. 이러한 건축과 공간의 모습을 가장 먼저 주장한 건축가들은 영국의 아키그램_{Archigram}이다. 나중에 아키그램의 영향을 받은 일본의 메타볼리즘 건축가

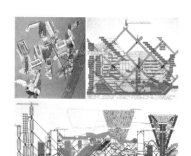

아키그램의 '플러그 인 시티', 피터 쿡, 1964

나카긴 캡슐타워, 쿠로가와 키쇼, 도쿄, 1972

들도 유사한 계획을 발표했다. 쉽게 말하면 모든 장치가 빌트인 Built-in된 캡슐로 건축이나 도시를 구성할 수 있고, 공간단위의 이동·교환으로 건축이나 도시의 신진대사가 이루어지는 것이 메타볼리즘 사상[4]이다.

하지만 건축은 반드시 계량 가능한 용기가 아니며 교환 가능한 상품도 아니다. 건축의 본래 모습을 생각하기 위해 프리페브리케이션은 중요하다. 하지만 이 개념도 현대건축을 이해하는 한 가지 모습일 뿐이다. 복잡한 현대사회에서 건축의 진정한 모습을 어떻게 이해하고 건축 개념을 재구축할 것인지는 우리들의 과제이다.

4) 신진대사는 원래는 생물학의 용어지만 건축, 도시계획 분야에서는 1960년 세계 디자인 회의를 위해 결성된 그룹과 그 설계 사상을 나타내는 말이다. 개개 건축가들의 이론은 다르지만 영원불멸의 건축을 부정하고 근대건축의 표준적인 기능주의를 비판하고 건축과 구성된 도시는 다이내믹하게 변화할 수밖에 없음을 주장한다. 공장 생산되고 이동 가능하며 교환가능한 공간단위로서 캡슐에 의해 신진대사를 반복하면서 구성된 것이 메타볼리스라는 도시 이미지이다.

철근 콘크리트 Reinforced concrete

현대는 문명사적 관점에서 보면 철기시대이지만, 단지 양적量的 측면만을 보면 콘크리트 시대라고 할 수 있다. 위의 두 가지를 혼합한 철근 콘크리트(이하 RC)는 현대 건조물에 광범위하게 사용되고 있다. 특히 현대건축에서는 필요불가결한 재료의 구축법이다.

RC는 철강재와 콘크리트로 만들어지며, 콘크리트는 시멘트, 물, 돌과 모래의 혼합물이다. 포틀랜드 시멘트처럼 현재 사용하고 있는 시멘트는 석회석, 점토 등을 고온에서 가열하고 경화시켜 분말로 만든 것이며 19세기 중반에 확립된 기술이다. 물을 부으면 복잡한 수화반응을 일으켜 서서히 경화된다. 즉 콘크리트는 모래와 돌을 시멘트라는 풀로 접합시킨 것이다.

콘크리트는 건축재료로 돌과 유사하지만, 콘크리트만을 다룰 때는 그다지 매력적이지 않다. 하지만 강철이라는 전혀 이질적인 재료와 조합시키면 획기적인 구축방법이 된다. 서양건축기술은 기본적으로 돌의 압축력을 신뢰하는 조적조에서 발전해 왔다. 돌은 인장력이 거의 없다. 돌과 돌을 연결한 접합부의 인장내력 및 전단력에 대한 내력을 완전히 신뢰할 수 없기 때문이다.

인장력은 지진 등의 비상시를 빼면 부재 아래 아무것도 없는 수

평부재에 발생한다. 예를 들면 벽에 뚫린 개구부의 상인방, 보, 바닥판, 가설구조조립 등의 부재에 생긴다. 따라서 어느 정도 강력한 접합제를 사용하지 않고서는 돌을 붙여 바닥이나 지붕을 구성할 수 없다. 바닥이나 지붕을 구성하기 위해서는 두 가지 해결법이 있다. 첫 번째는 특정 기하학적 형태로 만들어 부재에 압축력이 생기지 않도록 하는 것이다. 이렇게 하면 돌로 지붕이나 바닥도 만들 수 있다. 층고나 지붕의 높이를 높게 하는 것이 여의치 않게 된 방식이며 아치, 볼트, 돔의 특수한 수법이다. 두 번째로 그러한 부재에 대한 돌의 사용을 아는 것이다. 즉 벽체는 돌이면서도 바닥이나 가설구조물은 나무나 근세 이후는 철골 등으로 만드는 방법으로 지금도 사용하는 방식이다. 콘크리트도 비슷하다. 콘크리트는 압축력은 그런대로 만족할 수준이지만, 인장력은 아주 약하다. 덧붙여 보통 콘크리트는 단면 1cm²당 240kg 정도의 압축력을 견딜 수 있다.

외관은 돌이지만, 그 이상의 강성을 만들고자 생각한 것이 철골콘크리트의 최초의 아이디어였다. 인장력이 생기는 부분에는 인장력을 잘 견디는 철로 보강하면 된다. 즉 압축력은 콘크리트, 인장력은 철이 분담하는 방식이다.

RC나 철골 등의 근대기술이 서양근대건축의 조형에 준 영향에 관해 더욱 근원적인 부분이 무엇인지를 살펴볼 필요가 있다. 즉 압축력을 기준으로 발전해 온 건축 구조의 역사에 '인장력도 기술적으로 잘 사용할 수 있다'는 사고방식이 추가되었다.

르 코르뷔지에의 유명한 5원칙 중에 수평지붕, 수평연속창과 함께 건축을 공중에 띄우는 캔틸레버 구조와 현수구조가 새로운 것은 인장력에 적극적으로 저항하는 디자인이기 때문이다.

콘크리트에 철을 조합하는 아이디어는 19세기 말 J. L. 랭보Joseph-Louis Lambot, 조셉 모니에Joseph Monier가 제안했다. 모니에가 시멘트 화분을 만든 것이 최초이다. 그리고 프랑스와 안느비크Francois Hennebique는 1892년 기둥보 구조의 특허를 획득했다. 그의 공법 덕분에 프랑스에서는 광범위하게 RC가 사용되었다.

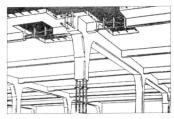
안느비크가 1892년 특허 취득한 기둥보 구조

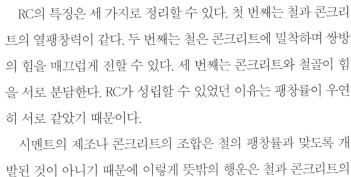
샹젤리제 극장, 오귀스트 페레, 파리, 1913.
철근콘크리트 구조의 건축물

인갈스 빌딩, E. L. 랜솜, 신시네티, 1903
최초의 RC 스카이스크래퍼이다.

RC의 특징은 세 가지로 정리할 수 있다. 첫 번째는 철과 콘크리트의 열팽창력이 같다. 두 번째는 철은 콘크리트에 밀착하며 쌍방의 힘을 매끄럽게 전할 수 있다. 세 번째는 콘크리트와 철골이 힘을 서로 분담한다. RC가 성립할 수 있었던 이유는 팽창률이 우연히 서로 같았기 때문이다.

시멘트의 제조나 콘크리트의 조합은 철의 팽창률과 맞도록 개발된 것이 아니기 때문에 이렇게 뜻밖의 행운은 철과 콘크리트의 행복한 조합을 만들었다. 이것이 중요한 까닭은 어떤 환경에서 온도변화에 의한 팽창률의 차이로 생기는 부적절한 내부응력은 해당 물체를 스스로 파괴시키기 때문이다. 만일 철의 팽창률이 콘크리트보다 크다면 온도가 상승할 즈음에 내부에서 콘크리트를 끌어당기게 된다. 말할 것도 없이 인장은 콘크리트에게는 최악이다.

RC가 융성하게 된 중대한 요인으로서 시멘트가 알칼리성인 것을 들 수 있다. 이것은 철근이 콘크리트 속에서 부식하는 것을 제어한다. RC 이전에는 조적조의 석재 접합면에 철봉을 넣어 돌끼리 긴결하기도 했다. 하지만 접합면에 물이 쉽게 침입하여 철이 녹슬면서 철의 체적팽창이 석조를 붕괴시켰다. RC의 경우 그만큼 쉽게 철에 물이 도달한 것은 아니지만, 콘크리트는 내부에 어느 정도 수분을 지니며 외부에서도 침입할 수 있다. 따라서 철근 주변이 알칼리성이 아니라면 미묘한 계기로 철이 부식될 수 있다.

철근이 녹이 슬어 팽창하게 되면 바깥쪽으로 콘크리트를 밀어내어 콘크리트에 크랙이 간다. 일단 금이 가게 되면 그곳에 물이 침입하고 더욱 녹슬게 되는 악순환이 RC 붕괴의 패턴이다. 콘크리트가 알칼리성이라면 물이 존재해도 부식은 억제된다. 콘크리트는 대기 중의 이산화탄소에 의해 그 표면부터 서서히 알칼리성을 잃어간다. 이것이 콘크리트의 중성화이다. 게다가 현재의 RC 수명의 기준은 중성화가 철근까지 도달하는 시기이다. 그래서 이러한 행복한 우연과 탁월한 알칼리성에 따라 RC는 성립되었다. 그리고 20세기 전반 구조역학의 발전 및 D. A. 에이브람스_{Duff. A. Abrams}[5]의 '물시멘트 비율' 조합이론의 개발 그리고 시공할 때에 '함께 굳히는' 중요성이 확실히 인식됨에 따라 RC는 근대 이후 현대건축의 가장 주요한 구법이 되었다.

그러나 몇 가지 문제점이 있다. 특히 가장 큰 문제는 내구성이다. 당시는 돌과 닮았기 때문에 조적조의 반영구적 건축물로 기대했지만, 의외로 내구성을 신뢰할 수 없을뿐더러 유지관리에 많은 비용이 들었다. 또한 RC에 의한 스크랩 & 빌드_{Scrap & Build}가 주는 환경문제를 들 수 있다. RC는 틀림없이 현대건축에 필수불가결한 근대적 재료지만, 근대화·산업화의 논리를 넘어 21세기의 친환경적인 건축을 만들기 위해서는 많은 연구가 필요한 듯하다.

라멘 구조_{Rahmen}

건축의 구조로서 가장 일반적인 것은 기둥·보 구조이다. 보와 기둥에 의한 구조 중 기둥과 보가 단단하고 강하게 결합된 것이 라멘구조이다. '라멘'이란 독일어로 틀 짜기를 의미한다. 건축형태는 사용된 구법과 밀접한 관계가 있다. 초고층건축이 가능하게 된 것은 구조기술의 발전이 있었기 때문이다.

5) D. A. 에이브람스((1880~1965)는 미국 태생으로 20세기 초 콘크리트의 성질과 조합을 연구한 교수이다.

기둥과 보의 구조는 우리나라의 전통건축과 친숙하다. 목조건축은 거의 모든 구조가 기둥·보 구조이다. 각재로 우물 정井자의 벽쌓기와 같이 벽식 구조는 흔했다. 목재와 달리 19세기 이후 철골 구조나 철근콘크리트 구조가 등장하면서 기둥과 보의 완전한 강접이 가능하게 되었다.

당시까지는 석조나 벽 구조가 지배적이었다. 라멘 구조는 당시까지 건축을 뒷받침하기에 불가결하다고 믿었던 벽면의 구조적 역할을 해방했다. 그리고 커튼처럼 벽을 몸체에 매다는 커튼월 구조가 가능하게 되었다. 즉 라멘 구조는 근대건축의 발전과 밀접하게 관계했다. 그리고 대부분의 현대건축은 라멘 구조의 건축이다.

라멘 구조는 그러한 의미에서 근대건축의 대명사라고 해도 좋다. 철과 유리와 콘크리트의 사각상자의 라멘 구조 건축이 근대건축의 간결한 정의이다. 라멘 구조로 인해 전 세계의 도시풍경이 동일하게 변화되기 시작하면서 그 단조로움을 파괴하려는 시도가 나타났다. 사각상자의 라멘 구조만으로는 지루함을 자아낸 것이다. 이에 다양한 구조방식이 시도되었다. 예를 들면 셸구조이다. 셸은 조개모양이지만 다양한 조개처럼 3차원의 곡면으로 구성하는 구조방식이 셸구조이다. 전통적으로 돔이나 아치, 볼트 등이 사용되었고, 보다 대규모로 보다 자유로운 형태를 만든 것은 철골콘크리트의 셸구조였다. 고전적으로 1930년대 스페인의 E. 트로하Eduardo Torroja[6]가 설계한 알헤시라스 마켓 홀Algeciras Market Hall(1933

6) E. 트로하(1899~1961) 20세기 스페인을 대표하는 건축가. 마드리드에서 토목을 공부했다. 프리스트레스 콘크리트 사용의 선구자로서 알려져 있다.

알헤시라스 마켓 홀, E. 트로하, 알헤시라스, 1933

케네디공항 TWA터미널 빌딩, 에로 사아리넨,
뉴욕, 1961

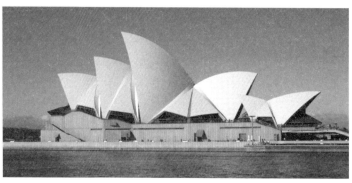

시드니 오페라하우스, 요른 웃존, 시드니, 1973

년) 등이 선구적인 작품이다. 일반에게 널리 알려진 작품으로는 에
로 사아리넨Eero Saarinen [7]의 케네디공항 TWA터미널 빌딩(1961년)과
요른 웃존Jørn Utzon의 시드니 오페라하우스(1973년)를 들 수 있다.

또한 현수 구조를 사용한 건축으로 단케 겐죠가 설계한 도쿄의
요요기 국립실내경기장(1964년)이 있다. 현수교처럼 케이블로 매
다는 구조물은 옛날부터 있었지만, 건축에 본격적으로 지붕 구조
를 매다는 방식이 사용된 것은 근대였다. 그리고 매다는 지붕 구
조가 일반화된 계기는 1958년 브뤼셀의 만국박람회였다. 1950년
대부터 1960년대 초반 사이에 다양한 구조 방식이 시도되었다.
다양한 구조를 표현한 경향을 일괄하여 구조표현주의라 부른다.

자유로운 형태를 지향하지만, 구조역학적 제약이 있기 때문에
곧바로 독특한 건축형태가 만들어지는 것은 아니다. 처음에는 신
선해 보였지만, 구조방식만으로 전체 형태가 지배되기 때문에 곧
질리게 된다. 구조표현주의는 이러한 비판을 받게 되었다.

7) 에로 사리넨(1910~1961)은 핀란드
  태생의 건축가로 셸과 현수지붕 구조 등
  거대한 구조방식을 사용한 작품으로 잘
  알려져 있다. 대표작으로는 '매사추세츠
  공과대학 칼리지 강당', '제네럴모터사
  빌딩' 등이 있다.

벅민스터 풀러의 지오데식 돔

도쿄 돔, 니켄세케이, 도쿄, 1988

8) 벅민스터 풀러(1895~1983)는 미국의
독창적인 엔지니어이며 건축가이다.
최소 에너지로 최대 효율을 끌어내는
'다이맥시온' 계획 등 장대한 구상을
제출했다.

　근대의 특징적인 구조형식 중 한 가지는 스페이스 프레임Space Frame이며 지오데식 돔Geodesic Dome이라고도 한다. 뼈대구조 전체가 규칙적인 기하학 유닛의 반복으로 구성된 스페이스 프레임은 부재나 조인트를 공장에서 대량생산했다. 전화기를 발명했던 그레이엄 벨Graham Bell은 동일한 길이와 동일한 굵기의 부재를 이용하는 스페이스 프레임을 생각해냈다. 그는 20세기 초에 스페이스 프레임을 이용하여 연과 철탑을 만든다는 기본적인 사고방식을 제시했다. 스페이스 프레임의 대표적인 예가 풀러돔이다. 풀러돔은 미국의 건축가 벅민스트 풀러Buckminster Fuller[8]가 1954년 특허를 획득한 구조방식이다. 풀러돔은 가는 부재를 구형으로 조합한 단순한 원리의 스페이스 프레임이다.

　스페이스 프레임은 거의 동일한 굵기의 수많은 봉 모양의 부재를 입체적으로 조합하여 만든 뼈대 구조이다. 기본적인 사고방식은 20세기 초에 제출되어 2차 세계대전 이후에 구체화되어 사용되었다.

　현대에 새롭게 탄생한 구조로는 공기막 구조가 있다. 막구조로서 텐트는 오래전부터 있었다. 몽골의 파오나 서커스 텐트이다. 공기막 구조는 공기로 막을 부풀게 하여 지지하는 구조방식이며, 그 예로는 일본의 도쿄돔을 들 수 있다.

　건축가는 일반적으로 새롭고 신기한 형태를 만들고자 하는 태도를 지니고 있기에, 형태만을 추구하여 아크로바틱한 구조로 만들어진 건축이 많이 있다. 하지만 건축에서 완전히 자유로운 형태, 자유로운 구조는 있을 수 없다. 중력의 제약은 건축의 본질이기 때문이다.

에어 컨디셔닝Air Conditioning

생태인류학적으로 본 주택의 의미는 더위와 추위에 대한 온열환경 조성, 피부암의 원인이 되는 감마선이나 X선 등의 전리電離방사와 함께 설맹雪盲, 조수간만, 햇빛으로 대표되는 자외선으로부터 방어라는 의미가 있다.

건축은 육식동물이나 곤충, 비, 바람, 일사로부터 '쉘터shelter'의 역할을 하는 것이 본래의 의미였다. 건축설비는 인간에게 보다 쾌적한 실내환경을 달성하는 수단이다. 에어컨은 현재 실내 냉난방설비의 대명사이며, 현내의 설비 중 가장 중요한 요소 중 한 가지이다. 구조기술의 발전은 건축디자인에 혁신적 영향을 주었다. 한편 설비기술은 혁신적인 디자인을 실현하기 위해 빠질 수 없는 요소로서 큰 영향을 미쳐왔다.

르 코르뷔지에Le Corbusier의 건축을 예로 들면, 그가 설계한 거대한 유리면의 초기작품에서 거주환경은 쾌적하다고 말할 수 없었다. 그가 설계한 거대한 유리면 파사드 건축에서 비교적 초기작품으로는 구세군호스텔Salvation Army Hostel(1931~1933년), 센트로 소유즈 빌딩Centrosoyus Building(1928~1933년), 스위스학생회관Pavilion Suisse a la Cte Universitaire(1930~1932년) 등을 들 수 있다. 특히 구세군호스텔은 공조가 제대로 이루어지지 않아서 여름에는 찜질방이 되고 겨울에는 냉장고처럼 되는 문제가 있었다고 한다. 그 때문에 2차 세계대전 이후 외부 창면에 브리즈 솔레이유Bnse-Soleil와 함께 일부 개폐할 수 있는 창이 붙게 되었다. 코르뷔지에의 이후 작품들에 브리즈 솔레이유가 달린 이유는 이러한 경험 때문이었다.

코르뷔지에의 자유로운 디자인은 온열환경에 대한 통찰이 엄격하지 않았기 때문에 변경이 여의치 않았다고 한다. 하지만 에어컨 기술이 충분히 발달했다면 브리즈 솔레이유가 달린 조각적 작품들은 나타나지 않았을지도 모른다. 건축조형에 대한 구조·재료의 기술혁신이 비로소 건축가로 하여금 자유로운 조형의 가능성을 주었으며 에어컨 등의 설비가 큰 영향을 끼쳤다.

실내의 온열환경을 제어하여 축열효과 및 단열효과[9]를 높이기 위한 방법과 열취득량을 가능한 한 최대로 높이는 고안, 통풍을 좋게 하는 고안은 오래전부터 이루어져 왔다. 이는 오랜 세월 동안 전통 민가나 건축물에서 옛사람의 지혜가 충분히 활용되었기

구세군호스텔, 르 코르뷔지에, 파리, 1931~1933

유니테 다비타시옹, 르 코르뷔지에, 마르세이유, 1952

9) 실내온열 환경의 컨트롤이라는 기존 입장에서는 신체는 단순히 열을 전할 수 있는 것이라고 생각하는 경향이 강했다. 그것은 벽을 통한 열손실, 열취득의 계산이라는 설계방법이나 실내공기를 가능한 외계와 분리된 단열구법의 사고로 들 수 있다. 그러나 벽은 단지 열을 전달하는 것만이 아니라 벽 자체가 열을 저장하고 있다. 이 효과는 철근콘크리트처럼 무겁고 열용량이 큰 건물만큼 영향이 두드러진다. 신체의 축열효과는 그 자체의 공기온도로의 영향도 기대할 수 있지만, 또한 복사효과도 기대할 수 있다.

강릉 선교장, 기와지붕의 경사는 멋과 동시에
과학적으로 단열효과가 높다

전통 주택의 부뚜막

10) 공기 속의 수증기가 불포화할 때,
공기의 온도를 서서히 내리게 하는
온도에서 포화상태로 도달하고, 내려
가는 수증기의 일부가 응축하여 물체의
표면에 이슬이 맺힌다. 이슬이 맺기
시작하는 온도를 '이슬점 온도'라고
말한다.

때문에 흥미로운 과제였다. 예를 들면 지붕구배가 급한 건축은 일사의 열취득의 문제를 생각하면 매우 합리적이다.

겨울은 태양고도가 낮기 때문에 열취득량이 높고 여름은 반대가 된다. 이 관점에서 볼 때, 경사가 낮거나 없는 현대주택의 지붕은 상당히 불합리하며 종종 여름에 지붕의 열취득 때문에 비효율적 냉방이 문제가 된다. 이것은 건축형태의 문제이다.

난방 설비로는 우리나라의 온돌이 뛰어난 것은 세계적으로 잘 알려져 있다. 전통적 냉방설비의 예로 중동의 주거에서 실내에 물을 흐르게 하거나 물을 넣은 아궁이를 두는 경우가 있다. 물이 증발할 때 열을 빼앗는 점에 착안하여 냉방을 한다.

냉난방기술을 중심으로 설비기술사를 논한 흥미로운 책으로는 레이너 밴햄Reyner Banham이 쓴 《환경으로서의 건축Architecture of the Well-tempered Environment》(1969년)이 있다. 이 책은 어떤 기술의 완성과 디자인의 밀접한 관계를 기술했다. 예를 들면 아르누보의 디자인은 전기조명의 보급을 논해야만 이해할 수 있다. 왜냐하면 당시까지 사용되었던 가스등에는 받침대가 없었고 배출된 가스가 섬세한 곡선이나 장식을 부식시켰기 때문이다. 우리들은 근대 조명의 역할에 대해 주의하지 않고 미적 관점에서만 건축을 이해하려는 경우가 많다. 또 밴햄은 증기기관의 발달에 따라 보일러가 발달하게 되었고 건축에서는 중앙집중식 난방Central Heating이 생겼다고 했다. 최초에 사용되었던 곳은 병원이었다. 중앙집중식 난방은 대지의 한 곳에서 열을 생산하여 파이프로 각 실에 제공하는 시스템이기에 관리가 쉽다. 초기에는 증기가 열매체였다. 온수는 기계적인 방법으로 보내야만 하지만, 증기는 파이프로 연결되어 있을 때 강력하게 전달된다. 따라서 초기 중앙집중식 난방과 증기는 불가분의 관계였다.

본격적인 에어컨디셔닝은 미국에서 생겨났다. 윌리스 캐리어Willis H. Carrier는 안개를 보고 공기 중의 수분량을 조절하는 방법을 생각했다. 그리고 이슬점 온도[10]의 조절방법을 생각하여 공기습도 조절법의 기초를 만들었다.

캐리어의 첫 번째 업적은 '습도조절기술'의 개발이었다. 이 기술은 제지공장이나 인쇄공장처럼 습도관리가 중요한 생산 공장에서 빠르게 받아들여 발전되었다. 공조는 원래 공장에서 제품 관리를 위해 발달했기 때문에 인간의 주거환경을 위한 것은 아니었다.

캐리어가 1901년에 최초로 생각했던 에이컨의 원리는 다음과 같다. 수증기가 포화되지 않은 공기 속에 기온보다 낮은 물을 뿜는다. 공기 중의 수분은 결로하기 때문에 제거된 습도로 인해 공기온도도 내려간다. 이 공기를 실내에 보내면 습하고 더운 실내의 냉방이 가능하게 된다. 단순한 원리이지만, 1860년 프랑스의 칼레가 발명한 냉동기의 방법보다 가격이 싼 제품이 생산되었다. 이 방식에 의한 공조장치를 에어워셔[11]라 한다. 캐리어는 에어컨 기술의 첨단으로 이끈 개척자이며 '공조空調의 아버지'라 불리고 있다.

냉방은 미국이나 일본에서 발달한 기술이라 할 수 있지만, 유럽에서 그다지 발달하지 않았던 것은 유럽의 여름이 미국이나 일본처럼 냉방이 필요할 만큼 덥지 않았기 때문이다. 현재도 유럽의 주택에서 냉방설비는 거의 보급되어 있지 않다. 현재 우리나라의 여름은 아열대 기후의 경향을 보이고 있기 때문에 더욱 효율적이

11) 스프레이 노즐에서 물을 분사하여 공기를 통과시켜 가습·냉각 감온을 하여 공기세정 효과도 만드는 장치다.

1922년에 선보인 원심분리형 냉각기. 오피스건물에 사용되었다

1933년 최초로 사무실용 룸에어컨 설치

고 경제적인 에이컨디셔닝 기술이 요구되고 있다.

에어컨은 공기를 열매熱媒로 하기 때문에, 경제성·효율성을 제쳐둔다면 어떤 공간에도 원하는 환경을 만들 수 있다. 그러나 이러한 인공적 만능성은 반대로 건축가가 본래 가져야할 섬세함이나 관찰력을 줄이는 면을 부정할 수 없다. 오래전에는 인공환경을 만드는 설비기술이 발달하지 못했기 때문에 기술자들은 건축에 다양한 고안을 집어넣어 독자적으로 표현했다. 하지만 근대 이후 이러한 관심은 줄어들게 되었다.

1970년대 오일 파동이나 최근의 지구환경 문제를 계기로 석유 등의 천연자원을 많이 소비하는 기술을 대체하는 에너지 개발의 움직임이 일어났다. 오일 파동 이후 갱신 가능한 에너지를 사용하려는 패시브 솔라하우스의 실험도 세계적으로 이루어졌다. 이러한 방향은 건축가의 정신에만 의지하여 자유롭게 설계하는 방식에 제동을 걸었고, 오래전 기후풍토에 근거한 건축기술의 장점을 배우려는 분위기로 이어졌다. 현재 전통 한옥에 대한 관심의 증가는 무엇보다 친환경적인 건축이면서 인간의 건강에 유익하기 때문이라 할 수 있다. 친환경적인 건축이 중요한 흐름이 된 현재, 건축설비는 지구환경시대 건축의 행방을 결정하는 중요한 요인 중 하나라 할 수 있다.

08

아르데코,
대중과 만나다

(1920년대)

아 르 데 코 전 Expo : Arts Déco

아르데코는 1925년 파리에서 개최된 장식미술·공업미술국제박람회 International Exposition of Modern Decorative and Industrial Arts(아르데코전展)에서 큰 성공을 거둔 새로운 양식이다. 아르데코라는 이름은 이 박람회에서 유래했으며 동시에 박람회의 개최 연도를 붙여서 '1925년 양식'이라고도 불리게 되었다. 아르데코 양식에는 흥미로운 부분이 많다. 그것은 아르데코 양식이 품고 있는 다소 노스탤직한 취향 때문이며, 이를 주목하여 살펴보고자 한다.

장식미술·공업미술국제박람회는 오래된 역사가 있다. 박람회의 기원은 아르누보를 꽃피웠던 19세기 말의 파리로 거슬러 올라간다. 1900년에 파리에서 열렸던 만국박람회에서는 19세기 마지막을 장식하는 데 어울리는 화려한 장식예술작품을 선보였다. 그리고 이듬해 1901년에 그러한 분위기가 달아올라 장식미술가협회가 설립되었다. 이것은 순수예술에 대응한 응용예술의 존재를 주장하는 것이며 일상생활에 사용될 수 있는 예술적 존재의 표명이었다.

아르데코전 오르세문, L. H. 보왈로, 파리, 1925

응용예술 또는 장식예술, 미술공예 등으로 일컬어지는 장르는 순수예술에 비해 격이 떨어진다고 생각하는 경향이 있었다. 응용예술의 존재를 인식하고 그 가치를 주장했던 것은 19세기 후반 영국의 아트 앤 크래프트 Arts & Crafts 운동이었다.

아트 앤 크래프트 운동의 중심인물이었던 윌리엄 모리스 William Morris와 C. R. 애쉬비 Charles Robert Ashbee 는 예술성이 풍부한 일상생활 용품을 만드는 것이야말로 생활의 진정한 향상이며 해방이라고 믿었다. 이 주장은 독일과 오스트리아에서 '공작연맹'이라는 운동이 되어 20세기로 넘어가게 되었다. 여기서는 제품의 디자인을 기계생산을 통해 적극적으로 다루었던 태도가 보였다.

프랑스의 장식미술가협회 설립도 이러한 세계적인 분위기와 무관하지 않았다. 프랑스의 경우 1903년에 살롱 도톤느 Salon d'autornne 라는 새로운 민간예술단체가 조직되었다. 살롱 도톤느는 1904년

아르데코전 포스터

사진부문, 1905년에 음악부문이 마련되었고, 1906년에는 당시까
지 있었던 순수미술과 장식미술의 구별을 폐지하고 전체를 동격
으로 취급한다는 방침을 명확히 내세웠다. 이 방침의 연장으로
1910년에는 독일 공작연맹 작가들의 작품이 살롱 도톤느에 초
대받아 출품되었다. 그들의 작품이 준 충격은 상당히 컸기 때문
에 프랑스에서도 적극적으로 기계제품을 위한 디자인을 개척해
야만 했고, 그 계기로서 국제전시회를 개최해야한다는 의견이 일
어났다.

　장식예술가협회는 이전부터 일부에서 원했던 국제전람회의 개
최의견을 1911년 정부에 제출하였고, 정부도 국제전람회를 1915
년에 개최해야한다고 인식했다. 하지만 1914년 1차 세계대전의
발발은 전람회의 개최 예정시기를 다음 해인 1915년에서 1916년,

콩코드 기념광장, 피에르 파투, 파리, 1925,
기둥 상부에 투광기가 설치되어 있어 야간에는
기둥이 떠올라 보인다.

에스프리누보 파빌리언, 르 코르뷔지에, 파리,
1925

다시 1918년, 1924년으로 계속 늦어지게 했다. 결국 1925년 4월부터 6개월 동안의 전람회를 개최하는 방침이 확정되었고, 명칭은 장식미술·공업미술국제박람회로 결정되었다. 이것은 파리에서 열렸던 국제적인 박람회로 1900년의 박람회 이후 4반세기만에 이루어진 행사였다.

준비가 늦어지고 계획이 계속 연기되면서 박람회에 출품하는 제품들의 성격, 조형적 표현이 크게 변하게 되었다. 박람회에는 온갖 장르의 장식·공업미술이 소재별, 장르별로 출품되었다. 즉 건축, 건축 장식, 가구, 의상이나 장신구, 무대예술, 정원, 미술교육, 사진과 영화로 구성되었다. 다양하고 광범위한 출품목록 중에서 아르데코라 불리는 조형이 후세에 알려지게 된 것이다.

이 박람회의 성격을 아는 데 흥미로운 에피소드를 한 가지 덧붙이면 다음과 같다. 그것은 미국이 박람회에 참가하지 않았다는 것이다. 박람회에는 오스트리아, 벨기에, 러시아를 비롯하여 중국, 일본과 같은 여러 나라 그리고 프랑스의 21개 지방이 출품했지만 미국과 독일은 참가하지 않았다. 예전에 공작연맹의 작가들로 프랑스에 큰 충격을 주었던 독일은 이후 1차 세계대전 때문에 적국이 되면서 전후戰後 박람회에 불참하게 되었다. 그리고 미국은 박람회의 명칭이었던 '현대'라는 용어를 오해하여 자국의 장식·공업미술은 현대의 개념과 어울리지 않는다고 생각해서 불참

리용 생테티엔 파빌리언, 토니 가르니에, 파리,
1925

봉 마르세 백화점, L. H. 보왈로, 파리, 1925

스타디움 루부르상회, A. 라프레이드, 파리, 1925

했다. 실제로 미국은 1920년대, 1930년대의 아르데코에 크게 공
헌한 나라였다.

아르데코의 시대

아르데코의 시대에는 두 차례의 세계대전이 일어났다. 아르데코
의 별칭인 '재즈 모던Jazz Modern '은 당시 미국의 분위기를 잘 반영한
말이다. 그리고 아르데코는 '포와레 양식', '샤넬 양식'이라고도 하
며, 이것은 의상디자이너인 폴 포와레Paul Poiret와 코코 샤넬Coco chanel
의 이름을 따서 부른 것이다. 이는 유럽대륙의 두 차례 세계대전
기간의 분위기를 느끼게 한다.

또한 아르데코 양식의 정수가 대서양 항로의 여객선 인테리어에서 등장했고, 일본과 미국 항로의 호화여객선에 수없이 시도한 것도 두 차례 세계대전의 짧은 기간에 특별함을 느끼게 한다. 많은 선실의 인테리어는 2차 세계대전 중에 배와 함께 바다 속으로 사라져 갔다. 이로 인해 아르데코는 2차 세계대전의 종결과 함께 끝났다는 인상을 받게 되었다.

아르데코의 또 다른 별칭으로는 '파리50년 양식', '1925년 양식', '1925년 모드' 등이 있다. 이 모두는 당시 장식미술·공업미술 국제박람회를 의식하면서 이름붙인 것이었다.

또한 박람회도 시대의 최첨단을 보여주는 시도였지만, 짧은 기간의 환영이라는 측면이 강했기 때문에 모험적 디자인을 시도할 수 있는 장이었다. 따라서 이러한 측면의 아르데코도 현재는 이미 그 실체가 소멸되었다.

'아르데코는 두 차례의 세계대전 기간에 유럽의 전통을 느낄 수 있었던 마지막 순간의 휴식기에 태어났으며, 그 시대와 함께 사라진 양식인가?'라고 질문할 수 있다. 그 대답은 '그렇다'와 동시에 '아니다'라고 말할 수 있다.

아르데코를 역사적으로 살펴보면 1920년부터 1930년대에 걸쳐 만들어진 짧은 유행에 불과하다. 어쩌면 19세기 말 아르누보가 허무하게 사라진 유행의 모양을 바꿔 재생되고 소멸했다고 할 수도 있다. 그리고 일종의 시대의 분위기, 생활의 일시적 스타일이라고 말할 수도 있다. 하지만 아르누보와 아르데코 사이에 흘렀던 약 30년 동안 장식예술의 근본적인 성격이 완전히 변한 것을 고려해야 한다. 그 동안의 장식예술은 하나씩 만들어진 예술품의 성격에서 많은 제품이 대량으로 생산되고 소비된 상품의 성격으로 본질이 변화되었다. '재즈 모던'이나 '샤넬 양식'도 소비와 상품시대의 용어이다.

순수예술과 응용예술 또는 순수예술과 장식예술이라는 구별은 자립된 작품인 순수예술을 어딘가에 부속시키고, 상품가치를 높이기 위해 예술과 구별하면서 갈라놓기 위한 방편이었다. 두 개

코코 샤넬의 의상

폴 포와레의 의상

의 예술이 대립하듯이 의식된 것은 응용예술과 장식예술이 독립하고 그 힘이 강화되면서 부터였다. 상품으로 디자인된 제품을 사람들이 구입하고 자신들의 생활 속에서 사용하는 형식이 20세기 초에 정착되었다.

자동차의 마스코트, 화장품, 옷, 서적, 가구, 식품 그리고 상점과 레스토랑, 도시 속의 집합주택도 진부 기성품인 레디 메이드_{Ready-Made}의 디자인 상품으로 등장했다. 아르데코의 본질은 이러한 분야에서 발휘되었다. 그것은 상품화되고, 사람의 손에서 손으로 교환이 이루어지는 디자인이었다.

아르누보의 장식은 최초로 근대적인 도시가 성립한 곳에서 태어난 문화였다. 19세기 도시중심부의 번화가는 도시의 혼잡을 그대로 나타낸 장소였다. 당시까지 중세적 도시의 번화가는 어느 정도 번화함을 나타내어도 지역적인 것이었다.

그에 비해 19세기에 이루어진 새로운 성장의 본질은 지역의 경계에서 해방된 도시성을 보여주었다. 번화가에서 사람들은 서로가 누구인지 모르고, 그러한 사람들 사이에서 도시문화를 즐겼다. 그곳에서 나타난 도시문화는 일종의 익명성으로 뒷받침된 인공성이 강한 문화가 되었고, 표면의 번화함과는 달리 일종의 고독감

1920년대 뉴욕 맨해튼 빌딩의 스카이라인

소비에트 파빌리언, 멜리니코프, 파리, 1925

타마라 드 렘피카, 자화상, 1925

을 감돌게 하는 문화가 되어갔다. 19세기 말 도시문화는 그러한 분위기가 가득 찬 곳이었고, 그곳에서 출현한 수수께끼 같은 대부분의 조형의 모티브는 인공의 신화라고 부를만한 것이었다. 그러면서 아르데코의 시대정신에는 도시의 번화가가 상품의 성격을 가지며 떠다니게 되었다. 번화가에 흘러넘친 상품들은 도시의 개성으로 고정되었던 것이 아니며, 도시를 벗어나도 계속 존재했다. 상품은 구매되고, 운반되며, 무수히 생활 속으로 침투되었다. 자동차는 당시까지 생각하지 못했던 속도로 사람들을 이동시켰고, 증기선은 이전에 없었던 어마어마한 규모의 공간까지 합하여 대륙사이를 이동하고 연결하였다. 전파는 눈에 보이지 않는 미디어로 등장했고, 상품의 종류와 수량은 전에 없이 확대되었다.

아르누보의 조형은 끝없이 사물의 표면을 덮으며 퍼져나간 곡선이지만, 아르데코의 조형은 광택있는 경질로서 계속 굴곡을 이루며 방사상으로 퍼져갔다. 이것은 이 시대에 도시의 온갖 문화가 떠돌며 상승하기 시작한 것과 무관하지 않다. 아르데코 시대의 디자인은 지역성을 없애는 것과 함께 표면을 뒤덮는 것을 중지하고, 날아오르기 시작했다. 유선형, 전파이미지의 지그재그선, 반사된 빛을 상기시키는 광택 등, 이 시대의 모든 조형은 이륙하여 날아오르는 것을 나타내었다.

건축 디자인도 예외가 아니었다. 러시아 구성주의라고 불리는 작가들의 디자인은 대지에 속박된 무거운 구조적인 건축을 부정하였고, 미국의 스카이스크래이퍼의 정상부에는 다양한 모티브의 '방사하는' 이미지를 붙였다. 프랑스에서 르 코르뷔지에Le Corbuisier는 대지에서 이륙하는 '피로티'라는 개념을 제시했다. 다양한 '주의', '주장'으로 분류되었던 당시의 건축은 '이륙離陸' 또는 '비약飛躍'의 이미지에서 공통된 무엇을 찾았다고 볼 수 있다.

1925년 장식미술·공업미술국제박람회에서는 다양한 경향의 건축들이 아르데코라는 이름 아래로 모였다. 건축가의 이념과 주장은 가지각색이었다. 하지만 건축의 조형감각 속에서 공통된 '이륙'을 향한 기대, 비약하려는 결의, 방사하고 확산하려는 기대를 발견할 수 있다.

　1930년대 이후 아르데코 양식은 미국으로 주된 무대를 옮겨 뉴욕의 마천루에 널리 유포되었다. 1920년대 말까지 미국에서 아르데코는 지구라트Ziggurat형 스카이스크래이퍼 조형이 주류를 이루었다. 그것은 빌딩의 상부를 후퇴시켜야만 하는 조닝법(1919년)에 따라 서구에서 차용하지 않은 독자적인 미국의 표현모색에서 나타나게 된 것이다. 하지만 무엇보다도 아르데코는 대중에게 어필할 수 있는 강한 메시지가 있었다. 또한 높이 솟은 고층빌딩 속에서 아르데코의 양식은 두드러진 조형이었기 때문에 크게 보급되었다. 그러나 대공황 이후 새로운 스카이스크랩 계획은 대부분 사라지게 되었다. 빌딩형태는 1920년대 번영의 상징인 지구라트형에서 스트림라인으로 대체되어 표현되었다.

　특히 건축영역에서는 뉴욕근대미술관에서 개최된 '인터내셔널 스타일전展'(1932년)에서 이데올로기를 없앤 시각표현으로서 근대건축 양식을 수용하면서 곡선과 수평선이 강조된 형태가 유행하게 되었다.

　CIAM으로 결실을 맺으며 근대건축의 주류를 형성했던 건축가들은 상품으로 가득 찬 사회를 비판하며 일종의 사회주의적 유토피아를 주장했다. 그들의 조형을 편견 없이 살펴보면 의외로 아르데코와 가까운 조형을 발견할 수 있다. 하지만 근대건축의 이상이 달성되었던 2차 세계대전 이후 세계는 역설적으로 상품화된 근대 디자인으로 가득 차게 되었다.

크라이슬러 빌딩, 윌리엄 반 알렌, 뉴욕,
1928~1930

엠파이어 스테이트 빌딩, 시어브, 램 & 하몬, 뉴욕,
1930

상업적인 표현의 재인식

'파리25년 양식'이라고 불리던 것도 거의 90년 전의 과거사가 되고 말았다. 바야흐로 100년의 역사를 바라보는 양식이 지금 우리에게 무엇을 느끼게 하며, 무엇을 말해주고 있는 것일까?

　아르데코는 움직임의 조형이라 할 수 있다. 즉 아르누보가 성장하는 생물적이며 생명의 움직임인 것에 비해 아르데코는 기계의 물리적 현상과 같은 움직임이다. 아르데코의 조형적 특징은 옷을 입은 여성의 머리카락 움직임이나 부드러운 바람에 흔들리는 버드나무 가지의 출렁거림이 아닌 유선형의 오픈카에서 드라이브할 때 강한 바람에 날리는 머리카락의 흐름과 같다. 또한 아르데코의 조형은 엔진의 움직임, 전파나 광선의 발산이나 반사를 이미지화한 것이다. 그것은 인간 육체의 속도를 넘어선 스피드 감각이다. 계곡에서 흐르는 물과 같은 불규칙한 반사 물결의 움직임이 아닌 일정한 물의 흐름이 규칙적으로 계속 흐를 때에 생기는 곡선이다.

아르데코의 조형을 만든 사람들은 이러한 이미지의 새로움을 느끼며 조형을 만든 듯하다. 놀랄만한 스피드, 거리, 공간 등이 드디어 그들의 것이 되었다. 그들의 내면에서 고동치는 소리는 아르데코의 스릴 넘치는 빛을 뒷받침했다.

아르데코는 대중의 시선을 의식해야 하는 상황이 만든 현상이다. 그것은 추상표현으로 나아가서 의미와 상징을 없앤 근대로 향한 최초의 반응이기도 했다.

현재 우리들은 90년 전의 감동을 새삼스럽게 우리의 감동으로 만든다. 그것은 우리가 아르데코의 움직임, 스피드, 거리에 대해서 놀라기 때문이 아니라, 당시 디자이너들의 느꼈던 감동의 발화점이나 발랄한 잠재력 때문이다.

아르데코풍의 자동차디자인

방사형 무늬의 아르데코풍 구두, 1925

1920년대 스트림라인의 디젤기관차 NO.490

공업디자인 분야에서도 고층빌딩처럼 스트림라인이 사용되었다. 레이몬드 로위Raymond Loewy의 저서《루즈에서 기관차까지》(1941년)의 제목처럼 카메라, 냉장고, 승용차와 같이 대량생산된 일상의 생활도구들은 친숙하게 표현되었다.

근대와 마주쳤을 때에 회피할 수 없는 '상품화된 조형'의 과제에 처음으로 답했던 예술이 아르데코, 즉 응용미술과 장식예술이었다. 동시에 이 과제는 현재를 살고 있는 우리에게도 비슷하게 제시되고 있다. 아르데코가 자극적인 것은 상품화된 조형에 나타난 긴장감이 지금도 사라지지 않고 계속 고동치기 때문이다.

근대건축사, 근대디자인사를 디자인이나 건축의 이론사, 운동의 역사로 생각하지 않고 현실의 조형이 사회에 직면했던 흐름으로 볼 때, 아르데코의 조형은 새삼스럽게 놀라움의 대상이 된다.

상품 또는 상업적인 작품이라는 점에서는 아트 앤 크래프트 운동 → 독일공작연맹 → 바우하우스 → CIAM의 흐름이 충분한 성과를 올렸다고 말할 수 없다. 사회 전체를 향해 새로운 조형을 상품으로 만들었던 투쟁의 역사가 이러한 흐름이라 볼 수 있지만, 아르테코는 예술운동으로 자리매김하여 예술작품과 예술적 이미지를 만드는 데 열중했다. 그것에 비해 아르누보 → 아르데코라는 흐름은 상업적인 조형을 출발점으로 한 시도였다고 말할 수 있다.

아르데코의 조형은 장식미술 분야의 것으로 결론짓는 경향이

영화 〈메트로폴리스〉의 아르데코풍 포스터,
감독 프리츠 랑, 1927

엠파이어 스테이트빌딩 로비,
윌리엄 프레드릭 램, 뉴욕, 1931

있었지만, 한편으로는 그 분야 자체를 가볍게 여기는 태도를 동시에 가지고 있었다. 하지만 현재 다시 응용미술분야가 중요해지면서 아르데코의 조형성을 새롭게 살펴보려는 경향도 보이고 있다.

20세기 초의 대도시는 멋진 대건축으로 채워졌지만, 19세기 파리예술의 정수인 오페라극장에서는 네오바로크 양식이 사용되었다. 하지만 아르데코는 고전주의적 양식과 공존하면서 거대 건축에 사용되었다. 아르데코 조형은 우리로 하여금 21세기의 디자인은 어디에서 찾아야하며 어떻게 이루어져야할지 생각하게 만든다. 상업성 그리고 사물의 본질에서 벗어난 표층화된 위상은 모두 아르데코와 관계한다.

09

CIAM,
건축가의 지위가 변하다

(1930년대)

고대, 중세, 근대시대에 건축은 예술이었고 건축가는 예술가였다. 건축가는 화가와 조각가면서 미술아카데미의 회원이 되는 것을 최고의 명예라고 생각했다. 1671년에는 프랑스에서 건축아카데미가 설립되었고, 유럽의 다른 나라에서도 건축가가 미술아카데미의 회원을 겸하게 되었다. 1768년에는 영국에도 왕립미술원 Royal Academy이 만들어졌다. 건축가는 예술가를 목표로 공부하면서 작품을 설계했다.

예술에 관계된 건축교육기관으로는 프랑스 에콜 데 보자르 École des Beaux-Arts(국립미술학교)가 유명했다. 이곳의 교육은 기본적으로 로마대상 Prix de Rome을 기반으로 했다고 할 수 있다. 건축부문에서는 1720년부터 매년 한 명의 학생이 로마에서 유학할 수 있는 제도가 마련되었다. 그리고 로마대상으로 그러한 영예를 결정하는 권위가 19세기에 만들어졌다. 에콜 데 보자르의 조직은 미술아카데미로부터 독립되었고, 1819년부터 1968년까지 계속 보자르의 시대였으며 로마대상만은 미술아카데미에서 결정했다. 보자르의 교육은 1년에 한번뿐인 로마대상을 받기 위한 거대한 예비학교과정이라고 말할 정도였다.

로마대상을 받은 학생은 로마에 있는 프랑스 아카데미로 파견되었다. 로마유학은 그 자체가 귀중한 체험이었다. 국비로 고대건축과 근대건축 연구에 몰두할 수 있는 것이 무엇보다도 매력적이었으며, 귀국한 뒤에는 유력한 건축가의 길이 열려있었다. 보자르 교육과 로마대상의 관계를 보면 분명 건축을 예술로 다루었음을 알 수 있다.

예술은 반드시 자격을 갖추어야만 할 수 있는 것은 아니다. 만일 어떤 천재가 등장한다면 평범한 수백 명의 사람이 모여도 대항할 수 없다. 교육제도도 모든 학생에게 일정한 수준의 재능을 주는 데 주안점을 둔 것은 아니라, 최고의 천재를 발견하기 위해 만들어진 것이다. 모든 커리큘럼은 건축가로서 직무교육이 아닌 예

에콜 데 보자르의 원형강의실

비토리오 엠마누엘레 2세 기념관에서 콜로세움
으로 향하는 길, 로마의 바로크적 도시조형을
볼 수 있다.

술적 재능을 연마시키기 위한 것이었다.

하지만 근대사회에서는 재능만을 무기로 삼았던 예술가보다
는 국가적인 자격시험을 거친, 고급전문기술자로서의 건축가를
더욱 신뢰했다. 1806년에는 런던 건축협회가 만들어졌고, 1831
에는 건축협회라는 조직이 만들어졌다. 두 협회는 1834년 결합하
여 영국건축가협회가 되었다. 그리고 이 단체가 '왕립'이라는 호
칭을 얻어 영국 왕립건축가협회(RIBA)가 되었다. RIBA는 현재까
지 세계건축가 단체의 지침이 되는 활동을 계속하고 있다. 그리
고 1862년에 건축가의 재능을 사회에서 공인하기 위한 자격시험
이 실시되었다.

사회는 건축가의 조형적 재능보다 등록된 자격을 갖춘 공인된
건축가를 중시하는 방향으로 나아갔다. 건축가들은 국제건축가회
의International Congress of Architects를 조직했고, 1900년에는 파리, 1904년
에는 마드리드, 1906년에는 런던, 1908년에는 빈, 1911년에는 로
마에서 대회를 열었다. 그리고 1911년 회의에서는 모든 나라에서
건축가의 등록을 법률적으로 의무화하는 제안이 만들어졌으며
전체결의가 이루어졌다.

건축가가 예술가적 입장을 유지할 수 없게 된 시기에 그들은 자

파리의 불바드Boulevard, 유럽 경관을 대표하는
거리

셀프리지즈 백화점, 런던, 1908

1) 프리 클래식, 네오 바로크, 제2제정양식,
에드워드풍 바로크는 전부 19세기 후반
부터 20세기 초에 걸쳐 만들어진 장대한
고전주의 양식의 건축스타일이다.
파리 오페라극장이나 세계대전 이전의
거대한 은행건축 등은 모두 이러한
경향에 속한다.

신들의 조형적 기반을 어디에서 찾았을까? 19세기에 산업혁명이
꽃을 피웠고, 20세기가 되면서 생활용품의 구석구석까지 조형적
으로 변화시킨 근대혁명을 이루었다는 생각에 건축가들은 도취
되어 있었다. 예술가로서 건축가는 고급전문직으로 위치하게 되
었을 때, 그 변화에 발맞추어 근대적 조형을 만들면서 사회에 정
착했다고 생각하는 경향이 있다. 그러나 사실은 그렇지 않았다.
고급전문직이었던 건축가는 사회의 요청에 무엇보다도 성실하
게 대응하면서 본질적으로 현상을 쫓아가는 보수적 윤리관을 따
르는 존재였다.

건축은 필요 이상의 시대착오적으로 화려하고 아름다운 예술
이 아니며 위험할 정도로 진기한 새로운 주장을 내세우는 분야도
아니다. 건축조형은 객관적으로 인정받은 것, 안심하고 사용할 수
있는 것, 너무나 개성적이거나 지나치게 특수하지 않는 것, 즉 비
인칭적인 안정감 있는 것에 이르게 된다. 20세기 초의 대건축에
적용된 양식은 프리 클래식, 네오 바로크, 제2제정 양식, 에드워드
풍 바로크[1] 등으로 불리는 거대한 조형을 나타내는 고전주의 양
식이었다. 1930년대 경까지 거대한 공공건축과 대형사무소 건축
등은 거의 이러한 양식을 따르고 있다.

뒤츠 백화점, 뒤셀도르프, 1901~1905

확실히 역사 양식을 벗어난 근대적 조형의 건물도 있었다. 하지만 새로운 건축이 눈을 끄는 이유는 그 주변에 무수한 양식 건축이 지어져 있었기 때문이었다. 특히 상업건축은 사람들의 눈높이를 잘 맞추어야만 했다. 근대적 대형화의 산물인 백화점 건축은 20세기 초에 수많이 지어졌다. 런던의 예를 살펴보면 1901년에서 1905년에 지어진 해로즈Harrods 백화점은 찬란하게 빛나는 테라코타로 몸통을 장식했고, 1908년에 건축된 셀프리지즈Selfridges 백화점은 거대한 오더를 사용한 근대풍의 바로크 건축이었다. 1907년에서 1909년에 J. M. 올브리히Joseph Maria Olbrich가 뒤셀도르프에 만든 뒤츠Tietz 백화점도 사각형의 돌출창과 기둥의 처리방식에서 근대건축의 시발점을 볼 수 있다. 이 건물은 거대한 지붕 아래 창이 나열되고 그 아래 벽면에는 거대한 릴리프 장식이 붙어있다.

이러한 정신이 최초로 나타난 곳은 만국박람회였다. 만국박람회는 1851년에 런던에서 개최된 이래, 1853년 뉴욕, 1855년 파리, 1861년 런던, 1867년 파리, 1873년 빈, 1876년 필라델피아, 1878년 파리, 1889년 파리, 1893년 시카고, 1900년 파리 등 19세기에 왕성하게 개최되었다.

만국박람회에는 전 세계 산물이 전시되었고, 세계의 진보가 물질적인 모양으로 결집되었다. 여기서 진보는 눈으로 볼 수 있는 형태, 바꿔 말하면 세속적인 모습으로 나타내고자 하는 사상이며

1851년 런던 만국박람회

1871년 필라델피아 만국박람회

1900년 파리 만국박람회

1893년 시카고 만국박람회

일종의 객관주의였다.

건축가가 예술가라는 어려운 개념에서 고급전문직이라는 이해하기 쉬운 모습으로 변한 것과 동일한 힘이 작동하여, 세계를 종교라는 어려운 개념으로 설명하지 않고 물질의 모습에서 세속적으로 파악하려한 것이 만국박람회의 사상이었다.

만국박람회에서는 건축가의 성격 변화가 나타난 것과 마찬가지로 진보적 사고방식은 있었지만 전위적인 사고방식은 아니었다. 만국박람회가 기술적으로 새로운 시도를 수없이 했지만 세계를 바꿀 수 있는 전위운동과 결합하여 근대건축운동이 되기 위해서는 조금 다른 발상법과 결합할 필요가 있었다.

아 트 앤 크 래 프 트Arts & Crafts운 동 에 서 바 우 하 우 스Bauhaus로

아트 앤 크래프트 운동이란 1888년 영국에서 제1회 전시회를 했던 아트 앤 크래프트 전시회협회에 결집했던 많은 공예가와 공방들의 활동을 종합해서 부르는 이름이다.

이 운동의 이론적 지주는 고딕양식을 이상으로 생각했던 존 러스킨John Ruskin[2]과 그의 제자인 윌리엄 모리스William Morris였다. 아트

2) 존 러스킨(1819~1900)은 19세기 빅토리안 시대 영국의 지식인으로서 예술비평가와 사회사상가로 활동했다.

앤 크래프트 운동은 예술작품을 만드는 것은 아니었고, 만국박람회의 사상에서 보인 세속적 물질주의를 취한 것도 아니었다. 그 운동은 공예품이 가진 물질성과 사람과의 친밀한 관계를 계속 보전한다는 것을 목표로 했다. 또한 그들은 그것이 가능하도록 수공업을 주장했다. 따라서 제품을 만드는 사람, 제품, 사용자들 사이에 친밀한 관계를 유지하자는 생각이었다. 그리고 당시는 고딕양식을 만든 중세 사회를 이상으로 삼았다.

헤르만 무테지우스Hermann Muthesius는 영국에서 일어난 아트 앤 크래프트 운동을 자세히 조사하였고 그것을 독일로 가져와서 독일공작연맹Deutscher Werkbund이라는 운동을 탄생시켰다.

년도	활동 내용
1907	10월, 독일공작연맹, 헤르만 무테지우스가 제창하여 설립
1908	대회(뮌헨), 회장 테오도르 피셔, 사무국장 W. 드룬(1910년까지) 회원 492명
1909	대회(프랑크푸르트), 회장 P. 부르크만(1916년까지), 제1부회장 테오드로 피셔, 회원 731명
1910	대회(베를린), 회원 843명
1911	대회(드라스덴), 사무국장 A. 바켓, 회원 922명
1912	대회(빈), 제1부회장 헤르만 무테지우스, 사무국장 E. 이에크(1922년까지), 회원 971명
1913	대회(라이프치히), 회원 1440명
1914	대회(쾰른), 헤르만 무테지우스와 H. 판 데 베르트 사이 규격을 둘러싼 논쟁, 회원 1870명, 쾰른에서 공업미술전람회 개최
1916	대회(반 베르크), 제1부회장 한스 펠치히, 회원 1955명
1919	대회(슈투트가르트), 회장 한스 펠치히
1921	대회(뮌헨), 회장 R 리메르슈미트, 제1부회장 P. 부르크만
1922	대회(마우그스부룩 및 뮌헨), 사무국장 O. 바울(1934년까지)
1923	대회(바이마르)
1924	대회(칼스루헤)
1925	대회(베를린), 회원 약 2,200명
1926	대회(에센), 회장 부르크만(1931년까지), 제1부회장 미스 반 데 로헤(1931년까지)
1927	대회(만하임 및 슈투트가르트), 슈투트가르트에서 공업미술전람회(바이센호프지들룽) 개최
1928	대회(뮌헨)
1929	대회(브레슬라우), 회원 약 3,000명
1930	대회(빈), 제2부회장 E. 이에크, 파리전람회에 참가

1931	대회(베를린), 제2부회장 E. 레밋슈
1932	대회(베를린), 회장 E. 이에크, 제1부회장 한스 펠치히
1933	대회(뷔르츠브룩), 회장 C. 레이첼, 제1부회장 W. 벤트란트
1934	대회(쾨니히스베르크)

※ 독일공작연맹은 나치에 의해 해산되었고, 2차 세계대전 후에 부활함.

하지만 독일공작연맹은 아트 앤 크리프트 운동의 중세주의적 이상을 받아들인 것은 아니었다. 독일공작연맹이 아트 앤 크래프트 운동으로부터 계승한 것은 사회기구와 직결된 성과로서 예술과 디자인의 활동을 보는 태도였다. 즉 예술과 디자인단체는 단순한 동업자의 모임이 아닌 주의·주장의 실현을 위해 뜻을 같이하는 사람들이 결속한 운동체라는 의미였다. 독일공작연맹의 모습은 사회의 문제에 관해 생각할 때도 직업단체이기보다 이데올로기를 가진 운동체였다고 할 수 있다. 이러한 모습 자체가 아트 앤 크래프트 운동의 유산이었고, 중요한 근대성을 의미하는 것이었다.

이후 1919년에 바우하우스라는 국립학교가 바이마르에 개교했다. 바우하우스의 교육이념을 나타내는 방침의 하나로서 과거양식을 가르치는 역사수업이 없었던 것을 종종 지적할 수 있다. 이 부분에서 근대정신의 세계 파악이 잘 나타나고 있다. 역사에 의거한 교육, 즉 과거의 계승과 세련이라는 방법은 예술교육으로는 타당하지만 새로운 운동체의 교육에는 불필요하다는 판단이 작동했기 때문이다. 재료에서 시작하고 추상적 구성으로 나아가서 각 조형장르의 통합 속에서 최종 결과물이 만들어진다는 바우하우스의 가르침과 달리, 대개의 정적인 교육 커리큘럼에서 다루어진다면 아무것도 만들 수 없다고 보았다.

바우하우스의 교육은 학생들이 어떻게 골격에 살을 붙이고, 자신의 주장을 만들 것인지에 따라 전체가 관계하기 때문이다. 바우하우스가 지내온 역사는 학교의 역사라기보다는 운동의 역사라 할 수 있다.

운동은 제도가 확립됨과 동시에 힘을 순화시키는 경우가 많다.

바우하우스의 역사는 본질적으로 유동적인 운동체의 모습을 나타내었다. 이 점에서 근대예술운동은 제도화된 것을 거부하면서 운동체로서 실체를 가진 것이었다.

바우하우스에서 공부했던 사람 중에는 마르셀 브로이어Marcel Breuer와 알프레드 아른트Alfred Arndt처럼 교수로 참여한 사람도 있었지만, 결국 학생을 위한 교육이기보다 교사나 마이스터로서 바우하우스에 참여했던 예술가들에 의한 운동이었다. 길드 조직을 모방한 교수들의 모습은 보자르의 예술교육에 대응한 반대 형식을 제출한 것이었고, 일정수준으로 학생을 훈련하는 직업교육과는 달랐다. 여기서는 이데올로기의 주장자로서 건축가의 모습이 나타났다.

바우하우스 연표

년도	활동 내용
1919	4월, 바이마르 국립 바우하우스 설립, 바우하우스의 설립 선언, 교장 발터 그로피우스, 에른스터 마이어·요한네스 이텐·G. 마르크스·라이오닐 파이닝거 초빙
1920	O. 슈레머, 파울 클레, G. 뭇헤 초빙, 학생 137명(남 78명, 여 59명)
1922	1월, 발터 그로피우스 '바이마르 국립 바우하우스 정칙'을 공표, O. 슈레머가 교장敎章을 디자인
1923	요한네스 이텐을 대신하여 라지 모홀리 나기 초빙, 바우하우스 전시회 개최
1924	유한회사에 의한 바우하우스 생산 개시, 주정부에 의한 폐교 예정, 학생 89명 (휴학 28명)
1925	바이마르 국립 바우하우스 폐교, 데사우 시립 바우하우스 개교, 학생 63명, 학장 발터 그로피우스, 마르셀 브로이어 교수 초빙, 바우하우스 총서 발간

1926	바우하우스 조형대학으로 개조. 학생 83명. 12월 바우하우스 교사 완성
1927	한네스 마이어가 건축부문의 주임교수로 초빙
1928	교장이 발터 그로피우스에서 한네스 마이어로 교체. 학생 166명(외국인 37명)
1929	L. 힐버자이머 초빙. 학생 170명(남 119명, 여 51명)
1930	학장이 한네스 마이어에서 미스 반 데 로헤로 교체
1931	미스 반 데 로헤. 바우하우스의 교육프로그램 개편
1932	데사우 시립 바우하우스 폐교. 미스 반 데 로헤는 사적인 학장으로서 베를린으로 옮김. 학생 188명(외국인 33명)
1933	베를린 바우하우스 폐교
1934	발터 그로피우스 영국으로 이주
1937	모흘리 나기는 시카고에서 뉴바우하우스 설립 (1939년에 스쿨 오브 디자인으로 개칭. 나중에 일리노이공과대학에 흡수). 발터 그로피우스는 영국에서 미국으로 이주
1938	미스 반 데 로헤. 미국으로 이주

CIAM Les Congrès Internationaux d'Architecture Moderne

이념가로서 건축가의 모습은 최종적으로 CIAM(근대건축 국제회의)에서 결실을 맺게 되었다. CIAM은 1928년에 스위스 라 사라 성城La Sar-raz에서 엘렌느 드 만드로Hélène de Mandrot 부인과 함께 모인 건축가들에 의해 결성되었다. 지그프리드 기디온Sigfried Giedion과 르 코르뷔지에Le Corbusier가 중심이 되어 종래의 아카데미로부터 벗어난 전체적인 건축의 목표를 정하는 방향성을 내세웠다.

"우리들의 건축은 현재만을 기원으로 해야 한다.""우리가 여기에 모인 목적은 현존하는 여러 가지 요소의 조화, 현대에 불가결한 조화로서 건축을 그 본래의 장場, 즉 경제 및 사회의 장으로 되돌리고자 하는 것이다. 그 결과로서 건축은 필요가 없게 된 아카데미와 고전양식의 영향에서 해방될 수 있다.""가장 효과적인 작품은 합리화와 규격화에서 탄생한다."

이 선언에서 20세기 건축운동이 목표했던 요소 전체가 포함되어 있음을 알 수 있다. 그것은 독일공작연맹에서 논의되었던 것,

바우하우스의 역사관, 아카데미 교육에서 해방, 산업혁명 후 근대 사회에 대한 이해 등을 들 수 있다.

하지만 CIAM 운동의 주된 목적은 처음부터 국제적인 운동을 전개하는 것이었다. 각 나라의 역사적 전통에 얽매이지 않는 건축을 목표하는 움직임으로서 당연한 일이었다. 그것은 그들이 근대건축의 본질을 어떻게 파악했는지를 나타내는 것이었다.

CIAM의 건축관은 보편적이며 합리적인 건축을 이상으로 하였고, 그것은 기계를 모델로 한 건축관으로 결실을 맺었다. 1911년에 영국 건축가 W. R. 레사비 William Richard Lethaby 는 고딕 대성당과 증기선을 "어느 것이나 부분을 서서히 개량해 가면서 동일하게 디자인될 수 있다."고 서술하면서 건축과 증기선의 유사함을 지적했다. 하지만 르 코르뷔지에는 저서《건축을 향하여 Vers une architecture 》(1923년)에서 '주택은 살기 위한 기계'라는 주택이미지를 서술했다. 이 말에는 수작업이 아닌 기계야말로 시대의 상징이라는 생각이 들어가 있다. 그렇다면 기계는 어떠한 성격을 가지고 있는 것일까? 기계는 세 가지 큰 특징이 있다. 첫째, 목적을 가지고 있다. 둘째, 부품으로 조립된다. 셋째, 보편적으로 작동한다.

기계를 모델로 한 건축은 기능을 눈에 보이는 형태로 조형화하고, 건물의 각 부분을 명확히 나눌 수 있는 요소로 정리하여 세계 모든 지역에 보편적으로 지을 수 있는 국제양식이 되는 것을 목표했다. 이 점은 기계가 가진 세 가지 특성을 그대로 반영한 것이다.

CIAM은 근대사회의 건축 모습을 간파한 결과로서 도시이미지를 추구했다. 도시 상像의 추구, 건축 상호간 관계 만들기의 추구는 CIAM의 일관된 모티브였다. 그것이 결실을 맺은 것이 CIAM 제4회 대회에서 정리된〈아테네 헌장 Charte d'Athènes 〉이다. 여기서는 CIAM과 근대건축의 도시 파악이 아주 선명하게 나타나 있다.

도시는 요소로 분해되어 해석된다. 잘 알려진 것처럼〈아테네 헌장〉에는 '주거, 여가, 노동, 교통, 역사적 유산'이라는 다섯 항목으로 분할하여 도시가 고찰된다.

CIAM 대회는 제6회까지 도시요소의 개별적 검사를 주제로 했

창설회의에 참가한 건축가들

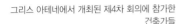

그리스 아테네에서 개최된 제4차 회의에 참가한
건축가들

지만, 제6회 이후는 각각의 요소를 통합하는 요소인 연결 요소의 모색을 다루었다. 그리고 1956년의 제10회 대회에서는 한계성을 나타내면서 CIAM은 역사를 마감했다.

CIAM은 건축과 도시이미지를 추구하는 국제적인 장₁임과 동시에 건축가의 존재를 세계에 보여준 대변인의 역할도 수행했다. 여기에서 나타난 건축가상₂은 근대건축을 추진하는 이념가로서의 건축가였으며, 건축가의 세계를 확대하는 데 크게 공헌했다.

CIAM 회의 연표

순서	개최 시기	장 소	주 제
01	1928년 6월	스위스, 라 사라	창설회의
02	1929년 10월	독일, 프랑크푸르트	최소한 주택
03	1930년 11월	벨기에, 브뤼셀	합리적 건설요항
04	1933년 7~8월	그리스, 아테네	기능적 도시
05	1937년 6~7월	프랑스, 파리	주거와 여가
06	1947년 9월	영국, 브리지워터	유럽의 부흥
07	1949년 7월	이탈리아, 베르가모	주택의 연속성
08	1951년 7월	영국, 호데스톤	도시의 코어
09	1953년 4월	프랑스, 엑상프로방스	주택헌장
10	1956년 8월	유고슬라비아, 두브로브니크	클러스터와 모빌리티
11	1958년 9월	네덜란드, 오셀로	해산

초고층건축,
높이를 경쟁하다

(1950년대~)

엘 리 베 이 터 Elevator

엘리베이터는 의외로 불가사의한 기계라고 할 수 있다. 기원전 1세기 로마의 건축가 비트루비우스 Vitruvius가 쓴《건축십서 De Achitectura》를 보면 엘리베이터의 원형이라고 할 수 있는 승강기가 이미 존재하고 있었다. 이러한 고대의 승강기의 동력원은 당연히 인력이었거나 축력 또는 수력이었다.

엘리베이터가 건물을 위해 실용화된 시기는 19세기였으며, 그것은 아주 기묘한 발명에서 비롯되었다. 엘리베이터는 기계장치였지만 다양한 생산을 위한 제품기계는 아니었다. 대형타입을 빼면 대부분의 엘리베이터는 인간을 운반하기 위한 기계, 즉 인간을 위한 서비스 기계일 뿐이었다. 하지만 이 기계는 인간의 생활공간을 크게 변화시켰다. 엘리베이터의 출현으로 그때까지 겨우 지상 10m 정도였던 인간생활의 장場이 한순간에 100m 넘게 확대

성 카톨레나 수도원의 엘리베이터,
인력으로 끌어올리는 모습

오티스는 1854년 뉴욕 크리스털 팰리스
박람회에서 엘리베이터의 안전성을 보여주었다.

되었다. 기계적 힘은 현대문명을 뒷받침하고 있는 것이 사실이다.

눈에 잘 드러나는 형태가 아니기 때문에 각광을 받지 못하고 숨겨진 곳에서 그 힘을 발휘하는 기계의 본질을 엘리베이터가 훌륭하게 수행하고 있다. 엘리베이터는 소리 없는 서비스 기계지만 따분함을 인간에게 의식시켜주는 것도 아니다. 그리고 거대한 반발감 없이 인간생활의 전체를 상당히 변화시켰다. 하지만 엘리베이터가 인간 삶에 종속된 부분이 되기까지의 과정은 그리 순탄하지만은 않았다.

엘리베이터가 지금과 같은 형태로 되는 데 아주 중요하게 공헌한 인물은 엘리샤. G. 오티스Elisha Graves Otis이다. 아마도 그의 생애를 더듬어 보는 것이 엘리베이터 발명의 역사를 이해하는 데 도움이 될 것이다. 그는 미국 버몬트 주州의 할팩스에서 태어났다. 그는 19세가 되던 해에 트로이 마을로 가서 5년 정도 건설업에 종사했지만 병 때문에 일을 그만두고 마차제조업을 시작했다. 일은 순조롭게 진행되었지만 1845년에 다시 병을 얻어 뉴욕의 알바니로 옮기게 되었다. 여기서 그는 침대제조회사에 근무하게 되어 주임기술자로 3년간 일하였고, 염원했던 작은 기계제조소를 갖게 되었다. 그는 이곳에서 직접 발명한 터빈식 수차를 만들었지만, 공장의 동력원이었던 하천이 시의 소유가 되어 또다시 일을 계속할 수가 없었다. 1851년 가게를 그만둔 그는 예전에 일했던 침대제조회사에서 다시 일을 하게 되었다. 당시까지 그의 인생은 그다지 운이 좋다고 생각할 수 없었지만, 다음 해에 인생의 전환기가 찾아왔다. 침대제조회사가 요커스 마을에 새로운 공장을 건설하면서 오티스가 공장을 이어받게 되었다. 공장에는 이전까지 보지 못했던 물품승강용 엘리베이터가 설치되었다. 그것은 스팀엔진으로 로프를 끌어당기는 타입이었다. 하지만 오티스는 기계의 작동방식이 위험하다고 생각했다.

그는 엘리베이터의 로프가 잘린 경우 카고 양측에 갈고리가 나와 가드레일의 톱니에 끼어들어가 자동으로 낙하를 방지하는 장치를 생각했다. 이것이 1852년에 발명된 근대적 엘리베이터의 시초였다. 그의 엘리베이터는 1861년 1월 15일에 허가를 받았지만

뉴욕 브로드웨이에 위치한 로드&테일러
스토어의 승용 엘리베이터. 로프로 운행을
조작하는 모습, 1870년

그는 같은 해 4월 8일에 죽고 말았다.

엘리베이터 사업을 본격적으로 시작했던 사람들은 오티스의 아들 찰스와 노튼 형제였다. 장남 찰스는 1835년에 태어나 13살 때부터 아버지의 공장에서 일을 했다. 15살 때는 아버지가 일하는 침대제조회사의 기술자로 일하면서 이미 스팀엔진의 전문가가 되었다. 그들은 아버지가 죽은 후 60년 동안 승가한 엘리베이터 주문에 대응하면서 계속 개량해 나갔다.

오티스의 출현 이후 엘리베이터는 장래성 있는 사업으로 주목받게 되었다. 엘리베이터가 존재하기 때문에 인간은 높은 곳에도 쉽게 이동할 수 있게 된 것이다. 동시에 건물도 고층화기술을 서서히 획득하면서 엘리베이터는 거대한 기기로 그 힘을 발휘하게 되었다. 결국 엘리베이터가 없이 5층 이상의 건물은 일상에서 이용하기 힘들게 되었다.

1867년 파리의 만국박람회에서 레온 에도우 Leon Edoux 는 수력 엘리베이터를 전시했다. 이것은 즉각 영국과 미국의 건축에 채용되었다. 이후 1880년대는 엘리베이터의 또 다른 중대한 전환기였다. 베르나 폰 지멘스가 전력식 엘리베이터를 완성했던 것이다. 이 기계는 1889년에 뉴욕의 빌딩에 채용되어 실용화되었다. 1890년대는 런던 남부의 시드넘 힐로 이전하여 건설된 상설전시장이 된 1851년의 만국박람회 수정궁 내부에 전력식 엘리베이터가 채용되어 영국에 첫 등장하게 되었다. 1890년대에 엘리베이터는 자동화를 지향하여 발전하게 되었다. 1892년에는 버튼 조작용 엘리베이터가 출현하였고, 이를 더 완성시켜 1894년에는 간단한 조작만으로 운전할 수 있게 되면서 주택용 엘리베이터가 만들어졌다. 완전한 전자동 엘리베이터는 1949년에 출현했고, 현재는 복수의 엘리베이터를 통합적으로 컨트롤하는 관리시스템에 의해 엘리베이터가 제어되고 있다. 또 1895년에 발명된 에스컬레이터도 건물을 지상과 지하로 확장시키는 데 중요한 역할을 했다.

스카이스크레이퍼_{Skyscraper}의 시대

엘리베이터의 출현으로 건축은 갑자기 고층화되었다. 어니스트 플랙_{Ernest Flagg}이 설계하여 뉴욕에 지어진 싱거 빌딩_{Singer Building}은 1906년부터 8년에 걸쳐 건설된 높이 187m의 빌딩이었고, 카스 길버트_{Cass Gilbert}가 설계하여 1911닌부터 1913년에 걸쳐 건설한 울워스 빌딩_{Woolworth Building}은 높이 약 240m의 건축이었다. 윌리엄 반 알렌_{William Van Alen}이 설계한 크라이슬러 빌딩_{Chrysler Building}(1929~1932년)은 246m였다. 그리고 시어브_{Shreve}, 램_{Lamb}, 하몬_{Harmon}이 설계한 엠파이어스테이트 빌딩_{Empire State Building}(1930~1931년)은 380m에 이르는 높이를 자랑하고 있다. 울워스 빌딩에는 26개의 엘리베이터

울워스 빌딩, 카스 길번트, 뉴욕, 1911~1913,
높이 약 240m

크라이슬러 빌딩, 윌리엄 반 알렌, 뉴욕,
1928~1930년, 정상부는 전파 이미지로
만들었다.

가 있고, 엠파이어스테이트 빌딩에는 58개의 엘리베이터가 설치
되었다. 이렇게 2차 세계대전 이전에 다양한 스카이스크레이퍼의
시대가 꽃피게 되었다. 인간이 높은 곳으로 향한 꿈은 기술적 차
원보다 훨씬 오래 전에 가졌던 것이다. 굳이 바벨탑의 신화를 끄
집어내지 않더라도, 인간은 항상 높이에 의미를 찾으면서 높은 곳
을 계속 꿈꾸었다. 그리고 근대가 되면서 높이를 향한 이미지는
건축과 도시가 연결되어 다시 선언되었다.

1909년에 이탈리아의 시인 필리포 토마소 마리네티Filippo Tom-
maso Marinetti가 파리의 《피가로Le Figaro》지紙에 '미래파 선언'을 발표
했다. 마리네티의 선언과 함께 모였던 카를로 카라, 지아코모 발
라, 움베르토 보치오니, 지노 세베리니는 미래파 화가의 모임을
형성했다.

미래파[1]의 미의식은 마리네티의 시詩에 잘 나타난다. "새로운
아름다움으로 이 세계의 광휘가 더욱 증대한 것을 우리들은 선언
한다. 속도의 아름다움이 그것이다. 지뢰탐지기는 찾고 있는 것이

1) 6장 참조
2) 루브르 박물관에 소장된 헬레니즘기의
   조각상이다. 머리 부분과 양 어깨는
   상실되었지만, 움직임의 역동성을 느끼게
   하는 여신상으로 알려져 있다.

미래파 건축가 안토니오 산텔리아의 신도시 건축

유리마천루 계획안, 미스 반 데 로헤, 1922

프리드리히가로의 오피스빌딩, 미스 반 데 로헤,
1919

일리노이공과대학 캠퍼스 배치도,
미스 반 데 로헤, 1939~

폭발음을 수반할지라도 아름다운 것처럼 몇 개의 거대한 실린더가 있기 때문에 자동차 몸통의 아름다움을 두드러지게 나타내는 레이싱카, 흡사 유산탄이 작렬하듯 큰소리를 내는 자동차, 그것은 사모트라케의 니케[2]보다도 아름답다."

이러한 이미지는 미래파 건축가인 안토니오 산텔리아Antonio Sant'Elia에 의해 도시의 이미지로 묘사되었다. 1913년부터 1914년에 걸쳐 그가 묘사한 미래의 대도시 모습을 보면, 많은 스카이스크레이퍼가 들어서 있고 고속의 자동차도로가 몇 층을 가로지르며 서로 교차하고 있다. 여기서는 높이와 스피드가 마치 서로 교환 가능한 요소인 것처럼 양쪽 모두 도시를 지배하고 있다.

하늘 위로 향한 공간은 무한한 인간 능력을 상징하는 것이라 할 수 있다. 하지만 이 몽상의 중심인물인 산텔리아는 1차 세계대전에 참전하였고 단 하나의 건물도 남기지 못한 채 전사했다. 그리고 유럽에서 높이를 향한 꿈은 1차 세계대전이 끝나고 1920년대에 들어서 다시 나타났다.

독일의 건축가인 미스 반 데 로헤Mies van der Rohe는 1919년에 철과 유리의 스카이스크레이퍼 이미지를 선보였다. 그가 그린 이미지는 곡선의 벽으로 이루어진 초고층 빌딩이었지만 드로잉에는 현대사회를 지배하는 공간이 이미 준비되었다고 볼 수 있다. 고층빌딩에 대한 그의 생각은 균등하게 기둥이 나열된 구조체에 유리의 외벽을 바깥쪽에서 피막처럼 덮는 방식이었다. 소위 커튼월Curtain Wall이라도 한다. 미스는 철골 구조와 유리의 피막으로 모든 오피스 공간을 통합할 수 있다고 생각했다. 이 공간은 몇 층이나 중첩할 수 있고, 또 어떠한 대면적大面積으로도 확장할 수 있다고 생각했다. 그는 무한히 확장되는 이러한 공간을 유니버설 스페이스Universal Space, 즉 '보편적 공간'이라 불렀다. 미스 반 데 로헤가 주창한 보편적 공간은 20세기의 오피스를 지배하는 공간이 되었다. 건축의 외피, 즉 커튼월의 디자인은 다양한 변화를 만들었다. 건물의 평면계획도 유니버설 스페이스의 범위 내에서만 다양한 변화를 만들 수 있다.

안토니오 산텔리아가 그린 이미지와 미스 반 데 로헤가 묘사한 이미지 사이에는 아주 넓은 간격이 있다. 산텔리아가 그린 이미지와 함께 미국에서 실현되었던 스카이스크레이퍼는 높이가 사회적 상징임을 의미하는 이미지의 탑이었다. 그것은 사회의 힘, 미래의 힘, 인간의 힘을 시각적 형상으로 표현했던 것이다.

그 점에서 고딕 양식, 1920년대 아르데코 양식, 보자르풍이라 평가되는 고전주의로 만들어진 뉴욕의 스카이스크레이퍼, 아방가르드 건축가가 그렸던 미래파의 고층빌딩은 모두 시대정신을 건축에 집어넣었던 공통점을 가지고 있다.

결국 높이는 표현으로 의미를 발산하였다. 하지만 미스 반 데 로헤의 이미지는 달랐다. 그가 그린 이미지에서 높이는 표현의 수단으로 사용되지 않았다. 높이는 추상화되어 '탑'에서 '적층된 공간'이라는 의미로 변환되었다.

이러한 변화가 과도적인 현상으로 나타난 것이 1922년에 이루어진 시카고 트리뷴 사옥 설계경기였다. 응모안 중에는 다양한 역사적 양식을 이용하여 건물을 높이의 상징인 '탑'으로 표현한 제안과 함께, 발터 그로피우스Walter Gropius와 에리엘 사리넨Eliel Saarinen

1922년 시카고 트리뷴 사옥 설계경기 출품작

(a) 에리엘 사리넨의 2등 안   (b) 아돌프 로스   (c) 발터 그로피우스   (d) 레이먼 후드의 안 (우승하여 실현되었다)

시그램 빌딩, 미스 반 데 로헤, 뉴욕, 1958

레버하우스, SOM, 뉴욕, 1952

처럼 추상적이며 적층된 공간으로 통합시킨 제안이 혼재되어 나타났다. 당시는 탑으로서 표현이 뛰어난 레이먼 후드Raymond Hood의 제안이 채택되었지만 시대는 서서히 적층공간형의 고층빌딩이 대세를 이루는 방향으로 나아갔다.

그 후 오피스빌딩의 형태에 큰 영향력을 행사했던 건축가는 독일에서 미국으로 건너갔던 미스 반 데 로헤였다. 2차 세계대전 후 필요 이상의 상징성을 넣었던 스카이스크레이퍼는 사라지고 추상적인 사각박스의 초고층빌딩이 성립하게 되었다.

SOM사무소가 설계한 레버하우스(Lever House (1952년)와 미스 반 데 로헤가 설계한 시그램 빌딩(1958년)으로 대표된 뉴욕의 전후戰後 빌딩은 전전戰前의 탑과 같은 모양을 정리하여 하늘로 향한 꿈을 이루기 위한 기본적인 공간인 오피스를 대량으로 제공하게 되었다.

오피스 공간은 20세기 후반에 그 중요성이 더욱 증대되었다. 2차 세계대전 후에 유니버설 스페이스는 전 세계로 확산되었다. 사회 전체의 구성도 초기 산업 혁명기처럼 공장과 생산에 비중을 두었던 것에서 자본과 상업 활동으로 그 중심이 이동했으며 일반인들의 작업은 데스크워크Desk Work가 중심이 되었다.

오피스빌딩의 새로운 표현

옛날에 높이로 소박하게 꿈을 표현했던 시대가 있었다. 그러나 추상적인 적층공간형 빌딩은 고층이었지만 높이만으로 꿈을 표현할 수 없었다.

스카이스크레이퍼는 예전의 표현과는 다른 공간표현이 필요하게 되었다. 스카이스크레이퍼라는 우상을 파괴하고자 했던 미스는 이전의 우상으로 대표되었던 초고층빌딩에 새로운 표현을 부여할 방법을 제시했다. 그가 말한 '레스 이즈 모어Less is More'는 근대건축의 표현을 생각하는 데 중요한 키워드이다.

철과 유리로 만들어진 초고층빌딩을 철과 유리의 건축으로 표현하기 위해, 그는 최대한 주의하여 건물구조를 눈으로 볼 수 있도록 했다. 철골은 화재가 발생할 때 엿가락처럼 휘어지기 때문에 엄중한 내화피복을 하지 않으면 초고층빌딩으로 사용하지 못한다. 내화피복에 숨겨져 있기 때문에 철과 유리의 스카이스크래퍼는 외부에서 볼 때 구조를 알 수 없게 되었다.

그 때문에 그는 건물의 외부에 세세한 동제품을 일부러 장식처럼 사용하여 수직부재의 형태를 나타내었다. 이것으로 눈에 보이지 않았던 내화피복 속의 철골은 상징적으로 외부에 표현되었다. 근대건축이 추상적인 공간을 만들게 된 것과 함께 건축가는 추상성을 다시 눈에 보이는 구체적인 구조로 표현해야만 했다. 미스는 그러한 건축의 진로를 스스로 정확하게 걸어가고 있었다. 하지만 그러한 걸음은 1970년대부터 서서히 변화되어 갔다. 그 변화를 보기 위해서는 빌딩 내부의 공간분할과 공간에 대한 사고방식을 살펴보아야 한다.

2차 세계대전 이전의 스카이스크래이퍼에는 건물 중심부에 몇 대의 엘리베이터를 갖춘 코어시스템의 평면계획이 설계되었다. 그곳에 화장실, 계단실과 급탕 서비스 실 등을 집중적으로 배치했다. 오피스의 집무공간은 코어의 주위에 배치되었으며 외부의 광경을 조망할 수 있는 창으로 마감되었다.

하나의 코어를 중심으로 한 오피스빌딩과 달리, 코어를 두 개로 분리하고 두 개의 코어를 나열하면서 중간부분에 자유로운 집무공간을 만들려는 더블 코어시스템의 평면계획이 제시되었다. 더블 코어는 코어 사이에 거리를 두는 방법에 따라 공간의 넓이를 자유롭게 변화시킬 수 있는 장점이 있다. 코어 주변에 집무공간을 둘러서 순환시키는 방식보다 공간의 자유도를 증가시킨 것이었다. 오피스 공간은 가능한 기둥이 없고 이론적으로는 무한히 확산되는 방향으로 계속 발전되었다.

하지만 시대의 흐름은 초고층 빌딩에 변화를 요구했고, 거대한 오픈스페이스가 들어가게 되었다. 거대한 오픈스페이스가 내장된 빌딩을 아트리움 건축이라 부른다. 아트리움은 고대 로마 주택

레이크 쇼어 드라이브 아파트, 미스 반 데 로헤, 시카고, 1948~1951

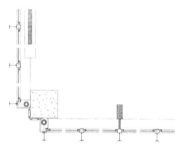

레이크 쇼어 드라이버 아파트 평면상세도, 철골을 일부러 외피에 표현했다.

포드 재단 빌딩, 캐빈 로치, 뉴욕, 1967

패트로나스 타워, 시저 펠리, 쿠알라룸푸르, 1998

코메르츠방크, 노만 포스터, 프랑크푸르트, 1991

에 존재했던 중정을 말한다. 즉 아트리움 건축은 대형 빌딩의 내부에 중정과 같은 외부공간을 집어넣은 것이라 할 수 있다. 아트리움 건축의 선구적인 것으로는 미국의 포드재단빌딩(1967년)이 있다. 당시 세계적 동향도 외부공간을 내부에 집어넣은 빌딩의 형태로 나아갔다.

20세기 초에 등장한 스카이스크레이퍼는 20세기 말에 이르러 더욱 진화된 모습을 보였는데, 거대해지고 복잡한 기능을 품은 메가스트럭처Mega Structure로 변화되었다.

1990년 이후 메가스트럭처의 모습은 주로 동아시아에서 많이 볼 수 있었다. 이러한 현상은 전 세계 도시를 움직이는 글로벌화된 경제의 건축적 표현으로 볼 수 있다. 초고층빌딩, 일명 슈퍼타워는 경제의 기념비적인 상징이면서 국제 전자자본의 결절점을 나타내었다. 과거의 스카이스크레이퍼가 형태, 구조, 디테일의 디자인을 추구한 것에 반해 메가스트럭처는 컨텍스트, 친환경, 사회적 상호작용 그리고 개념적 표현과 같은 폭넓은 건축적 문제의 중요성을 포함한 특징을 보여주고 있다. 메가스트럭처는 더욱 발전된 양상을 나타낸 것이다.

특히 도시에 들어선 메가스트럭처의 경우는 도시에 산재한 다양한 기능을 건물 내부에 집어넣게 되었다. 즉 도시공간이 그대로 건물 내부에 들어가게 된 것이다. 대규모 개발을 통해 건물이 상업시설, 문화시설과 함께 다양한 기능과 결합되면서 빌딩은 더욱 복잡해지고 거대해지고 외부와 내부의 구분이 없는 새로운 도시환경을 구축하게 되었다.

노먼 포스터Norman Foster가 설계한 높이 약 300m의 코메르츠방크(1991년)는 생태적인 개념이 적용된 초고층빌딩이다. 1991년에 개최된 국제 설계경기에서 당선된 포스터의 디자인은 고층사무소 환경과 근무패턴을 위한 새로운 생각을 발전시킨 계획이었다. 모든 사무소는 열린 창문을 통해 자연환기가 가능하다. 빌딩에서 네 개 층마다 삽입된 하늘정원은 시각적이고 사회적인 초점으로 작용하고 있다. 아트리움은 내부의 사무실을 위해 자연환기의 '굴뚝' 역할을 한다. 빌딩의 연면적은 약 111,500m²이며, 삼각형의 각 면은 공간 효율을 최대화하기 위해 부드럽게 만들었다. 서비스 공간은 평면의 세 코너에 위치해 있으며, 엘리베이터와 계단 그리고 화장실로 구성되어 있다.

20세기 말의 대표적인 메가스트럭처로는 시저 펠리Cesar Pelli가 설계한 패트로나스 타워(1998년)를 늘 수 있다. 쿠알라룸푸르에 위치한 빌딩은 공식적으로 북미와 유럽에서 아시아로 '타워의 힘'이 전이되었음을 나타내는 증거가 되었다. 타워는 바꿔 말해 경제적인 '파워'라고도 말할 수 있다.

21세기 들어 메가스트럭처의 건설이 증가한 지역은 한국, 대만, 중국과 같은 동아시아국가들이다. 타이완은 동아시아에서 우리나라와 함께 성공적인 경제발전을 이룬 나라로 타이완의 발전된 이미지를 초고층빌딩을 통해 나타내고자 했다. 타이베이 101 타워(2004년)는 101층의 안테나까지 포함해서 509.2m이며 2009년까지 세계에서 가장 높은 타워였다. 중국 상하이의 푸동 지구에 즐비한 고층타워는 경제적으로 급성장한 중국의 모습을 보여주는 지표이다. 그중 KPF가 설계한 상하이 월드 파이낸셜 센터(2008년)는 푸동 지구의 대표적인 초고층빌딩이며 정상부 형태가 특징적이다. 국내에서도 2011년 이후 100층 이상의 초고층 빌딩이 각 지역마다 계속 건설되면서 경제·문화적으로 급부상한 나라의 이미지를 알릴 예정이다.

타이베이 101타워, C. Y. Lee & Partners, 타이베이, 2004

메가스트럭처의 또 다른 경향은 복합적인 기능의 수용과 함께 빌딩 전체를 도시화하려는 모습에서 볼 수 있다. MXDmulti Mixed Development와 같은 대규모 개발은 다양한 상업시설, 문화시설, 주거시설 등의 기능을 수용하면서 메가스트럭처는 더욱 복잡해지고 거대해지고 있다. 도쿄의 롯폰기 힐즈(2003년)처럼 도시의 다양한 기능을 결합한 거대한 메가스트럭처는 근대이후 직주분리로 인해 발생한 도시의 공동화문제를 해결할 수 있는 방안이 되었다. 그리고 이곳의 오피스·문화·쇼핑·상업의 복합적 기능은 도시의 다양한 생활을 동시에 영위할 수 있게 해준다.

월드 파이낸셜 빌딩, KPF, 상하이, 2008. 빌딩 상부의 특징적인 개방된 부분은 원래 원형이었지만 시공과정에서 사각형으로 변형되었다.

롯폰기 힐즈, KPF 외, 도쿄, 2003

부르즈 할라파, SOM, 두바이, 2010

　이제 새로운 메가스트럭처의 도전은 중동 지역에서 이루어지고 있다. 삼성물산이 건설한 부르즈 할라파Burj Khalifa(2010년)는 사무실, 주거, 호텔의 기능이 들어가 있고 163층으로 안테나까지 포함하여 829.8m이며 현재 세계에서 제일 높은 초고층빌딩이다. 물론 이보다 더 높은 빌딩은 지금도 계획 중이며 최고 높이의 기록은 계속 깨어질 것으로 보인다. 스카이스크레이퍼가 탄생한 지 한 세기가 지나면서 메가스트럭처는 다시 주된 건축의 흐름 속에 재통합되고 있다. 21세기에 도시와 사회 문제를 해결하기 위한 장으로서 그 역할을 수행하리라 기대한다.

11

지역주의 건축,
비서구非西歐에서 발신하다

(1940~1980년대)

식민지 도시와 전통

19세기 말과 20세기 초 아시아에는 유럽국가의 식민지였던 도시나 국가가 많았다. 인도와 홍콩은 영국의 식민지였으며, 마카오는 포르투갈의 식민지였다. 식민지 국가의 여러 도시에는 당시 본국의 건축 양식이 전해지게 되었다. 이러한 현상은 아시아 대부분의 나라에서 일어났던 상황이다. 반면 일본의 경우는 일찍 서구화된 국가임을 보여주기 위한 수단으로 유럽의 건축 양식을 채용하기도 했다. 1997년 이전까지 홍콩은 영국의 식민지였다. 홍콩은 중국과 영국 간의 두 차례에 걸친 아편전쟁으로 인해 1860년 영국에 귀속된 도시였다. 영국의 지배를 받기 시작하면서부터 홍콩에는 식민지 양식의 많은 관공서 건물들이 지어졌다. 홍콩은 영국의 주요 무역항이 되었으며, 19세기 말 아시아의 영국령 중에서 가장 빅토리아 문화가 개화된 지역이기도 했다. 홍콩은 현재 아시아의 금융허브이며 다양한 문화가 공존하는 도시로 관광객이 많이 찾는 도시 중 하나가 되었다.

홍콩에는 이질적인 여러 요소가 서로 공존해 있다. 영국의 오랜 식민지로 인해 잔존해 있는 식민지풍의 건축을 비롯하여 중국인 특유의 거리와 중국사원과 같은 전통성이 강한 장소 그리고 세계 유명 건축가들이 설계한 최첨단의 현대적 빌딩들이 공존해 있

완차이 우체국, 1912~1913. 현재 완차이 환경자원센터로 사용되고 있음

홍콩 중앙 경찰본부, 1864

홍콩의 고층빌딩

다. 이러한 풍경은 유럽 이외의 식민지 도시 어디서나 많든 적든 볼 수 있다.

우리나라의 마을과 도시의 풍경을 돌아보아도 내국인인 우리들은 거의 의식하지 못하고 있지만, 외국인의 눈에 한국적으로 비치는 풍경은 어느 도시에서나 존재한다. 특히 시골로 가면 독특한 전통 가옥과 거리나 시장이 아직 남아있다. 하지만 도시에는 근대건축풍의 건축이 계속 지어지고 있다. 근대건축은 국제양식이라 불리듯 세계 어느 곳에 지어져도 유사한 모양을 나타낸다.

유리마감의 투명한 고층빌딩의 오피스는 2차 세계대전 이후에 국제양식의 건축이 전 세계에 전파되었다. 대부분의 식민지가 독립하게 되었고, 당시까지 식민지 본국의 건축전통에서 모범을 찾았던 건축양식은 곧 교체되어 근대건축과 닮은 건축이 지어지게 되었다.

이러한 환경 속에서 비서구 건축가들은 고민하기 시작했다. 그리고 자국의 건축을 발전시킬 수 있는 세 가지 요소를 찾았다. 첫째 자기 민족의 건축적 전통, 둘째 근대화가 기반이 된 서구의 건축형식, 셋째 현대의 무국적이라고 할 수 있는 근대건축을 발견하였다. 이 세 가지 요소를 엮어서 새로운 건축을 어떻게 만들어 갈 것인가 또는 세 가지 요소 속에서 한 가지라도 자신들의 건축을 바르게 인도하는 것이 있다면 그것을 찾는 것이 자신들의 사명이라고 생각했다. 이러한 고민은 현재 많든 적든 거의 모든 나라의 건축가에게 공통된 부분이다. 그리고 무국적이라고 할 수 있는 근대건축이 세계의 모든 도시에 지어진 상황에서 오히려 건축가들은 길을 잃고 있다.

오래 전에 비서구 국가, 특히 식민지 도시에는 본국의 건축적 전통이 순수한 형태로 들어온 것이 많았다. 식민지 도시의 옛시가에는 현재 본국에서도 사라진 오래된 유럽의 향기가 남아있다.

그것은 식민지를 개발하려 했던 사람들의 어렴풋한 향수가 나타난 경우도 있고, 본국의 모습을 식민지까지 진출시키려 했던 야심이 표현된 경우도 있었다. 동시에 식민지 도시에는 본국에서

뉴델리 도시계획, 에드윈 루티엔스, 1911

캔버라 도시계획,
발터 벌리 그리핀&메리슨 그리핀, 1911

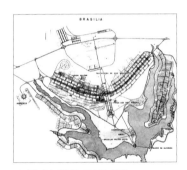

브라질리아, 루시오 코스타, 1957

도 시도할 수 없었던 야심적인 실험이 이루어진 경우도 있었다.

특히 1911년 에드윈 루티엔스Edwin Lutyens가 계획한 인도의 뉴델리, 같은 해 발터 벌리 그리핀Walter Burley Griffin과 메리슨 그리핀Marion Griffin이 함께 계획한 오스트레일리아의 캔버라는 방사상의 도로망이 중요한 시설을 직선으로 연결하며 프랑스의 바로크적 미의식을 일관되게 추구한 신도시계획으로서 유럽에도 실행되지 않은 것이었다. 루티엔스는 뉴델리에 인도풍의 모티브를 가미한 총독 관저를 설계했지만, 인도의 전통에 대한 이해보다는 오히려 인도의 양식을 성실하게 나타내는 데 치중했다. 즉 유럽인의 관점에서 인도를 해석하려고 한 자세가 강했다.

뉴델리와 캔버라 이외에도 유럽이나 미국의 건축가가 소위 제3세계의 도시를 설계한 사례가 몇 가지 있었다. 르 코르뷔지에Le Corbusier가 계획한 인도의 찬디가르 도시계획, 루이스 칸Louis Kahn이 설계한 방글라데시의 다카의 건축 등이 있다. 이러한 계획에서는 유럽적 건축표현과 토착건축의 전통을 어떻게 파악하고, 하나의 요소를 다른 요소와 조합시킬 방법을 찾는 것이 고민스러운 작업이었다. 그러한 문제를 생각할 때, 항상 연루되는 사례가 브라질의 신도시 브리질리아다. 1957년 프랑스에서 태어난 브라질 건축

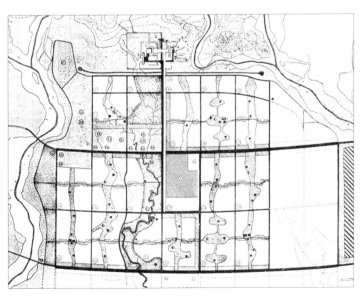

찬디가르 도시계획, 르 코르뷔지에, 1951

가인 루시오 코스타Lucio Costa가 계획한 브라질리아는 거대한 비행기 또는 날개를 펼친 새와 같은 형태를 이루고 있다. 여기에는 진정한 의미의 국제양식의 건축들이 건설되었지만, 그 결과는 근대적 무국적의 국제양식 실마리만을 포착하게 되었다. 따라서 건축가는 진정한 미래를 개척할 수 없다는 기분마저 들게 했다.

버 나 큘 러 와 지 역 주 의 건 축Vernacular & Regionalism Architecture

버나큘러Vernacular는 사전적 의미로 '자국의', '지방어로 적힌'이라는 형용사다. 또한 '자국어', '토지의 단어', '일상어'라는 명사이기도 하다. 건축에서 사용하는 버나큘러라는 용어는 유명한 작가나 건축가의 관여 없이 만들어진 민가와 같이 풍토적 건축을 가리킨다.

이반 일리치Ivan Illich[1]는 "버나큘러는 '뿌리하고 있는 것'과 '주거'를 의미하는 인도-게르만어계의 말에서 유래한다"고 했다. 또 라틴어로 Vernaculume은 집에서 기르고, 집에서 실을 뽑고, 자가산自家産, 자가제自家製로 사용할 수 있는 모든 것을 뜻하므로 교환형식으로 입수한 것과는 대립한다고 보았다. '영역Domain'이라는 말을 붙여 '버나큘러한 영역'과 '가치Value'라는 말을 붙여 '버나큘러한 가치'라는 개념으로 쓰이고 있다. 즉 버나큘러한 가치는 지역 민중이 생활을 통해 만드는 고유문화를 가리킨다고 일리치는 말했다. 또 인간집단 사이에 존재하는 공통된 척도가 문명이라면 이것에 매몰되지 않는 지역민중의 노동을 '버나큘러한 가치'라고 말할 수 있다.

문명의 획일성과 달리 문화는 지극히 개성적이고 다채로운 내용으로 채워져 있다. 따라서 문화는 지구상의 지역마다 다양하게 확립되어 왔다. 이것은 지역주의의 이념이지만, 국제적인 가치에서 생활자의 세계로 축소하여 지역을 다시 살펴보려는 사고이다.

버나큘러는 1964년 뉴욕근대미술관MoMA에서 개최된 〈건축가

1) 이반 일리치(1926~2002)는 오스트리아 빈 태생의 철학자, 사회평론가, 문명비판가이다. 현대 산업사회비평가로도 알려져 있다.

(a)기니아의 이동 건축

(b)그리스 수도원 시몬 페트라Simon Petra

《건축가 없는 건축》, 버나드 루도프스키, 1964

없는 건축Architecture Without Architects 전展〉을 계기로 주목받게 되었다. 전시회는 비평가이며 수필가로 알려진 빈Vienna 태생의 버나드 루도프스키Bernard Rudofsky가 구성했다. 또한 동일한 제목으로 출판된 루도프스키의 저서도 크게 화제가 되었으며 많은 건축가들에게 영향을 주었다. 이 전시회와 저서는 '풍토적Vernacular', '익명의Anonymous', '자연발생적Spontaneous', '토착적Indigenous', '선원적Rural'인 깃을 주제로 알려지지 않은 건축을 사진으로 소개했다. 그가 이러한 내용의 전시회를 열게 된 이유는 당시까지 서구세계에서 이야기되었거나 가르쳐왔던 서구 중심주의적 건축역사의 정통성을 비판하는 것에서 비롯되었다. 당시 지배적이었던 서구합리주의나 기능주의로 구축된 건축과 도시, 즉 근대건축을 반성하고자 하는 것이었다.

루도프스키는 서구세계로 편향된 건축사는 '특권계급의, 특권계급에 의한, 특권계급을 위한 건축물'만이 대상이었다고 말했다. 또 건축사에서 언급하는 건축물은 '참 신들과 음란한 신들의 신전, 재력 또는 혈통으로 뒷받침된 왕궁의 걸작선집'에 지나지 않는다고 말했다. 정통역사에 실리지 않은 이름 없는 서민의 주거, 유적이나 폐허 등은 원시적이지만 당시의 특별한 기술을 볼 수 있다. 그러한 건축에는 공업생산화, 건축부재의 규격화, 전용·이동 가능한 구조체, 바닥난방, 공조설비 등과 같은 실례를 소개했다.

버나큘러와 유사한 용어인 지역주의는 일정 지역의 주민이 풍토적 개성을 배경으로 그 지역의 공동체에 대해 일체감을 가지면서 스스로 정치적·행정적 자율성과 문화적 독자성을 추구하는 것이다. 건축가가 아닌 무명의 장인들의 손으로 만들어진 브리콜라주의 건축은 유행에 관계없이 목적에 적합하기 때문에 거의 불변하며 관념적이지 않다.

이러한 건축에는 '고안'이나 '미학'이 없는 메커니즘이 추구되었다. 따라서 지역주의 건축에 대한 관심의 증가는 근대건축에서 나타나는 합리·기능의 관념에 치우진 경향을 비판하고 한계를 극복하는 태도라 할 수 있다.

미국과 유럽의 지역주의 건축

미국과 유럽에서 일어난 지역주의와 관계된 여러 가지 다른 움직임이 있었다. 그중 몇 가지를 살펴보면 다음과 같다.

2차 세계대전 전후에 걸쳐 1940년대 캘리포니아에서는 미국의 농촌 건축인 싱글스타일의 부활이 있있다. 이러한 수택은 경사지붕의 간소하게 수평으로 뻗은 형태로 나타났다. 루이스 멈포드Lewis Mumford는 '토착적이며 인간적인 모더니즘'이라고 했으며, 1930년대 인터내셔널 스타일보다도 보편적인 것이라고 평했다. 경관과 조화나 기후풍토 및 사회적·경제적 조건 등에 대한 배려가 있었고, 형태보다도 오히려 기능·구조에 주의하는 실용성을 중시한 건축설계의 모습을 나타내었다.

찰스 무어Charles Moore는 미국 서부의 전통적인 농촌건축에서 볼 수 있는 목조오두막에서 모티브를 얻어서 1965년 시랜치 콘도미니엄Sea Ranch Condominium(1965년)을 디자인했다. 이 건축은 지역적인 면모를 갖춘 비늘판 외벽의 목조주택으로서 날렵한 조형감각이 넘치는 작품으로 유명하다. 그러나 프랭크 로이드 라이트, 알바 알토 그리고 휴고 헤링 등의 유기적 건축의 사조는 세계대전 이전부터 각 지역의 전통을 넣어 다양한 흐름을 형성해 왔다. 그것은 인터내셔널 스타일로 상징되는 모더니즘의 합리주의에 대립하는 낭만주의적 반동을 나타낸 것이었다. 이것은 합리주의의 결함을

시랜치 콘도미니엄, 찰스 무어, 캘리포니아, 1965

토레 벨라스카, 에르네스토 N. 로저스, 밀라노,
1958

에이신학원, 크리스토퍼 알렉산더, 도쿄, 1985

보완하는 실천적 성과이며, 새로운 지역주의의 부흥을 위해 이어받은 많은 요소를 키워왔다. 사람들은 지역주의 속에서 버나큘러한 건축모습을 만드는 방식에 관심을 두었고, 현대 생활에서 생존해가는 장을 개척했다.

이탈리아의 에르네스토 N. 로저스Ernesto N. Rogers가 설계했던 밀라노의 토레 벨라스카Torre Velasca(1958년)는 인터내셔널 스타일에 대한 비판으로 지역주의 표현을 시도한 좋은 사례를 보여주었다. 그는 감상적인 절충주의에 빠지지 않고 모더니즘이 외면했던 역사와 연속성을 고향 밀라노의 지역에 적합한 형태로 만들었다고 평가할 수 있다. 여기서는 지역주의의 개념은 단순한 민속적 전통의 범위를 벗어나 역사의 모든 전통으로 확장된다.

그리고 찰스 젱스Charles Jencks가 말하는 컨텍스추얼리즘에서는 건축창조의 프로세스 속에서 주민참가와 합리주의적 사고를 바탕으로 지역주의 경향을 만드는 가능성을 보여주었다.

크리스토퍼 알렉산더Christopher Alexander가 제창했던 패턴 랭귀지에 의한 환경설계에도 주목할 필요가 있다. 그가 설계한 에이신학원 히가시노고등학교Higashino Eishin High School(1985년)에서는 당시 건축가에게 볼 수 없었던 새로운 설계방향을 선보였다.

즉 거주민과 시공자 사이를 매개했던 직업건축가 대신에 참가하는 주민과 커뮤니케이션의 도구로 패턴랭귀지를 사용하여 대지의 버나큘러한 환경특성을 무시하지 않고 자의적으로 해석하지 않으면서 공정한 수정을 거쳐 창조적으로 해결할 수 있는 방안을 마련하게 되었다.

1980년대 초 포스트모던의 조류를 비판했던 케네스 프램턴_{Kenneth Frampton}[2]이 제창한 '비판적 지역주의'는 보편적 문명과 지역적 문화의 화해를 이루는 건축에 대해 말했다. 그의 말을 빌리자면 비판적 지역주의는 '비판적 키테고리'이며 근대문명에 대한 비판 그리고 근대시대가 품어왔던 문제에 대한 회답이기도 하다. 그는 모더니즘의 해방적 측면을 확실히 계승하는 방향을 지지했기 때문에, 지역특유의 버나큘러한 것을 소박하고 직접적으로 소생시킨 것을 반대했다. 즉 이것은 세계 각지의 고유한 문화를 구축하면서 근대의 보편적 문명을 비판하면서도 진보적 기술은 받아들이는 태도였다. 따라서 건축 작품에 어디까지나 재해석된 새로운 의미가 주입되어야 한다고 보았으며, 현대성·해방성·지역성의 생활문화 형상으로 건축문화를 목표했다. 비판적 지역주의는 보편적 문명과 지역적 문화가 지역이라는 장소에서 구축함에서 벗어나, 장소에 적합한 새로운 형상을 만드는 실천이라 할 수 있다.

빈센트 스컬리_{Vincent Scully}[3]는 지역주의에 대한 회귀를 엄밀한 의미에서 실행했던 건축가로서 로버트 벤츄리_{Robert Venturi}의 건축을 예로 들었다. 벤츄리의 '비치 하우스'나 '어머니의 집'은 싱글스타일의 지역주의적 건축으로 회귀를 보여준 예이다. 하지만 그의 방법은 찰스 무어와 달리 추상적이며 지적인 조작에 의해 경사지붕과 과장된 굴뚝의 외관을 만들었다.

크리스챤 노베르그 슐츠_{Christian Norberg-Schulz}는 저서 《주거의 개념_{Concept of Dwelling}》(1993년)에서 말한 '큰 지붕'의 안심감_{安心感}은 단지 시각적 구도의 안정성에 기인하는 것이 아님을 지적하고 있다. 지붕의 존재는 스스로의 위치를 확인하는 기점을 사람들에게 주며, 그 자체가 사람들이 도달할 수 있는 목표도 된다고 말한다. 사람들은 조용하게 자신을 기다리는 하나의 거대한 세계로 접근할 수 있는 멋진 체험을 한다. 단순한 랜드마크로서 기호의 역할을 한다면, 내부공간이 없는 높은 첨탑과 같은 것도 충분하다. 하지만 큰

2) 케네스 프램턴(1930~)은 영국 태생의 건축 역사가이며 컬럼비아 대학 건축도시수경학부 종신교수이다.

3) 빈센트 스컬리(1920~)는 미국의 건축 역사가이다.

어머니의 집, 로버트 벤츄리, 체스넛 힐, 1956~1964

비치하우스 프로젝터, 로버트 벤츄리, 1959

지붕 아래는 풍부한 세계가 내포되어 있음을 무의식적으로 기대할 수 있다. 그리고 가까이 갈수록 서서히 세부細部를 볼 수 있으며, 내부의 숨어 있는 세계가 나타나게 된다.

비서구의 건축가들

비서구 건축가들이 개척한 현대건축의 세계는 아주 넓다. 1975년에 사망한 그리스 도시이론가 아포스톨로스 독시아디스Apostolos Doxiadis는 '에키스틱스Ekistics'라는 개념을 제창했다. 그것은 인간의 환경은 단순한 건축물에 의해 만들어지는 것이 아닌 과거, 현재, 미래에 걸친 시간의 흐름 속에서 생성되는 거주환경을 고려한다는 개념이었다. 또 건축·도시·지역의 확장도 연속적인 것으로 파악했다.

독시아디스가 생각한 도시와 거주환경은 명확한 도로의 도식이나 패턴이 아닌 시간과 공간이 겹친 시스템이다. 이것은 미국이나 유럽이 아닌 제3세계를 염두할 때 발생하는 인간거주환경을 고려한 것이었다. 오랫동안 개발도상국가에서 자신의 민족문화를 염려하는 건축가들이 지역적 건축을 찾으려는 경향이 있었다.

비록 소수였지만 2차 세계대전 이전의 식민지국가들이 민족독립운동과 함께 자신들의 정치적, 문화적 뿌리를 다시 세우려는 현상이었다. 1940년대와 1950년대 세계적으로 퍼져나갔던 민족국가의 형성은 이러한 상황을 잘 말해주었다. 하지만 산업화된 국가에서 제시한 발달모델은 많은 개발도상국가를 계속 유혹했으며, 독립을 이룬 후에도 전쟁 전의 식민지 정부의 정치적, 심리적 양태는 그대로 잔존해 있었다. 이러한 상황에서 자국의 풍토성을 표현하여 문화적 주체성을 회복하고자 노력했던 건축가들의 다양한 시도가 국가로부터 거부당했던 일이 일반적이었다. 사람들은 모더니즘이 주장한 진보라는 낙관적 희망은 진실이 아님을 깨닫게 되었다. 그리고 21세기에 들어선 현재 모더니즘 사고의 퇴

뉴 구르나 마을, 하산 파티, 1948

행과 환경에 대한 관심의 증가와 함께 이러한 선구자들의 작업을
다시 인식하게 되었다.

　이집트의 건축가 하산 파티Hassan Fathy는 지역주의 건축의 창시
자라 할 수 있다. 그는 식민시대의 멍에가 잔존해 있는 자신들의
문화에서 전통건축을 찾기 위해 노력했다. 그는 한때 독시아디스
의 파트너이기도 했다. 그는 많은 건축을 계속 설계하거나 대작을
연달아서 완성시키는 길을 선택하지 않았다. 그가 활동했던 시대
의 환경 속에서 전통건축에 근거하여 현대건축을 만드는 것은 쉽
지 않았다. 즉 콘크리트, 유리와 철재로 모양을 바꾸었지만 식민
지 시절의 기억에 잠재되었던 의식으로부터 완전히 탈출하지 못
했다. 이와 같은 딜레마는 외부적인 요소들도 포함하고 있기 때
문에 사실상 순수한 전통을 찾기가 불가능하다는 것을 의미한다.
그는 국제건축 양식인 모더니즘을 익명적 예술이라고 처음으로
인식하고 비판했다. 그는 전통적 민족양식의 가능성을 조사하기
시작했다. 이집트는 외세의 점령과 식민착취의 불행한 역사를 겪
은 나라이기도 했다. 당시 이집트의 상황은 부패된 권력과 국민
의 가치관이 전환되는 시점이었기에 때문에 파티는 이상적인 연
구의 토대를 마련할 수 있었다. 파티 건축의 주된 핵심은 아랍 건
축의 파괴와 계속된 식민지 영향에서 벗어나 이집트의 전통 예술
로 돌아가는 것이었다.

　새로운 건축을 인식하기 위해 파티가 옹호한 전통적 방법은 자
신이 직접 집을 짓는 공사기술이었다. 이 방법은 일반적인 건설현

장에서 콘크리트와 철근을 사용하는 것보다 비용 면에서 훨씬 저렴했다. 이집트의 전통문화부가 도굴범들이 모여 사는 지역인 구르나에서 나일계곡에 위치한 룩소르Luxor로 이전시키는 방법을 강구했다. 이러한 가운데 파티는 그가 고안한 시스템을 실제로 적용할 수 있는 기회를 갖게 되었다. 진흙으로 만든 벽돌 벽, 볼트와 돔의 구조시스템은 좋은 해결책을 제시해주었다. 저비용이면서 건축기술이 거의 필요 없이 지역의 풍부한 재료를 확보할 수 있었다. 하지만 자신이 직접 짓는 방식은 동기가 필요했다.

구르나 마을의 주민들은 주거지를 이전하고자 하는 의욕이 그다지 높지 않았다. 파티는 디자인 방법을 알리기 위해 가족과 부족 관계의 유대를 강화시키고자 노력했지만, 구르나 마을 사람들은 무더운 기후조건 때문에 공사를 계속하지 못하고 중단하는 일이 많았다. 그러한 어려움에도 불구하고 1945년까지 계획의 1/4을 마칠 수 있었다. 그렇게 만든 뉴 구르나New Gourna 마을은 하산 파티의 가장 중요한 작품으로 남아있으며 그의 철학을 간결하게 말해주는 건축이다.

루이스 바라간Luise Barragan은 서구에서 공식적으로 인정받는 멕시코의 건축가다. 그는 벽, 물, 색채와 같은 단순한 요소로 멕시코 특유의 정취를 불러일으키는 건축을 만들었다. 그는 건축의 기능을 예측가능성이나 세속적인 견해로 다루기보다 '미, 영감, 평온함, 침묵, 친밀성, 경이로움'으로 구성된 '시적詩的 상상의 숭고한 행위'로 이해했다. 바라간은 자신을 전통적인 건축가라고 특징짓지는 않았지만, 중요한 문화적 상징에 근거하여 자신의 건축을 만들었다. 바라간은 색채를 물리적 현상으로 바꾸어서 높은 차원의 형태와 공간을 보여주는 드문 능력을 지닌 건축가였다. 그 예로 멕시코시티에 위치한 엘 페드레갈 정원Gardens of El Pedregal(1945~1953년)에서 바라간은 색채이론에 근거하여 건물 전체에 색채들을 사용했다. 바라간은 단순한 원리에 따라 매우 주의 깊게 그의 색채 범위를 결정했고 효과적으로 다른 건축적 요소들과 결합시켰다. 바라간이 남긴 또 다른 유명한 주택작품으로는 프란시스코 기라르디

엘 페드레갈 정원, 루이스 바라간, 멕시코 시티, 1945~1953

주택_{Francisco Gilardi house}을 들 수 있다. 주택의 공간구성은 한가운데
코트_{Court}가 들어가 있는 일반적인 로하우스_{Row-House}이다. 하지만
내부공간은 다른 주택과 달리 특별하다. 다이닝룸은 건물의 안쪽
에 위치하면서 부엌에서 20m나 떨어져 있고, 거실은 도로에 면한
2층에 있다. 게다가 주인 방은 3층에 있다. 1층에서 코트에 접한
방은 다이닝룸뿐이다. 그리고 다이닝룸의 절반은 수공간으로 이
루어져 있다. 수공간은 천정의 톱라이트에서 들어오는 태양 빛과
물의 색깔이 어우러져 독특한 분위기를 만든다. 바라간은 기라르
디 주택에서 입체적인 공간구성의 근거로서 단순한 기능적인 접
근이 아닌 인간생활에 대한 깊이 있는 고찰이 중요하다고 말했다.

이스라엘 태생의 건축가 모세 샤프디_{Moshe Safdie}도 주거건축으로
주목을 모았던 건축가다. 1967년 그가 설계한 '헤비타트 67'이라
는 집합주택은 같은 해에 열린 몬트리올 만국박람회를 위한 모델
주택이었지만, 주택계획에서 새로운 사회에 적합한 주택 상을 모
색한 결과를 보여준 것이었다.

그는 오래전부터 다각형의 프리페브릭한 주거건축을 모색해왔다. '헤비타트 67'은 지루한 집합주택의 홍수 속에서 새로운 대안으로 제시된 건축이다.

인도에서 활동하고 있는 건축가 찰스 코레아Charles Correa 또한 독시아디스가 발행했던 잡지《에키스틱스Ekistics》에 참가한 경험이 있었다. 그는 르 코르뷔지에가 찬디가르에서 진행했던 서구적 방법이 아닌 아시아, 특히 인도에서 표현할 수 있는 건축요소를 계속 탐구하여 자신의 건축에 접목해왔다. 찰스 코레아는 모더니즘의 추상적인 건축에서 출발했지만, 이후에는 인도의 전통적인 상징을 건축 속에 나타내고자 노력했다. 미국에서 건축 교육을 받았던 코레아는 초기에 공간의 연속성을 주제로 한 건축을 많이 시도했으며, 그러한 공간은 그의 초기작품인 간디기념관이나 국립 공예 박물관에서 나타났다. 이후 그는 인도의 전통적인 예술과 상징에 관심을 두면서 그것을 공간적으로 표현하려는 노력을 계속했다. 특히 인도의 상징적 도상인 만다라를 '자와하르 칼라 켄드라Jawahar Kala Kendra 예술센터'(1986~1991년)의 공간구성에 구체적으로 적용했다. 예술센터의 디자인개념인 만다라는 아홉 개의 주제로 구성된 공간으로 전환시켜 내관자가 이동하면서 다양한 체험을 할 수 있도록 했다.

헤비타트 67, 모세 샤프디, 몬트리올, 1967

자와하르 칼라 켄드라, 찰스 코레아, 자이푸르,
1986–1991

단게 켄죠는 일본의 대표적 건축가이며, 그의 출발을 보여준 작
품은 1955년에 완성한 '히로시마 평화회관'이다. 히로시마에 설계
한 그의 작품은 원자폭탄으로 피해를 입은 히로시마 마을에 평화
를 기념하며 새로운 생명을 불어넣기 위한 시설이었다. 이 작품은
1951년의 CIAM에 계획안이 제시되었고, 전후戰後 일본건축이 유
럽국가에 소개된 작품이 되었다.

요요기 국립경기장, 단게 켄죠, 도쿄, 1964

1964년 도쿄에서 올림픽이 개최되었을 때 올림픽을 계기로 일
본의 도시와 건축은 전후 부흥기를 맞이하게 되었다. 구조설계가
인 츠보이 요시가츠坪井善勝와 함께 요요기에 국립실내종합경기장
을 설계한 단게 켄죠는 두각을 나타내었다. 경기장은 현수지붕의
형태를 조형의 기본으로 곡선의 미학을 보여주었다. 또한 1986년
에 진행되었던 도쿄도청사 설계경기에서 입상하여 설계자로 선
정되면서 다시 주목을 받았다. 그는 일본의 현대건축에 새로운 표
현을 부여하여 초고층건축을 설계했다.

김 수 근 과 김 중 업 : 한 국 현 대 건 축 의 시 발 점

한국 현대건축을 말할 때 김수근과 김중업을 말하지 않을 수 없
다. 두 건축가는 한국 현대건축에서 막대한 비중을 차지하고 있다.

도쿄도청사, 단게 켄죠, 도쿄, 1986

특히 그들이 한국 현대건축의 시발점으로 평가받는 이유는 경제 발전이 시작되었던 때부터 경제 성장기에 걸쳐 한국건축이 나아가야 할 방향에 대해 나름대로의 해결방안을 찾고자 노력했으며, 그것이 한국 현대건축에 중요한 영향을 미쳤기 때문이다. 두 건축가는 모두 모더니즘의 영향을 직·간접적으로 받으면서 초기에는 모더니즘에 기반을 둔 건축디자인을 전개했다. 하지만 그들은 많은 비서구의 건축가들이 디자인의 정체성을 고민한 결과로 자신들의 건축언어를 전통에서 찾았던 것과 비슷한 과정을 겪었다. 두 건축가가 전통건축 속에서 발견한 건축언어는 서로 차이가 있다. 여기서 두 사람의 사상과 작품의 궤적을 간략히 살펴보기로 한다.

김수근은 김중업과 함께 대한민국 현대건축 1세대로 한국의 전통건축을 현대건축으로 표현하고자 노력했던 건축가였다. 그는 단지 한 사람의 건축가가 아니라 다양한 예술과 문화에 영향을 끼친 인물로 평가받고 있다. 1950년에 서울대학교 건축학과에 진학했지만 한국전쟁 때문에 일본으로 건너가게 되었다. 그리고 그는 1954년 도쿄예술대학 건축과에 입학하면서 건축을 공부하게 되었다. 도쿄대학교 대학원에서 석사학위 시절 1959년에 남산에 건립하려던 국회의사당 건축설계경기에 일등으로 당선되었지만 1961년 5·16 군사정변으로 인해 설계안이 백지화되는 불운을 겪었다. 그리고 한국으로 돌아와서 1961년 자신의 건축사무소 '김수근 건축연구소'를 설립했으며 이 건물은 나중에 공간사옥(1971년)으로 바뀌게 된다. 공간사옥의 지하소극장인 공간사랑은 당시 한국에 소개되지 않았던 전위극, 재즈연주, 무용 등의 각종 문화 활동의 장場이었다. 많은 건축가들의 작품에서 동일하게 보이는 경향이지만, 김수근의 건축도 초기와 후기의 작품경향이 명확히 구별된다. 김수근의 초기 건축에 나타난 부르탈리스틱한 표현은 당시 유럽이나 일본에서 유행했던 건축 경향이었으며 거대한 덩어리로서 이미지를 표현하고자 했다. 그 예로 워커힐의 힐탑바(1961년)는 대지를 거슬러 세운 역피라미드 형태의 강한 이미지를 나타내었다.

또 남산자유센터(1963년)에서는 지붕과 기둥에서 그러한 경향이 표현되었음을 잘 알 수 있다. 이 시기에는 콘크리트의 질감을 잘 나타내는 조형적 표현을 추구했으며, 전통건축의 형태를 직접적으로 차용하여 디자인하는 경향이 강했다. 이러한 디자인 경향으로 인해 드러난 문제가 부여박물관의 왜색논쟁이었다. 부여박물관(1967년)의 전통성 논란은 1년 여간 지속되었으며, 이 사건을 계기로 김수근은 전통을 바로 보는 건축적 시각으로 바뀌게 되었다. 이후 김수근의 건축은 우리나라의 전통문화를 나타내는 방향으로 나아갔다. 그것을 일깨워준 사람이 최순우 선생이었다고 한다. 1970년대 이후 김수근의 건축은 형태에서 공간으로 변화했다. 단일한 이미지를 강조하는 거대한 매스는 작게 분할된 조형으로 변모했고 마감재료는 붉은색 벽돌을 사용하여 사람들에게 친숙하고 스케일감 있는 소재감으로 표현했다. 그 예로는 마산양덕 성당(1979년), 경동 교회(1980년)가 있다.

이후에 전개된 김수근의 공간구성 원칙은 인간적 스케일과 밀접하게 관계한다. 즉 전통건축에서 발견한 한국적인 인간스케일에 근거하여 건축공간을 만들고자 했다. 이러한 그의 공간개념은 '공간사옥'에 명확하게 잘 나타나고 있다. 공간사옥의 내외부 어디서나 전통건축에서 보았음직한 공간의 상호관입과 인간적 스케일은 현대건축으로 탈바꿈하여 표현되었다.

그리고 청주박물관(1987년)에서도 잘게 나누는 매스의 개념은

힐탑바, 김수근, 서울, 1961

남산자유센터, 김수근, 서울, 1963

공간사옥, 김수근, 서울, 1971

청주박물관, 김수근, 청주, 1979

건물 전체로 확대되어 나타났다. 전통마을로 들어갈 때 여러 채로 나누어진 집과 지붕들의 겹침을 보듯이 박물관은 여러 동의 전시실로 분산하여 배치되었다. 박물관은 산자락에 위치한 전통마을의 모습처럼 경사지대에 안정감 있게 스며들어 있다. 안타깝게도 그는 1986년 간암으로 세상을 떠났지만 그의 전통문화와 건축에 대한 사랑은 현재 한국건축계를 이끌고 있는 많은 건축가들에게 영향을 주었다.

김중업은 1922년 평양에서 태어났으며 1941년 일본 요코하마고공橫濱高工 건축과를 졸업한 뒤 1945년 조선주택영단에서 일했다. 그는 예술적인 건축 작품을 만들기 위하여 남다른 정열을 불태우며 한평생을 살았다.

김중업은 1952년 이탈리아 베니스에서 열린 제1회 세계예술가대회에 한국대표로 참석하게 되었고 근대건축의 거장 르 코르뷔지에를 만나면서 서울대학교 교수를 그만두고 4년 동안 그의 문하생으로 일했다. 거장과 함께한 모더니즘 건축 체험은 이후 평생 그의 밑거름이 되었다. 한국으로 돌아온 이후 설계한 건축 작품에서 르 코르뷔지에의 건축적 어휘를 직설적으로 나타내었다. 그는 르 코르뷔지에가 이룩한 국제건축양식을 한국이라는 지역성에 맞추어 구현하고자 노력했다. 그는 자신만의 한국적인 건축을 만들기 위해 다양한 문화적 방면과 접촉하면서 학습했다. 그의 노력은 서구적인 것과 한국적인 요소가 결합된 건축언어로 나타났다.

그의 작품은 간략하게 세 가지 시기로 나눌 수 있다. 초기(1950~1960년대)에 나타난 작품의 특징은 무정형성의 질서, 회화적 구성, 그리고 한국의 전통적 이미지로 프랑스대사관(1961년), 서산부인과(1967년) 건물은 아직도 남아 있다. 두 번째로 1970년대에 이지적이고 도시적인 작품으로 탈바꿈했다. 세 번째 시기인 1979년 영구 귀국한 이후부터는 기하학 형태의 질서와 조화, 리듬과 같은 추상적인 조형으로 변신했다. 그 예로 태양의 집, 경남문화예술회관, 호강사 계획안(1982년)이 있다.

김중업의 대표작은 프랑스대사관(1961년)이다. 프랑스 정부가

1959년 주한 대사관 현상설계에서 김중업의 안을 채택했다. 프랑
스 대사관은 그가 르 코르뷔지에를 떠난 뒤 3년 만에 계획한 것이
기 때문에 피로티, 옥상정원, 모듈, 내외부 공간의 연속성 등과 같
은 르 코르뷔지에의 디자인 언어를 그대로 따르고 있다. 대사관
전면의 강렬한 두 개의 기둥은 연못과 접하고 있으며 깊은 처마의
지붕선이 수평선을 강조하고 있다. 이 기둥 때문에 건물은 대지에
서 떠있는 듯한 모습이 된다. 반면 프랑스 대사관의 배치형식, 공
간의 위계성, 전체 형태에서는 한국성의 표현을 읽을 수 있다. 건
물의 배치기법에 있어 대사무실, 민원실, 대사관저를 두 채로 분
리시켜 완결된 형태로 만들었다. 그리고 브리지와 필로티의 누하
공간으로 유기적 연결을 시도했다. 이러한 배치와 공간형식은 사
찰과 같은 전통건축에서 분석된 것이다. 특히 지붕의 형태를 강조
한 디자인은 대사관으로 진입할 때 위쪽을 바라보고 올라가야 하
는 대지 조건을 고려했다. 또한 지붕으로 인해 건물의 인상은 웅
장함을 느끼게 한다. 안타깝게도 지금은 사라져버린 그의 대표 작
품 중 하나인 제주대학 본관(1964년)은 독법학자 문종철 선생의 요
구에 의하여 이루어진 작품이다. 평론가들은 이 건물을 프랑스 대
사관과 같은 계열의 작품으로 우리나라 1960년대 건축의 이정표
라고 보았다. 건축의 전체 형태는 유선형의 몸통, 각각 다른 방향
으로 몸통에 붙은 세 개의 램프, 옥상지붕의 세 부분으로 구성되
어 있다. 작은 규모에 비해 큰 형태로 느껴지는 것은 과장된 경사
로의 모습과 방향성 때문이다.

경사로는 주변의 풍경과 특별한 조화를 이루면서 풍경을 볼 수
있도록 만들어졌다. 건물은 4층 규모이며 1층의 기둥은 필로티의
변형된 형식으로 이루어져 있다. 4층에는 옥상정원의 개념을 살
리기 위해 프랑스 대사관과 유사한 지붕을 사용했다.

그가 말년에 설계한 경남문화예술회관(1982~1988년)도 전통건
축에 대한 철학이 고스란히 담긴 작품 중 하나이다. 그의 초창기
작품인 프랑스 대사관에서 선보였던 지붕과 기둥은 경남문화예
술회관에서도 적극적으로 사용하면서 전통건축의 형식성과 미학

프랑스 대사관, 김중업, 서울, 1961

제주대학교 본관, 김중업, 제주, 1964

경남문화예술회관, 김중업, 진주, 1982~1988

을 잘 나타낸 작품이다. 특히 이 건축에서는 대공연장으로 접근하는 중앙의 대계단에서 기둥과 지붕이 주는 건축의 웅장함을 극적으로 표현했다.

1985년 이후 그는 올림픽 조형물을 마지막 작품으로 남겼다. 올림픽 조형물은 현상 안이 당선된 이후에도 여러 번의 수정을 거듭하여 현재의 모습처럼 되었다. "참다운 건축이란 인간에게 감동을 주어 끝없는 기쁨으로 승화시키는 드라마를 연출한다."라는 그의 말은 진정으로 건축을 고민하고 사랑했던 건축가의 철학을 느끼게 한다.

앞에서 살펴보았듯이 우리나라를 비롯한 비서구 건축가들이 자각한 자국 문화에 대한 애착과 깊이있는 성찰이야말로 자신들의 건축뿐만 아니라 자국을 대표하는 건축을 만드는 토양이 되었음을 알 수 있다.

12

근대건축을 넘고자
시도하다

(1960~1970년대)

뉴부르탈리즘 New Brutalism

모더니즘이 굳건하게 자리잡을 시기에도 불구하고 새로운 건축을 향한 몸부림은 계속 일어나고 있었다. 1950년대 중반에 건축가 스미슨 부부Alison &Peter Smithsons와 비평가 레이너 밴험Reyner Banham이 시작했던 것이 뉴부르탈리즘의 움직임이다. 부르탈이란 '짐승 같은', '조악하고 폭력적인' 것을 의미하는 단어이다. 1950년대 후반에서 1960년대 전반에 시도된 움직임으로 건축재료의 텍스처를 그대로 외관에 노출시키는 조형방법이나 스타일을 말한다. 도장이나 외장재 등 일반적인 마감공사를 생략하고 노출 콘크리트나 벽돌의 거칠고 조악한 외관을 그대로 표현하는 것을 가리킬 때 사용된다.

뉴부르탈리즘은 고전적인 형태언어를 명쾌하고 성실하게 사용한 안드레아 팔라디오Andrea Palladio의 건축에서 비롯되었다. 그는 새로운 재료와 기술을 명쾌하고 성실하게 사용한 19세기 기술자들의 구조물에 영향을 주었다. 그리고 20세기 전반 미스 반 데 로헤Mies van der Rohe와 르 코르뷔지에Le Corbusier의 작품 등을 기반으로 성장했다.

나중에 팀텐Team X을 이끌었던 앨리슨과 피터 스미슨 부부는 뉴부르탈리즘 사고형성의 중심이 되었다. 특히 1949년 건축설계 경기에서 1등으로 당선된 작품인 헌스탄톤 중학교Hunstanton Middle School(1954년)는 그들의 대표작으로 알려져 있다.

이 건축에 보이는 철골조에 유리와 철골콘크리트의 벽을 조합시킨 방법은 명확하게 미스 반 데 로헤의 디자인 수법이라 할 수 있다. 반면 고전적 비례, 디테일, 고가의 건축재료 사용이라는 미스가 세운 목표는 포기되었다. 결과로 화려함을 없앤 소박한 노출미美의 알기 쉽고 명쾌한 건축형태를 보여주었다.

건축역사가 레이너 밴험Reyner Banham은 뉴부르탈리즘의 유래를 르 코르뷔지에가 사용했던 '베통 브뤼Beton Brut(노출콘크리트)'와 관련 있다고 말했다. 뉴부르탈리즘 수법을 전개시킨 건축가의 한사

헌스탄톤 중학교, 앨리슨과 피터 스미슨 부부, 노포크, 1954

예일대학교 아트갤러리, 루이스 칸, 뉴헤븐, 1953

레체스터대학 공학부동, 제임스 스털링, 레체스터, 1963

람인 제임스 스털링James Stirling은 코르뷔지에로부터 강한 영향을 받았으며 마지막까지 그 특질特質을 잘 유지하였다. 제임스 스털링의 건축에서 벽돌의 사용은 영국의 전통 민가를 참조한 것이며, 뉴부르탈리즘의 특징인 간소하며 소박한 풍토적 요소의 인용이라는 성격을 보여주었다.

제임스 스털링은 레체스터대학 공학부동Leicester University Engineering Building(1963년), 캠브리지대학 역사학부 도서관History Faculty University of Cambridge(1967년)에서 유리와 벽돌의 두 가지 재료를 조합하거나

할렌 지들룽, 아틀리에 5, 베른, 1962

마테오티 집합주택, 잔카를로 데 카를로, 테리니.
1970~1975

파파니스 주택, 파올로 포르토게시, 로마, 1966

대비시켜 기능의 분절을 표현하였다. 그리고 레이너 밴험은 루이스 칸Louis Kahn의 예일대학교 아트캘러리(1953년), 아틀리에 5Atelier 5의 할렌지들룽Halen siedlung(1962년) 등을 소개하고 뉴부르탈리즘의 전파 양상을 언급하였다.

한편 잔카를로 데 카를로Giancarlo de Carlo와 같은 건축가들은 뉴부르탈리즘을 계승하면서도 토착건축의 형태언어를 적극적으로 받아들여 사용했다. 파올로 포르토게시Paolo Portoghesi는 바로크 건축을 연구하고서 그 수법을 건축과 도시에 이르는 다양한 수준에 적용하였다. 뉴부르탈리즘은 소재의 솔직한 표현뿐만 아니라 건축의 구조적, 기능적 원리를 노출시켜 조형화, 시각화하는 건축을 보여주었다.

구조주의와 문화인류학

1) 클로드 레비스트로스(1908 ~ 2009)는 벨기에 브뤼셀 태생의 유대계 프랑스의 인류학자이다. 인간 사회와 문화를 이해하기 위한 방법으로서 구조주의를 개척하고 문화상대주의를 발전시켰다. 그가 쓴 저서《슬픈 열대Tristes Tropiques》(1955)년에서 문화는 나라마다 달라도 우월하거나 열등한 문화는 없다고 말하면서 서구중심주의적 사상을 비판했다.
2) 페르디낭 드 소쉬르(1857~1913)는 스위스의 언어학자, 언어철학자이다. 기호학의 기초를 만들고, 나중에 구조주의 사상에 영향을 주며 '근대 언어학의 아버지'로 불린다. 주된 저서로 그의 사후에 제자들이 강의 노트를 바탕으로 편집하여 출판한《일반언어학 강의Cours de linguistique gééale》가 있다.

1960년대에 영·불어권의 철학·사상계에서 구조주의가 대두했다. 구조주의는 프랑스의 문화인류학자 클로드 레비스트로스Claude Lévi-Strauss[1]가 창시했지만, 그 선구로 레비스트로스가 야콥슨과 교류를 통해 알게 된 러시아 포르말리즘의 이론과 페르디낭 드 소쉬르Ferdinand de Saussure[2]의 언어학 이론이 있었다. 소쉬르 언어학의 근저에는 언어활동으로 대표되는 인간의 문화적 영위가 다음과 같은 발생과정 속에 성립되어 있다는 인식이 있었다. 즉 연속성을 본질로 하는 문화 이전의 자연상태는 비연속적인 관계와 매개하여 문화 상태로 이행한다. 즉 비연속성을 본질로 하는 관계의 체계가 문화이다. 여기에서 출발하여 레비스트로스는 요소 자체보다도 요소의 상호관계를 늘 중시했으며 이것이 구조주의의 본질이라고 보았다.

1960년대에 건축 분야에서는 기능주의의 일원적인 논리에서 벗어나 다의적인 공간의 성격을 회복하려는 작업이 모색되었다. 그중 하나가 문화인류학의 성과를 받아들인 '구조주의'라는 사고였다. 이는 알도 반 아이크Aldo Van Eyck를 비롯하여 헤르만 헤르츠베르거Herman Hertzberger, 피터 블롬Piet Blom 등의 네덜란드 건축가를 중심으로 전개되었기 때문에 '네덜란드 구조주의'라 불리기도 한다.

구조인류학과 마찬가지로 건축에서 도시까지 다룰 때, 시대를 넘어 모든 현상의 근저를 규정하는 '원原형태'라 불리는 객관적인 구조를 상정한다. 원형태는 문화의 배경에 잠재한 개개의 의식을 넘어선 부분이다. 그것을 탐구하기 위해서는 언어학·사회학·문화인류학 등의 학제적 연구의 도움이 필요할 정도로 많은 분야에 파생되었다. 건축디자인의 의의도 파생된 현상으로서 건축을 추구한 것은 아니며 모든 현상에 공통된 원점으로 돌아가서 원형태의 수준에서 해법을 찾는 것이다. 구조주의에 의하면 건축가가 설계하는 것은 공간을 성격 짓는 부분이며 그것은 빛의 조작으로 충분히 컨트롤될 수 있다. 그리고 인간이 움직이는 방향을 시사示唆하거나 움직임을 자극하는 특성을 부여한 부분이 원형태 또는 원조직이다. 전체 이용자는 이렇게 시사·자극에 반응하면서 자유롭게 개개를 선택할 수 있다. 즉 개개 공간의 기능은 반드시 고정되지 않고 융통성이 높아서 이용자가 가구를 배치하며 자신들이 사용방식을 결정하는 자유도가 남아 있다.

원형태 사상은 현실의 다양한 현상과 관계를 잃는다면 관념론으로 끝날 수 있다. 복잡하고 다양한 현상과 생생하게 관계할 때 원형태가 개념으로서 만들어진다.

헤르만 헤르츠베르거의 저서인《Space and the Architect : Lessons in Architecture 2》(Galgiani, Phillip, 2000)에서 구조를 '집단적이며 일반적이고 객관적이면서 실제 장면에서는 장場의 기대와 요구에 근거하여 해석할 수 있는 것'이라고 정의하고 있다. 그리고 건축과 도시계획의 경우에도 그 자체는 거의 변하지 않지만, 새로운 사용 방식에 따라 새로운 기회를 몇 번이고 제공할 수 있으며 다양한 상황을 포함하는 '거대한 형태'로 나타난다고 지적하고 있다. 거대한 형태는 암스테르담 운하와 같은 동심원이나 뉴욕의 맨해튼에 나타나는 그리드 모양의 가로패턴 등이다. 건축과 도시계

맨해튼의 가로패턴

암스테르담 운하

획에서 작은 형태를 내포하는 구조가 거대한 형태로 나타나는 것은 당연하다고 생각할 수 있다. 다만 거대한 형태를 구체화할 때 건축과 도시계획 영역에서 구조주의가 유효하게 작용할 수 있는 열쇠이기도 하다.

구 조 주 의   건 축

어린이집, 알도 반 아이크, 암스테르담, 1960

알도 반 아이크는 인간적인 '장소'를 절대적인 공간과 구별하면서 공간이 장소가 되기 위한 조건은 상실되었다고 말했다. 모든 것은 장소를 만드는 것부터 시작되어야 하며, 각각의 집과 도시를 한 무리의 장소로 만들어야 한다고 했다. 따라서 집은 작은 도시이며 도시는 거대한 집으로 보았다.

알도 반 아이크의 작품으로는 존즈벡 공원의 조각관Sculpture Pavilion at Sonsbeek, 어린이집Amsterdam Orphanage(1960년), 프로테스탄트 교회계획안protestant church project 등이 있다. 헤르만 헤르츠베르거도 개개의 장소를 모아서 하나의 건물을 형성하고자 했다. 특히 센트럴 베히어 오피스 빌딩Central Beheer Office Building(1972년)은 외부 오피스의 집무공간 단위가 X, Y축 방향으로 조합되어 확장시켜 집무공간의 단위는 복도에 의해 연결되어 있다.

센트럴 베히어 빌딩, 헤르만 헤르츠베르거,
에페르도룬, 1972

그리고 집무공간 단위의 코너 부분은 내부복도를 향해 개방되거나 막아서 다양한 서비스 공간을 제공하고 있으며, 내부복도나 건너편 집무공간을 조망할 수 있도록 구성했다. 즉 오피스 내부는 외부의 가로와 같은 공간구조를 나타낸 것이며, 내부복도는 조망에 의한 커뮤니케이션이 이루어질 수 있는 장소를 만들었다. 피트 블롬이 설계한 수상집합주택(1978~1984년)은 도로로 나누어진 서로 다른 두 개의 대지 위를 인공대지로 연결하고 그곳에 집합주택을 만드는 계획이었다. 건물의 전체 형태는 나무줄기와 같은 계단실 구조체 위로 기울어진 정육면체의 주거부분을 올린 유닛의 단위가 인공대지 위에 수평으로 늘어서 있다.

알도 반 아이크, 헤르만 헤르츠베르거, 피터 블롬의 작품을 보면 알 수 있듯이 구조주의 건축의 평면에는 전체의 조직에 그리드와 함께 개개의 공간으로서 정방형이 많이 사용된다. 즉 개체와 개체, 개체와 전체의 상호관계가 중요하다. 형태는 가능한 정방형의 중립적인 성격으로 둔다는 생각 때문이다. 그러나 형태 상호관계에 따라 때로는 3차원적으로 다양한 시사와 자극을 나타내는 조작이 가해진다.

일반적으로 구조주의는 모더니즘이 변질되면서 만들어진 객관주의, 형식주의 또는 경험주의의 여러 가지 폐해의 극복을 목표하였다. 이러한 폐해는 모더니즘 건축이 널리 퍼진 여러 도시에서 전형적으로 나타났으며, 특히 우리나라의 도시나 마을에서 '장난감 상자를 뒤엎은 듯한 어수선한 풍경'을 볼 수 있다. 또한 도시·농촌의 경관뿐 아니라 한 채 한 채의 주택과 인테리어에까지 미치고 있다. 이러한 현상은 사물의 집착이나 소유에서 비롯된 것이며, 진정한 의미에서 사물의 가치를 소중하게 생각하지 않는 태도라 할 수 있다.

이 현상을 극복하려고 할 때 구체적으로 사용되는 건축형태가 근대건축이거나 전통건축이거나 그 구별은 그다지 의미가 없다. 이런 종류의 구체적인 형태나 각종 설계자료 집성 등에 나타나는 추상적 기호와 수치를 그대로 받아들여 기능을 충족시키기 위해 조합하는 것은 세부에만 의식을 둔 근대의 객관주의·형식주의와 다를 바 없기 때문이다. 즉 개개의 사물은 넓은 세계 속에 놓여있기 때문에 평가할 수 있는 시점이 부족하다.

이와 같은 상황에서 구조주의자에게 필요한 것은 개개의 요소(형태·공간)를 단편이 아닌 그 장소의 전체가 가질 수밖에 없는 구조와 관련하여 파악하는 것이다. 그 구조는 단지 개개의 요소를 받아들인 고정된 조직이 아닌 개개의 요소가 힘을 발휘할 수 있도록 유연하게 자기변환할 수 있는 능력을 갖춘 다이나믹한 조직이다. 그리고 구조주의자는 최종적으로 완성된 건축작품뿐만 아니라 도중의 워커숍이라는 방법도 사용한다. 이 또한 그 장소의 심층에 숨어있는 다이나믹한 구조를 발견하기 위한 일종의 실마리이다.

그 지역의 문화풍토에 숨어있는 구조를 발견하기란 쉽지 않다. 지역문화를 조사하는 수수한 작업도 필요하고, 지역주민에게 스케치·작문·창작 등을 통해 의식의 심층에 있는 것을 찾아내는 노력도 필요하다. 그리고 이러한 효과를 높이기 위한 워커숍 수법에 많은 연구가 필요하다.

조르주 칸딜리스, 우즈, 조식이 설계한 베를린 자유대학(1962~1970년)도 구조주의 건축의 예이다. 바둑판과 같은 일정한 패턴 위

베를린 자유대학. 조르주 칸딜리스+우즈+조식.
베를린. 1962~1970

에 강의실과 복도가 서로 엮여있는 모습은 알도 반 아이크의 어린
이집과 유사한 공간적 특징을 나타내고 있다.

루이스 칸_{Louis I. Kahn}, 건축의 본질을 다시 묻다

루이스 칸은 종종 20세기의 마지막 거장[3]으로 불린다. 그의 건축
은 구조와 디자인의 필연성이 높게 융합된 것이며, 또한 그가 건
축속에 집어넣은 자신만의 정신세계를 전문가만이 아닌 일반인
에게도 널리 알린 작품을 계속 만든 마지막 건축가라고 평가되
기 때문이다. 그는 건축가로서 성장배경도 근대건축의 주류와는
다른 흐름 속에 있었다. 그의 건축에서 보이는 원과 정방형, 삼각
형 등의 기본 기하형태는 중요한 역할을 하고 있다. 그것은 근대
건축의 기능주의에서는 다루지 않았던 보자르적 형태 관념이다.
그가 실제작품을 설계할 수 있게 된 것은 아주 늦은 시기였다. 그
의 이름을 알리게 된 예일대학 미술관(1953년)은 50세가 넘어 설
계한 작품이다.

그의 사고와 작품이 중요한 이유는 효율과 기능을 중시한 모더
니즘 건축에서 잃어버린 건축의 중요한 부분을 다시 발견했기 때
문이다. 즉 루이스 칸의 건축은 외부에서 볼 때 묵직한 기하형태
가 모여서 만들어진 위엄 있고 견고한 느낌을 준다. 그는 모더니
즘 이후 사라지고 형식화된 건축적 감흥에 대해 고전주의적 비례
와 공간언어를 통해 건축의 본질을 다시 찾고자 시도했다. 루이
스 칸 건축의 두드러진 특징은 여러 개의 독립공간을 조합시켜 전
체를 이루어 가는 분절적인 공간구성 방법이다. 근대건축의 영향
을 받은 상자형 건축에서는 전혀 없었던 새로운 경향이며, 이러
한 구성방법의 배후에는 루이스 칸의 깊은 생각이 감추어져 있다.

그가 가장 중요하게 생각한 건축 어휘는 룸_{Room}이라 할 수 있다.
또 그는 '룸을 만드는 것에서 건축은 생겨난다'[4]고 말하기도 했다.
'룸'이란 일반적인 의미에서 방을 의미하는 말이 아니다.

3) 《20세기의 현대건축을 검증한다》A. D.
A EDITA Tokyo〈GA JAPAN AUTUMN
1999 별책1〉, 이소자키 아라타, 스즈키
히로유키, 1999

4) 루이스 칸의 여러 강의 기록과 메모의
단편에서 다루고 있다.

유대 커뮤니티센터 욕장, 루이스 칸, 뉴저지,
1954

물론 방이라고도 말할 수 있지만, 가로와 광장도 룸이 될 수 있다. 중요한 것은 룸은 정신이 매개하는 공간이라는 점이다. 단순히 물리적인 넓이가 아니다. '룸은 마음의 장소이다.' 그러므로 공통의 마음에 의해 가로와 광장은 룸이 될 수 있다.

'하늘은 광장의 지붕이다.' 그리고 그 연장으로서, 즉 공통적인 마음에 의해 집회장과 역사驛舍와 같은 건물도 룸이 될 수 있다. 따라서 룸은 건축의 시작이며, 건축은 룸의 집합체이다.

살아가고, 일하고, 배우기에 적합한 룸이 있다. 그것은 인간이 이루고 싶은 바람을 표현하고, 생활방식에 질서를 주는 형식을 부여한다. 그리고 룸은 인간의 마음에 세계를 가져온다. "작은 룸에서, 인간은 거대한 룸에서와 같은 것을 이야기하지 않는다.", "두 사람 사이에 오고가는 생각은 룸이 다르면 달라진다." 룸은 마음의 장소다. 그리고 마음의 장소이기 때문에 루이스 칸은 빛의 특별한 역할을 깨달았다.

루이스 칸의 건축이 분절적인 형태와 공간을 이루는 배경에는 이와 같은 독특한 사고방식이 있다. 유대 커뮤니티센터 욕장Jewish Community Center(1954년)은 아주 작은 건물이지만 룸을 구체화한 초기 작품이다.

칸은 건축에서 몇 가지 독특하고 중요한 용어를 사용했다. 그가 말한 'Form'은 'Shape=형태'와 다르며 일종의 형식이라 할 수 있다. 따라서 'Form'은 실체가 존재한다. 즉 '학교', '병원'의 본질에 대한 보편적 개념이 학교나 병원의 Form이 된다. 하지만 형태로 나타나는 학교와 병원 건축은 형상Shape일 뿐이며 디자인의 결과이다. 따라서 칸은 건축을 만드는 작업은 우선 그 본질을 파악하는 것에서 시작한다고 생각했다. 그리고 본질을 직관하는 것이 Form의 파악이며, 거기에서 건축이 시작된다고 보았다. 하지만 Form에는 형태가 결정되어 있지 않으며, 그것은 모든 형태의 공통된 본질이다.[5] 그는 건축가가 디자인이라는 매체를 통해 표현해야 하는 것은 '학교, 즉 학교의 정신과 존재 의지의 본체'라고 생각했다.[6]

5) '학교란 무엇일까?' '병원이란 무엇일까?' 그것은 사회적 제도, 조직, 관습, 즉 문화 속에서 결정된다. 스푼spoon은 전통적으로 젓가락 문화 속에는 존재하지 않으며, 따라서 아무 것도 아니다. 스푼이 하나의 문화 속에 위치할 때 그것은 명확한 의미, 결국 '본질'을 나타내는 존재가 된다.

6) '주택은 형상도 크기도 없는 건축하는 마음속에 존재하는 Form이다. 그렇지만 어떤 주택은 생활공간의 조건에 대한 해석이며, 그것이 디자인이다.', '건축가가 디자인이라는 매체를 통해서 표현해야 하는 것은 주택의 정신, 그 존재의지의 본체이다. 건축가가 단순히 설계하는 사람과 다른 것은 이 점이다.', '위대한 건축은 측정할 수 없는 것에서 시작하며, 설계 과정에서는 측정할 수 있는 것을 통해 나아간다고 해도 최후에는 다시 측정할 수 없는 것으로 끝나야만 한다.', '측정할 수 없는 것은 영적靈的인 정신이다. 나는 '장미는 장미고 싶어 한다고 생각한다.'

퍼스트 유니테리언 교회, 루이스 칸, 로체스터,
1963

솔크 연구소, 루이스 칸, 라욜라, 1965

리처드 의학연구소Richards Medical Research Laboratories (1957~1965년)에
서는 사람을 위한 자유로운 공간과 설비공간Servent Space을 분리[7]
하는 독특한 형태로 화제를 모았다. 퍼스트 유니테리언 교회First
Unitarian Church (1963년)에서 루이스 칸은 그 다음으로 이어지는 룸의
건축수법을 확립했다.

솔크 연구소Salk Institute (1965년)는 폴리오 백신개발자로 유명한
생약학자 조너스 솔크Jonas E. Salk 박사가 리처드 의학연구소를 보

7) 루이스 칸은 사람이 생활하기 위한 공간과
그것을 뒷받침하는 서번트servent로서
공간의 분리를 설계방법의 하나로 사용
했다. 그것을 명확하게 나타낸 최초의
작품이 리처드 의학연구소이다.

필립엑스터 아카데미도서관, 루이스 칸, 엑스터,
1972

8) Studies in Tectonic Culture: The Poetics
of Construction in Nineteenth and
Twentieth Century Architecture,
Kenneth (Brian) Frampton, The MIT
Press, Cambridge, Mass., 1997

고 감명을 받아 의뢰한 건축이다. 솔크 연구소에서는 하늘을 지붕으로 삼으면서 태평양을 향해 열린 아름다운 중정을 주목해 본다. 칸은 연구소의 중정 디자인을 두고 마지막까지 고민했다고 한다. 그러다 친구이자 동료 건축가인 루이스 바라간Luise Barragan에게 조언을 구하여 비로소 중정을 실현했다. 바라간은 칸의 이야기를 듣고 현장에 서서 "여기에는 아무것도 두지 말게나. 단지 광장이 되어야 해. 그렇다면 이곳은 하늘을 향한 파사드가 될 수 있을거야."라고 말했고, 그 말을 이해하고서 지금과 같은 모습의 중정을 디자인했다고 한다.[8]

루이스 칸은 코트Court에 대해 다음과 같이 말했다. "코트는 사람과 만나는 장場임과 동시에 마음이 만나는 장소이다 …… 당신은 코트에서 현실과 결합하는 그 이상으로 정신과 더한층 결합될 것이다."

캘리포니아의 뜨거운 태양 아래 중정 한가운데 뚫린 얇고 좁은 수로 앞으로 이어지는 광활한 태평양을 바라보는 랜드스케이프는 칸이 설계한 건축의 정수精髓라 할 수 있다. 필립엑스터 아카데미 도서관Phillips Exeter Academy Library(1972년)에서는 중앙 홀의 거대한 룸과 독서를 위한 작은 룸이 제각각 인상적인 장소로 꼼꼼하게 디자인되어있다. 외부에서 볼 때는 평범한 건물이지만, 건물 내부로 들어가면 상황이 달라진다. 도서관의 중심부에는 아트리움처럼 오픈된 공간이 있으며, 고측 창에서 스며오는 빛은 거대한 보에 반사되어 내부공간을 특징짓는 룸이 된다. 그는 설계과정을 통해 도서관의 존재부터 다시 묻고 각각의 룸이 어떤 모습이 되어야 할지 깊이 고려하고서 디자인했음을 알 수 있다.

신합리주의 건축Neo Rationalism

건축 역사에 나타난 합리주의의 모습은 크게 두 가지로 나눌 수 있다. 첫 번째는 20세기 초 유럽의 근대건축에서 나타난 것이다.

그리고 두 번째는 현대건축에서 그러한 전통을 계속 이어서 발전한 것이다. 그리고 근대건축의 합리주의와 구분을 짓기 위해서 현대건축의 합리주의를 신합리주의 또는 후기합리주의라고 한다.

합리주의 건축의 흐름을 결정한 중요한 존재로는 1966년에 간행되어 세계 각지로 번역된 알도 로시Aldo Rossi의 저서《도시의 건축The Architecture of the City》이 있다. 알도 로시가 1973년 제15회 밀라노 트리에날레를 계기로 몇 명의 건축가와 함께《합리적 건축Rational Architecture》을 저술했으며 합리적 건축의 개념은 여기에서 유래되었다. 전람회는 '합리적 건축'이라는 개념 아래 유럽 건축이 나아가야 할 건축 경향을 총괄하여 보여주었다. 그리고 전시 외에 서적, 영화미디어를 사용하여 많은 사람들에게 20세기의 수많은 초안, 저서, 계획에 관한 자료를 전시했다. '합리주의 건축전'의 영향은 유럽에 널리 파급되었고, 도시공간이나 건축조형에 단순명쾌하며 합리적인 이론의 도입을 목표했던 크리에 형제로 대표된 1970년대 유럽의 대표적 건축사조는 신합리주의[9]라 불리게 되었다.

유럽의 신합리주의 건축가들은 알도 로시, 레온 크리에Leon krier, 로브 크리에Rob krier, 조르지오 그라시Giorgio Grassi, 오스왈드 마티아스 웅거스Oswald Mathias Ungers, 리카르도 보필Ricardo Bofill, 장카를로 데카를로Giancarlo De Carlo 등이며, 기존의 도시공간과 건축타입은 그들 건축의 주된 주제였다.

신합리주의 건축의 특징으로는 어떤 특정목적에 적합한 건축물의 부정, 비개성적인 것 그리고 유형적인 것의 추구, 도시공간에 질서를 주는 수법으로 형태Form의 의미중시 등을 들 수 있다. 이 시기에는 레온 크리에의 기획 초안에 의한 브뤼셀 선언을 시작으로 도시교외로 확대되는 스프롤에 대항하고 근대건축운동으로 생겨난 도시계획 이데올로기의 해소를 목표했다. 또 아테네 헌장에 대항하는 혁신적 입장이 이외에도 수많이 구상되었다.

알도 로시가 저술한《도시의 건축》은 같은 해에 출판된 로버트 벤츄리Robert Venturi의《건축의 복합성과 대립성Complexity and Contradiction

9) 건축에서 '신합리주의'라는 용어는 1920년대 근대주의운동 시기에 '기능주의 건축'과 구별하기 위해 사용되었다. 원래 합리주의는 1920년대 근대기능주의를 가리켜 부르는 명칭이었다. 알도 로시는 1970년대 초에 이 개념을 다시 사용하면서 근대 합리주의와 구별하기 위해 신합리주의라 구별하여 사용했다. 신합리주의의 대표적 유럽건축가인 크리에 형제는 도시공간과 건축조형에 단순명쾌하며 합리적 이론의 도입을 목표했다.

in Architecture》(1966년)과 함께 모더니즘 이후 현대건축사조에 큰 영향을 주었다. '도시의 건축'이라는 주제에서 단적으로 나타난 것처럼 그 내용은 먼저 '도시'에서 출발한다. 또 그는 외부환경으로서 역사적 도시를 무대와 같은 세트로 파악하여 건축에 적용했다. 로시가 말한 무대는 이벤트를 만들어내고 한정하기 위한 건축이 아니라 상상력과 기억을 떠올리게 하기 위한 것이었다.[10]

10) Morris Adjmi, Aldo Rossi, Princeton Architecture Press, 1991

도시는 무엇보다도 하나의 역사적 장소Topos이며, 그곳에는 더 이상 환원할 수 없는 역사적으로 불변한 요소인 건축유형Typology과 도시건축의 다양한 변천과정을 지배하는 기본법칙이 다양하게 축적되었다고 생각할 수 있다. 즉 건축유형학이라는 개별 학문과 기본법칙이라는 전체 조직에 관한 두 가지의 차원에 착안해 볼 때 구조주의에 가깝다. 그러나 구조주의가 학문적으로는 존재하지만, 그 탐구의 결과로서 얻게 된 내용은 약간 추상적이며 실제 건축설계에서는 종종 그리드(전체 조직의 수준)와 정방형(개체의 수준)에만 의지하는 단점을 들 수 있다. 반면 합리주의 건축에서는 유형적이거나 구체적으로 형태의 이미지를 수반하는 점에서 차이가 있다. 이러한 형태주의야말로 합리적 건축을 구조주의와 구분하는 요점이다.

또한 구조주의에서 설계는 원형태의 차원에 머물 수밖에 없고, 다양한 구체적 형태의 차원에까지는 들어갈 수 없다. 구체적인 것은 이용자가 스스로 결정해야 한다. 그에 비해 합리적 건축은 전통적인 도시건축의 역사적 혹은 비판적인 검토를 중시하면서 다양하고 구체적 형태로 나아갔다. 구조주의에서 합리적 건축으로 걸음을 나아가는 것에서 건축은 형태의 결정을 주관 혹은 개인적 취향에 맡기지 않고 역사적 또는 비판적으로 그리고 유형학에 근거하여 과학적이며 객관적으로 다루게 된다. 바꿔 말하면 이것은 형태가 집단에 의해 객관적 토론의 대상이기 위한 토양이 정비된 것임을 의미한다.

또한 1974년에 베를린 국제디자인센터에서 개최된 심포지엄에는 로버트 벤츄리, 데니스 스콧 브라운Denise Scott Brown, 알도 로

시가 참가했지만, 당시 타이폴로지에 기초한 유럽건축 경향이 미국의 건축 경향으로 접근한 것은 유럽건축사조의 큰 전환이었다고 독일 건축역사가인 하인리히 클로츠Heinrich Klotz[11]는 회고했다.

11) 하인리히 클로츠(1935~1999). 독일 태생의 예술사학자, 건축이론가 및 저널리스트이다.

그리고 1976년 출간한 알도 로시의 저서《유추적 건축》에서는 "나는 자신의 건축을 연상작용, 교감작용, 그리고 유추작용이라는 광범위한 문맥 또는 그 범위 안에서 보고 있다."라고 쓰여 있고, 건축을 통한 기억 또는 연상작용을 사람들에게 호소했다. 따라서 그는 주목할 만한 건축을 만들기보다 도시의 배경이 되어 공공과 개인의 상호침투가 잘 인식되는 건축을 만드는 것이 중요하다고 보았다. 때문에 내부공간보다는 도시의 컨텍스트와 건축의 관계에 더 중점을 두었다. 이것은 도시의 외부공간에서 건축물의 시각적 성격과 연관된다.

유추적 도시, 알도로시, 1976

로시는 역사를 단순히 실제의 집적이 아닌 기억을 매개로 설계에 이용할 수 있는 일련의 사물 또는 정제적 대상이라고 생각했다. 그리고 그 이미지를 개인적 기억이 아닌, 사회와 공유시키기 위한 인용의 텍스트에는 전통적인 건축과 흔한 익명의 건축을 선정했다.

산 카탈도 공동묘지, 알도 로시, 모데나, 1971

산 카탈도 공동묘지San Cataldo Cemetery(1971년)는 건축과 도시, 과거와 현재, 삶과 죽음, 일상과 비일상이 로시의 지적知的 해석을 통해 만들어진 작품이다. 1971년 현상설계의 당선작으로 기존의 공동묘지를 확대하면서 인접한 대지에 새롭게 건설된 건축이다. 또 기존 공동묘지의 역사성을 구체적인 설계언어로 이어받으면서 도시에서 황량해지고 있던 기존 공동묘지를 활성화시키고자 했

세계극장, 알도 로시, 베니스, 1979

세그라테 기념비, 알도 로시, 1965

갈라라테세 집합주택, 알도 로시, 1973

다. 건물은 모더니즘이 추구한 추상성과 더불어 기념비적인 형태가 특징이며 각 공간은 축선에 의해 배치되어 있다. 모더니즘이 거부했던 고전주의적 배치원리가 이곳에 사용되었으며 그로 인해 공동묘지라는 주제에 어울리는 영적이며 정신성이 충만한 공간을 보여주었다.

대표작품인 갈라라테세 집합주택Gallaratese Apartment(1973년)의 특징적인 주랑柱廊은 이탈리아의 전통적인 임대주거 건축에서 보이는 주랑의 인용이다. 세그라테 기념비(1965년)도 이탈리아에 흔히 보이는 익명적 건축을 인용한 것이다.

그러나 인용은 단순한 복제, 모방이 아닌 강한 추상화의 조작이 가미되었다. 갈라라테세 집합주택에서 주랑의 기둥은 장방형 단면의 판상벽기둥이 되고, 세그라테 기념비에서 지붕을 암시하는 형태는 정삼각형 기둥이 되었다. 전통적인 형태를 인용하여 조용하고 강한 상징성을 나타내었다. 그리고 베니스 비엔날레에서 보여준 세계극장Teatro del Mondo(1979년)은《유추적 건축》에서 말한 그의 이론을 실현한 대표작이기도 하다. 즉 전통적이며 관습적으로 누구나 알고 있는 조형을 사용하여 유추작용으로 생성된 기억의 장으로서 거대한 도시를 나타내고자 했다.

13

근대건축의 붕괴,
옛것을 되살리다

(1970〜1980년대)

뉴타운New Town과 근대주거

뉴타운은 2차 세계대전 이전에 국제적으로 퍼진 전원도시 건설과 함께 CIAM 제4차 회의의 성과인 아테네 헌장Charte d'Athènes에 근거하여 자연환경으로 둘러싸인 건강한 생활환경을 구현하기 위해 1950년대부터 건설되었다. 뉴타운은 크게 세 가지로 구분할 수 있다. 첫 번째로는 거주, 생산, 소비, 교육 등 종합적인 거주기능으로 특화된 자립형, 두 번째로 모母도시에 생산과 소비의 기능을 의존하는 베드타운형, 그리고 두 가지의 중간에 속하는 위생도시형이 있다.

전원도시의 발상지인 영국에서는 자립형의 계획이 많았다. 그외 나라에서는 베드타운형과 위생도시형이 계획되었다. 뉴타운은 직주분리의 생활형식 속에서 개인생활을 지키기 위한 전용주거의 입지가 되었다. 뉴타운 계획은 커뮤니티의 단위설정, 다양한 가족형태에 대한 대응, 상점·우체국과 같은 일상생활 시설의 계획과 배치가 주된 과제였다. 커뮤니티의 단위는 클라렌스 페리 Clarence Perry가 제안했던 근린주구이론Neighborhood Unit이 응용되었다.

또 주호의 구성방식에도 '클러스터Cluster'가 도입되었다. 가족형태에 따라 저층, 중층, 고층의 서로 다른 주동형식과 함께 다양한 주호의 공간구획이 갖추어졌다. 그리고 주택 이외의 시설은 일상생활과 관련된 생활권에 근거하여 필요에 따라 설치되었다.

이러한 특징을 갖춘 초기 뉴타운의 대표적 사례는 런던 근교에 자립형으로 계획된 할로우 뉴타운Harlow Newtown(1947~1960년)이 있다. 이 도시는 프레드릭 기버드Frederick Gibbred가 8만 명을 수용할 수 있도록 마스터플랜을 계획했다. 베드타운형의 대표적 사례로는 네덜란드 로테르담 근교의 펜드레히트 뉴타운Pendrecht Newtown(1949~1953년)이 있으며, 이 도시는 계획인구 2만 명을 산정하여 로테 스탐-베제Lotte Stam-Beese가 마스터플랜을 계획했다. 위생도시형은 핀란드 헬싱키 근교의 타피올라 전원도시Tapiolas Gadern city(1952~1962년)가 있으며, 인구 1만 6천 명을 상정하여 주택공급

펜드레히트 뉴타운, 1949~1953

할로우 뉴타운, 1947~1960

재단 아슨트 사아티오가 설계했다.

1960년대에 계획된 뉴타운은 팀텐Team X의 근대도시계획 비판을 받아들이게 되었다. 즉 보행자와 자동차의 분리, 상업시설과 업무시설로 이루어진 중심지구의 고밀화와 복합화에 의한 어메니티Amenity의 추구 등의 여러 고안들이 추가되었다.

전원교외에 위치한 주택의 매력은 의외로 추상적이라 할 수 있다. 전원교외는 택지가 필요하며 도시에서 교통수단의 편리함과 지가地價로 결정되었다. 따라서 근대 이전의 취락에서 존재하는 토지의 고유성, 토지에 대한 애착은 보이지 않는다. 사람들은 택지에 대해 집착했으며, 사권 확보만을 추구하는 경향을 보였다.

우리나라나 일본에서 뉴타운이 어떻게 이루어졌는지 살펴보면 다음과 같다. 먼저 일본에서는 1963년에 대규모 주택지가 도시근교에 점차 건설되었으며 도쿄, 나고야, 오사카 주변에 센리뉴타운, 다마뉴타운이 들어섰다. 하지만 이러한 뉴타운은 영국처럼 자립적 도시를 목표한 것이 아닌 대도시로 통근을 전제로 한 거대한 베드타운이었다. 도시로서 전체성을 갖춘 계획은 1963년 각료회의에서 결정된 츠와나미연구학원 도시가 있으며, 1969년에 신新전국통합개발계획이 있다. 그러나 이러한 계획에도 불구하고 도시

파리 신도시, 라 데팡스, 1958~

영국 뉴타운, 밀턴 킨즈, 1967~1997

의 지방 분산은 순조롭게 진행되지 않았고 대도시로 인구집중, 기업의 도시집중이 더욱 커지게 되었다.

1963년 건설기준법이 개정되어 당시까지 적용했던 고도제한이 폐지되고 용적제한으로 이행되면서 초고층빌딩건설이 본격적으로 이루어지게 되었다. 1968년 도쿄에 36층 빌딩이 준공되었다. 이후 대도시 내에 초고층빌딩이 빽빽하게 들어서게 되면서 도시의 고밀화가 이루어졌다. 이러한 도시의 고밀화에 대응하기 위해 도시 외곽에 뉴타운을 건설하는 방안이 새롭게 대두되었다. 뉴타운 주민들은 대도시에 생활기반을 둔 샐러리맨들이며, 그들의 생활양식은 일본의 표준적인 생활 이미지가 되었다. 하지만 그곳에 주거하는 주민들의 삶은 가족생활이나 사회생활이 공간적 또는 시간적으로도 단절된 형태이며, 근대사회에서 이루어진 직주분리의 전형이라 할 수 있었다. 이러한 생활은 세계의 여러 도시에서 보이게 되었다. 예로서 프랑스의 라 데팡스La Défense 지구, 영국의 밀턴 킨즈Milton Keynes 등에서 이루어진 도시개발이 일본에서 동일하게 나타난 것이다. 근대적 주거, 고층의 집합주거에서는 토지에 대한 애착은 더욱 줄어들게 되었다. 그 예가 1972년 7월 15일에 파괴된 세인트루이스 시市의 프루이드 이고Pruitt-Igoe 단지이다.

주거 단지는 미노루 야마사키Minoru Yamasaki가 설계하여 1952년

프루이드 이고 단지의 파괴, 세인트루이스,
1972년 7월 15일

부터 1955년에 건설된 근대건축의 하나였다. 하지만 이곳은 범죄
발생률이 높은 주거단지로 알려지게 되었고 마침내 해체하기로
결정되었다. 이 단지에는 보차분리대, 놀이터, 세면장, 탁아소 등
이 명확하게 설치되었고 근대건축의 건강한 이상이 가득 넘쳐있
었음에도 불구하고 그 합리성이 지나치게 추상적이어서 실생활
에서 다양하게 일어나는 복잡한 생활행동을 받아들일 수 없었다.
이 건물의 파괴로 인해 근대건축 이념의 죽음을 보는 평론가도 있
을 정도였다. 우리나라에서는 이러한 주택의 황폐화는 아직 두드
러지게 나타나지 않는다.

국내의 상황을 살펴보면 5·16 군사정변 이후 공업화 정책의 추
진으로 도시화의 속도가 더 빨라지면서 1960년도의 도시화율은
36%였지만 1980년도에는 69.4%, 2000년도에는 87.8%로 급속히
증가하게 되었다.

이로 인해 도시인구를 수용할 수 있는 주택이 절대적으로 부족
했으며, 도시기반시설의 한계가 드러났고, 수질·환경오염이 발생
하게 되었다. 이러한 문제를 해결하기 위해 뉴타운 개발이 1980
년도 후반부터 본격적으로 이루어지기 시작했다. 폭발적으로 증
가하는 서울인구의 분산, 기능의 재분배, 그리고 1988년 주택200
만호 건설계획을 목표로 1989년부터 서울의 위성도시로서 일산
과 분당에 뉴타운 개발이 이루어졌다.

2000년 이후 국내의 뉴타운 개발은 새로운 방향으로 나아가고
있다. 즉 서울과 지방 광역도시에서 늘어나는 인구의 분산을 위해
교외의 자립형 뉴타운이 건립되었다. 또 도심지 내 노후화된 지역
을 재개발하기 위한 고밀복합형 개발이 이루어지고 있다. 특히 파
주출판도시처럼 독특한 문화산업을 바탕으로 이루어진 교외도시
는 뉴타운 개발의 새로운 패러다임을 보여준 예이다. 그리고 도심
지 내에서 진행된 뉴타운 개발방식으로는, 도쿄의 롯폰기 힐즈처
럼 거대 자본을 바탕으로 문화, 상업, 주거의 다양한 기능을 함께
묶은 고밀형 복합용도개발이 이루어지고 있다. 즉 직주분리로 인
한 도시기능의 저하 및 도심지 내 낙후된 지역을 살리기 위한 해

롯폰기 힐즈, KPF 외, 도쿄, 2003

파주출판도시, 파주, 1997~

결책으로 현재 국내에도 유사한 계획이 추진되고 있다.

20세기 초 자연과 공존하며 건강한 삶을 이루고자 했던 전원도시의 꿈은 현재 새로운 변화를 맞이하고 있다. 20세기 초에 도시 밖으로 밀어낸 삶의 이상은 21세기 다시 도시 내부로 초점을 옮기게 되었으며 컨버전스Convergence 기술을 바탕으로 다양한 기능이 융합된 거대개발이 이루어지고 있다.

게니우스 로키Genius Loci

현대건축가들도 새로운 건축을 설계할 즈음 과거의 양식을 이용하여 과거 건축과 연속성을 유지하거나 역사적 연장성을 느낄 수 있도록 설계를 시작했다. 따라서 현대의 도시는 지금까지의 근대건축적 발상에서 벗어나 조금씩 새로운 가능성을 찾아 변화하게 되었다. 역사적 도시와 건물의 보존방식은 박물관의 유물처럼 박재시켜 남기는 것이 아니라, 현대의 생활 속에서 살아있는 풍부한 장소를 만들기 위해 보존하는 태도에 가깝다. 현대건축에서 이러한 자세를 잘 보여주는 개념이 게니우스 로키이다.

게니우스 로키라는 용어는 18세기부터 주목받기 시작했다. 주의해야 할 것은 게니우스 로키라는 용어 속에는 단순히 대지의 물리적인 형상에서 유래한 가능성뿐만 아니라 대지가 가진 문화적·역사적·사회적인 배경을 담은 요소도 포함하고 있다는 점이다. 그러한 전체적인 시야가 게니우스 로키에 대한 눈을 열었던 것이다.

1979년에 크리스찬 노베르그-슐츠Christian Norberg-Schulz가 저술한 《게니우스 로키-건축의 현상학을 목표로Genius Loci-Towards a Phenomenology of Architecture》는 독특한 의미의 용어를 현대건축 이론으로 되살렸으며 근대건축을 비판하는 용어로 다시 정착시켰다. 책에는 프라하, 하르툼, 로마와 같은 도시의 지리적·기후적 특징, 도시경관과 공간구조, 장소의 성격을 기술하면서 각 도시에 대한 세 가지 기초개념을 보여주었다.

중세 가로변처럼 다양성이 내포된 도시를 '낭만적'이라고 했으며, 고대 로마의 도시계획처럼 하나의 공간원리로 이루어진 것을 '우주적'이라 보았다. 그리고 그리스 신전처럼 보편적 체계를 없애고 각각의 장소를 더하거나 무리지어 구성한 것을 '고전적'이라고 보았다. 노베르그 슐츠는 공간의 지각이나 인상, 인간의 경험에 대해 현상학적 공간론의 방법을 응용하여 서술했다. 그리고 각 장소의 고유성을 개념화하여 근대건축이 정의한 보편적 공간을 상대화했다.

게니우스 로키는 근대건축이 가졌던 '자기의식으로 세계를 파악하고, 그렇게 파악된 세계의 의미를 인식하고자 했던' 사고방식에서 커다란 변화를 나타낸 것이다. 여기에서 새롭게 태동한 사고로서 건축과 도시는 추상적으로 건설되어 대지 위에 위치하는 것이 아니라 대지와 환경에서 성장한다는 사고였다. 그러한 설계 발상법은 종종 유기적 건축이라 불리었지만 당연히 땅이 가진 힘을 의식한 것이었다. 이때 접하게 되는 것이 게니우스 로키Genius loci라는 라틴어이다.

'게니우스Genius'는 본래 만드는 사람, 특히 모성을 나타내는 용어였다. 게니우스는 사람을 지키는 정령에 필적한 개념이었다. 그리고 인간뿐만 아니라 다양한 사물에 부유하는 수호령守護靈이라는 의미까지 확대되어 사용되었다. 그리고 '로키Loci'는 '로코Loco' 또는 '로쿠스Locus'의 원형으로 장소 또는 땅을 의미한다. 즉 게니우스 로키는 대지의 수호령을 의미하는 것이다. 일반적으로 토지령土地靈이나 토지의 정령으로 해석할 수 있다. 그리고 대지에서 끌어낸 영감靈感이나 대지에 존재하는 연상성連想性 또는 대지의 가능성을 나타내는 개념이다.

대지에 존재하는 영감은 그 대지에서 만들어진 조형물의 구성법칙에 직접 결합하지 않으며 조형으로 통합되는 모습과는 관계없다. 오히려 조형의 출발점이면서 그 조형의 의미를 찾기 위한 시점이다. 그 예로 "산이 푸르고, 눈앞에 큰 바다가 펼쳐 있다. 이렇게 멋진 곳에는 수정기둥과 같은 건물이 잘 어울리는 것 같다."라는 감각에는 게니우스 로키의 힘이 움직인다고 할 수 있다.

그리고 현대건축가들 중에도 게니우스 로키의 개념으로 자신의 설계방법을 말하려는 경향이 있으며, 그들은 눈에 보이지 않는 잠재적 대지의 구조를 해독하려고 하는 태도를 지니고 있다. 여기서는 프랭크 로이드 라이트Frank Lloyd Wright와 찰스 무어Charles Moore가 게니우스 로키를 어떻게 고려하여 건축디자인을 했는지 살펴볼 필요가 있다. 대지가 가진 성격을 살리거나 없애는 것도 건축가의 손에 달려있다. 라이트는 건축설계를 할 때 그 대지의 장점을 끄집어내고 특성을 선명하게 하는 데 뛰어난 건축가였다. 라이트의 건축은 대지의 게니우스 로키와 잘 화합하면서, 그 성격을 더욱 강화하는 디자인을 나타내었다. 그의 대표작인 낙수장(1937~1939년)은 계곡 속의 바위를 중심에 두면서 구성된 건축이다. 테라스는 건물의 몸통에서 균형감 있게 내어 달리면서 폭포와 계곡의 아름다움을 극적으로 만들었다.

찰스 무어가 설계한 시랜치 콘도미니움Sea Ranch Condominium(1965년)은 캘리포니아의 바다를 바라보는 해안언덕의 가장자리에 위치한 주거건축이다. 찰스 무어와 경관디자이너 로렌스 할프린Lawrence Halprin은 대지의 특징과 한 해 동안의 기상변화에 근거하여 건

낙수장, 프랭크 로이드 라이트, 펜실베이니아, 1937~1939

시랜치 콘도미니엄, 찰스 무어, 시랜치, 1965

축형태의 윤곽을 결정했다. 대지의 게니우스 로키는 바다로부터 북북서의 강한 바람을 타고 단단한 바위표면을 어루만지면서 존재하고 있었던 것 같다. 따라서 건물은 게니우스 로키와 융합하기 위해 바위표면의 일부처럼 만들어져야 한다. 이렇게 해서 콘도미니엄은 언덕에 달라붙은 형태처럼 디자인되었다. 비스듬한 지붕의 실루엣과 요철이 심한 벽은 아주 거친 질감을 나타내고 있다. 그는 이곳의 게니우스 로키를 존중하여 자연환경과 인간이 함께 어우러진 시적인 장소를 만들었다.

전통마을 만들기

우리나라 도시와 달리 유럽도시에는 공공공간을 중시하는 전통이 있으며 그 결과로 풍부한 외부공간이 축적되어 있다. 그 요인 중 하나로서 전후戰後 유럽사회는 두 번의 세계대전에 의한 도시파괴의 경험으로 역사적 환경의 중요성을 강하게 인식하게 되었음을 들 수 있다. 유럽은 미국과 마찬가지로 스크랩 앤 빌드Scrape & Build의 도시재개발이 이루어졌지만, 모더니즘건축의 적용은 신도시개발이나 일부의 재개발에 한정되었다. 오히려 전후의 도시부흥은 역사적 환경에 따른 재생이 진행되었다.

이러한 움직임의 배후에는 국제협회가 있었다. 특히 1962년 프랑스에서 마를로법제정, 1965년의 이코모스ICOMS[1] 발족, 베니스 헌장[2] 제정은 역사적 환경보전에 관한 중요한 사건이었다. 베니스 헌장은 '역사적 기념건조물' 개념을 단일의 건축작품만이 아닌 문명이나 역사에 따라 중요한 도시 및 전원의 건축적 환경을 포함하여 규정하였다. 또한 '보전' 개념은 그 건물과 균형을 이루고 있는 건축적 환경의 보존을 포함하여 규정한 점에서 의의가 크다. 이러한 영향은 미국으로도 이어져 역사적 환경보전에 대한 분위기가 고조되면서 이는 도시정책의 과제가 되었다. 1960년대 중반 미국에서 존슨정권 시대에서 시작하여 1980년대 전반에 걸쳐 역

1) 국제기념물·유적회의(International Counsil of Monuments and Sites)의 약칭이다.
2) 기념건조물 및 유적의 보존과 수복을 위한 국제헌장.
3) Preservation in context, PA., 1972, 11, pp.64-69.
4) 1976년 유럽회의에서 '도시경관·유산의 보존에 관한 암스테르담 선언'이 발표되었다.

영국의 옛 도시 라이. 오래된 로하우스Row-house
를 보존한 아름다운 마을로 알려져 있다.

영국의 옛 도시 체스터

독일의 옛 도시 로텐부르크

이탈리아의 옛 도시 볼로냐

사적 환경보전에 관한 제도화가 현격히 진행되었다. 그리고 그 근저에는 모든 고급유물만을 대상으로 하는 과거의 보존개념만이 아닌, 모든 문화에서 보존의 필요성을 정확히 조사하여 가치 있다고 인식하는 문화다원주의와 환경변화를 용인하여 문화재를 보전한다는 사고방식이 있었다.[3]

이처럼 건축가치를 역사적 측면에서 살펴볼 때 단일 건축작품이 아닌 주변환경도 포함하여 의미 있는 단위로 간주하는 사고방식이 사회적으로도 지지를 얻었다.

이것은 건축전문가만이 아닌 보다 사회전반적인 경향이었으며, 모더니즘 이념이 압도적인 지지를 받았던 시기와 대조적인 변화였다. 이로써 이 시기에 건축환경이라는 개념은 크게 확대되었다.

그리고 1960년대 후반부터 1970년대에 걸쳐 건축사조 전반에서는 서서히 역사에 대한 관심이 고조됨과 동시에 모더니즘 이전의 건축가에 관심이 높아졌다. 또 이 시기에 역사적 환경보전사업이 건축설계의 과제로 주목을 모으게 되었다.

1975년 유럽에서는 '유럽건축 유산遺産의 해' 캠페인이 전개되었고, 역사적 환경보존 및 재생의 기운이 한층 높아졌다.[4] 이러한 흐름에 따라 영국의 라이Rye, 바스Bath, 요크York, 에든버러Edinburgh,

영국의 옛 도시 바스

체스터Chester와 같은 도시, 그리고 독일의 로덴부르크Rothenburg, 뇌르틀링겐Nördlingen, 이탈리아의 베니스Vennice, 볼로냐Bologna 등 많은 도시가 역사를 중시하는 관점에서 옛 마을을 수복하였다. 이러한 시도는 과거의 건축유산을 사용하여 보존하는 문화사업으로 나아갔으며 지나치게 추상적이며 무기적으로 변한 현대의 도시생활에 대한 비판적 자세를 나타낸 것이었다.

안동 하회마을

우리나라의 경우는 안동 하회마을[5]이나 낙안 읍성[6] 등이 좋은 예라 할 수 있다. 안동 하회마을과 낙안 읍성은 동일한 한국의 전통문화를 표방하지만 각기 다른 도시적 특성과 상이한 시간 속에서 형성된 환경 속에서 각 마을의 독특한 게니우스 로키를 발산하고 있다.

낙안 읍성

그리고 국내에도 1990년도 후반부터 전통건축을 보는 시각이 새롭게 변화되기 시작했다. 대표적으로 북촌한옥마을이나 전주한옥마을처럼 성공적으로 보존과 개발이 이루어진 사례는 다른 도시개발에도 좋은 영향을 주고 있다.

북촌 지역은 조선시대부터 형성된 전통거주 지역으로 한옥주택과 골목길 등이 보존되어 있다. 북촌한옥마을의 한옥들은 주로 1930년도 전후에 생성된 것으로 추정되고 있다. 1999년부터 북촌마을 현안 해결 및 보존대책 수립이 요구되면서 북촌가꾸기 계획을 본격적으로 시작하게 되었다.

1976년 민속경관지역으로 지정되면서 북촌의 한옥을 보호하기 위한 시도가 처음으로 이루어졌다. 1984년 미관지구 내 건축제한

5) 경상북도 안동시 풍천면에 있는 600년 역사를 이어온 민속마을이다. 2010년 경주 양동마을과 함께 세계문화유산 등재되었다.
6) 전라남도 순천에 위치한 전통보존마을이다. 조선시대 대표적인 지방계획도시로 대한민국 3대 읍성 중 하나로 사적 제302호로 지정되어 있다.

서울 북촌한옥마을

전주한옥마을

규정에 근거하여 한옥보존제도가 시행되었다. 이후 건축기준의 완화로 다세대, 다가구 주택의 신축이 이루어지면서 마을의 주거환경이 악화되었다. 1999년 주민들의 북촌마을 현안 해결 및 보존대책 수립 공식 요청으로 2001년부터 2006년까지 서울시 북촌가꾸기 사업이 시행되었다. 추진내용을 살펴보면 한옥등록제 도입, 북촌가꾸기 사업단 구성, 기반시설정비, 북촌 현장사무소 개설이 있다. 특히 중요한 점은 마을주민에 의해 보존 대책 마련이 주장되었다는 점에서 우리나라의 대표적인 주민참여형 사업이라 할 수 있다. 이렇게 보존된 한옥들은 한옥체험관, 공방, 전시장 등으로 개방되고 있다.

그리고 전주한옥마을은 전주시에 위치한 면적 296,330m²의 한옥마을로 전통경관의 보존과 함께 주민들의 정주환경 확보를 위해 추진되었다. 특히 지역전문가들과 주민들의 적극적인 참여로 역사·문화자원을 소생시키고 구도심을 재생시키는 도시재생의 새로운 모델이 되었다.

전통마을 만들기는 단순한 과거 건물의 보존이 아니라 21세기에 모든 세대가 공감할 수 있는 도시의 문화적·역사적 정체성을 만드는 중요한 자원이다.

14

포스트모더니즘 건축,
근대건축을 비판하다

(1980년대 〜)

모더니즘의 종언

1960년대 후반 건축디자인은 확실히 변했다. 한마디로 말하면 표현의 다양화이다. 1964년 로버트 벤츄리Robert Venturi가 미스 반 데 로헤가 말한 'Less is more'를 빗대어 'Less is bore'라고 말했을 때, 건축에서 모더니즘의 신화는 붕괴되었고 포스트모더니즘이라는 용어로 한데 묶은 건축디자인의 경향이 등장했다.

'포스트모더니즘' 혹은 '포스트모던'이라는 용어는 아주 폭넓게 사용되었다. 이 용어를 처음으로 사용한 사람은 영국에서 활약했던 건축평론가 찰스 젱스Charles Jencks이며, 그는 용어의 정의를 저서인《포스트모더니즘의 건축언어The Language of Post-Modern Architecture》(Rizzoli, 1977년)에서 다음과 같이 적었다.

"포스트모더니즘 건축은 간략하게 정의하면 한 번에 두 개 이상의 레벨에서 이야기하는 건축이다. 한편으로 건축가 및 건축의 의미에 특별히 관심을 가진 소수의 관계자에게 이야기하고, 다른 한편으로는 쾌적성이나 전통건축의 생활방식에 문제를 집중하는 일반대중 또는 지역주민에게 말한다. 따라서 포스트모더니즘 건축은 혼성적으로 보인다."

이 정의만을 읽을 때는 그 의미를 좀처럼 이해하기 힘들다. 따라서 이 정의를 해석하기 전에 글자그대로의 의미로서 포스트모던이라는 용어부터 살펴볼 필요가 있다.

'포스트Post'라는 말은 '후後, 나중'이라는 의미이다. '포스트 워Post war'는 전후戰後라는 의미이고, 회화에서 '포스트 인프레셔니즘Post Impressionism'은 '후기인상파'로 번역할 수 있으며 인상파 이후에 등장한 회화를 말한다. 따라서 포스트모더니즘의 건축적 측면은 근대건축 이후의 건축이 된다. 따라서 근대건축이 문제의 핵심이 될 수 있다. 일반적으로 우리는 근대건축이라는 용어를 20세기의 건축이라고 정의하고 있지만, 근대건축을 영어로 'Modern Architecture'라고 할 때, 용어의 뉘앙스는 다소 달라진다. 우리가 일반적으로 근대건축이라는 용어에서 이미지를 떠올리는 건축

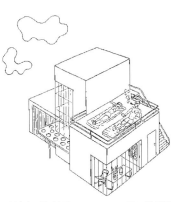

오서버트 랜커스터Osbert Lanscaster가 그린 만화 '20세기의 기능주의'

은 영어로는 'Modern Movement' 또는 'International Modern', 'International Style'이라는 용어로 표현되는 경우가 많다. 즉, 근대 예술운동의 소산으로 건축을 파악하는 것이 일반적이다. 그리고 근대건축은 유클리드의 추상적 공간에 근거하여 꿈을 그렸다고 볼 수 있다. 유클리드 공간에 존재하는 절대적이며 이성적 세계를 믿었고, 또한 건축을 포함한 모든 과학이 기하형태와 수치를 사용하여 유사모양으로 만들고자 했다.

운동이란 대개 시작이 있고 전성기가 있으며 마지막이 있다. '모던'이나 '근대'라는 이름을 붙인 용어가 많은 이유는 이미 한 시대를 이룬 역사적 개념과 닮았기 때문이다. 모던 재즈, 모던 발레, 모던 페인팅, 근대문학, 근대비평 등 전부 현재의 눈으로 볼 때 다소 옛날의 그리운 정을 불러내는 단어가 많다.

근대건축도 그 운동으로서 성과를 이루었다. 20세기 초의 근대건축운동은 민주주의 시대의 건축 및 공업화 시대의 건축을 지향하고, 기능주의적인 건축이론과 기계의 이미지를 모델로 하는 표현을 구하게 되었다. 건축의 구조, 구성, 표현은 명쾌하게 하나의 이상적인 모습을 나타내어야만 했다.

근대건축운동이 세계적으로 널리 퍼지게 된 시기는 2차 세계대전 이후이다. 전후의 사회에 요구하는 경제성, 합리성 그리고 실

존 W. 콜트레인John William Coltrane, 「모던」의 대표격인 모던재즈도 1967년 그가 사망하면서 한 시대가 사라졌다.

리주의에 어울리는 건축으로서 근대건축운동의 성과는 넓은 세계로 퍼졌다. 국제양식은 글자그대로의 '국제양식'이 되었던 것이다.

근대운동이 그 성과를 올렸던 것과 함께 CIAM(근대건축국제회의)도 1956년에 해산되었다. 건축적 유토피아를 꿈꾸었던 CIAM의 도시계획 파탄에 대한 지적, 국제양식에 대응한 지역주의나 전통주의의 제기, 미스적 추상적 균질공간의 억압성에 대한 비판 등 건축의 모더니즘과 관계하는 문제성의 지적과 그 초월을 도모하는 언설은 이미 1950년부터 나오기 시작했다.

이후 영국에서는 아키그램Archigram이라는 그룹이 등장했다. 아키그램은 피터 쿡Peter Cook과 함께 여섯 명의 젊은 건축가들로 구성되었으며, 이동건축, 도시요소를 교체할 수 있는 플러그 인Plug-in 계획과 같은 미래적 드로잉작품을 발표했다.

아키그램의 영향으로 일본에서 일단의 모임에 의해 메타볼리즘Metabolism 운동이 일어났다. 메타볼리즘이라는 이름은 신진대사를 의미하는 생물학 용어이다. 이름에는 모임의 의의가 대부분 나타나 있다. 메타볼리즘 그룹은 1960년에 결성되었다. 멤버로는 아사다 다카시浅田孝, 사무국장에 기쿠다케 기요노리菊竹淸訓, 오오다카 마사히토大高正人, 마키 후미히코槇文彦, 구로카와 기쇼黑川紀章, 그리고 평론가로는 카와조에 노보루川添登가 참여했다. 메타볼리즘 그룹이

아키그램의 워킹 시티|Walking City, 론 헤론, 1964

메타볼리즘 건축 〈해상도시〉 설계안, 기쿠다케 기요노리, 1963

내세운 이미지는 근대건축을 성립시킨 기계가 아닌 생물학적 이미지 또는 생물과 아날로지에 의한 건축이었다.

이들은 건축과 도시에 대한 새로운 구상을 정리하여《METAB-OLISM 1960-도시에 제안한다》라는 제목으로 소책자를 만들었다. 여기에는 기쿠다케의 '탑상 도시', '해상 도시', 오오다카와 마키의 공동 프로젝트인 '신주쿠터미널 재개발 프로젝트', 키쇼 쿠로가와의 '농촌도시' 등의 도시프로젝트가 포함되었으며 미래주의적 테크놀로지의 도시이미지를 보여주었다. 이러한 움직임은 근대건축의 종언과 함께 건축을 보다 즉물적으로, 보다 로봇처럼 표현한 방향의 프로세스라고 해도 좋다.

로버트 스턴Robert A.M. Stern은 이러한 상황을 '모더니즘 VS 포스트모더니즘'으로 설정하여 보다 명확하게 설명했다. 모더니즘은 기능성, 기술결정성, 유토피아성을 의미한다고 보았으며, 포스트모더니즘은 컨텍스트성, 은유성, 장식성을 의미한다고 했다. 찰스 젱스Charles Jencks 이후 포스트모더니즘이 추구했던 것은 건축의 전체나 부분을 기능이 아닌 의미나 기호로 파악하고, 건축을 언어와 닮은 것으로 비유하여 모더니즘 건축의 경직된 표현을 타파하고자 했다. 포스트모더니즘은 모더니스트들이 거절했던 역사주의, 절충주의가 긍정적이며 적극적인 의미를 가진 것으로 부활하게 되었다. 마찬가지로 장식의 부활도 나타났다. 습관적으로 사용되었던 장식은 각각 일정한 의미를 담고 있기 때문이다.

그러나 건축을 즉물적으로 구성하고 기술지상주의적으로 표현하여 미래를 나타내고자 했던 낙관주의는 1974년의 오일쇼크 이후 급속히 퇴색하게 되었다. 1968년 파리의 5월 혁명으로 대표되는 학생운동은 단순한 사회진보의 믿음에 대한 커다란 반대의견을 나타낸 것이었다.

건축표현도 기능과 구조를 정직하게 표현한다 할지라도 사회의 이상을 표현할 수 있는 것이 아니라고 생각하게 되었다. 기능주의건축의 이념이 크게 흔들렸던 것이다. 그리고 새롭게 나타난 흐름이 포스트모더니즘 건축이었다.

포스트모더니즘의 이론

미국에서 포스트모더니즘은 미국사회를 만든 요인인 상업적, 기업적 정신과 밀접한 관계가 있다. 거대하고 대담한 새로운 포스트모더니즘의 건축은 '나를 한번 쳐다봐주세요'라고 외치는 듯 했으며, 본질적으로 유럽의 절제된 인터내셔널 스타일(국제주의 양식)과 대조를 이루었다.

프레드릭 제임슨Fredric Jameson [1]은 그의 저서《후기 자본주의의 문화적 논리Cultural Logic of Late Capitalism》(1991년)에서 후기산업 자본주의 시대에서 문화의 상품화로서 포스트모더니즘에 대한 설득력 있는 분석을 제시했다. 물질주의는 비판의 대상이 되어야 한다는 사고가 포스트모더니즘의 기반인데 비해 포스트모더니즘 시대는 문화가 일상생활용품에 스며들어 있다. 따라서 문화 자체가 상품화된 상황이었다. 제임슨은 문화에 대한 사회적 관념의 재정립에 대해 '미디어 사회Media Society'의 탄생으로 표현했다. 또 이것은 조립생산라인에 의한 제품생산이라기보다 전자적 표현에 의한 방식으로 전개되고 있으며, 문화가 다국적 영역을 확보하는 요소임을 밝혔다. 20세기 말 미학적 생산물은 일반적으로 생필품의 생산으로 통합되었다. 의복에서 비행기에 이르는 진기해 보이는 상품으로서 새로운 유행을 창조하는 현상은 더 짧은 주기로 나타나게 되었다. 그리고 미적 혁신과 실험에 의해 더욱 근본적이고 구조적인 기능과 위치를 차지하게 되었다.

제임슨의 이론은 포스트모더니즘의 현상을 효과적으로 설명했다. 그것은 미국에서 포스트모더니즘의 경험과 직접적으로 관련되어 있다. 유럽에서 포스트모더니즘은 다소 애매한 상황이었다. 한편으로는 알도 로시나 로브 크리에, 레온 크리에와 같은 건축가나 이론가들이 진행했던 형태유형학과 유럽도시 재건에 관한 그들의 연구가 유럽 포스트모더니즘에 많은 영향을 주었다. 다른 한편 언어학과 기호학 분야에서 장 프랑스와 료타르Jean-Francois Lyotard [2]와 같은 프랑스 철학자들의 성과가 영향을 주기도 했다. 료

1) 프레드릭 제임슨(1934 ~)은 미국의 오하이오주 태생의 사상가이며 프랑스 문학 연구자로서 마르크스주의 문예 비평을 전개하고 있다. 그는 주로 데리다 등의 포스트모더니즘적 논조를 나타내는 현대사상과 포스트모던 예술을 철저하게 비판하는 것으로 알려져 있다

2) 장 프랑스와 료타르(1924~1998년)는 프랑스의 철학자이다. 칼 마르크스, 지그문트 프로이드에게 현상학을 배운 뒤 급진적인 마르크스주의자로 알제리에서 활동했다. 주요 저서로는《포스트모던의 조건La condition postmoderne》(1979년) 등이 있다. .

타르는 포스트모더니즘의 지식세계를 언어게임으로 묘사할 수 있다고 보았으며, 후기 산업사회로 들어가면서 지식의 상태나 지위는 바뀐다고 했다. 그는 포스트모더니즘은 근대정신인 목적론적 실험들을 이완시키는 시대를 나타내는 것이며, 이것은 전 세계에서 다양한 문화적 영향을 통해 성장했다고 보았다.

포스트모더니즘의 논리에는 매력적인 부분이 많다. 첫 번째는 모더니즘의 기능논리만으로 말하지 않고 우리들에게 형태의 일정한 정보를 전달 가능한 것으로 제시하고 있다. 두 번째는 첫 번째의 연장으로 건축 프로젝트가 관습적인 건축언어를 매개로 대중의 건축상과 연결성이 있기 때문에 건축가의 프로젝트를 고객에게 알기 쉽게 설명할 수 있다는 것이다.

그러나 문제는 건축의 언어적 성격에 있다. 언어로서 건축을 생각할 때, 건축은 먼저 시각적 대상물이기에 시각언어가 우선시 된다. 포스트모더니즘의 논리는 언어를 바꾸면 건축디자인에서 시각편중을 재촉하게 된다. 즉 사람들에게 건축을 알기 쉽게 설명하기 위해, 건축의 부분이나 파사드를 시각적으로 선명하게 준비하도록 강요한다. 하지만 언어로 설명하기 힘든 공간의 텍스쳐, 음예나 공간의 촉각성 등은 배제된다.

따라서 건축의 포스트모더니즘은 프레드릭 제임슨이 언급한대로 건축의 상품화, 즉 소비되는 건축디자인과 깊이 관계함을 알 수 있다. 상품으로서 디자인을 한 번에 알 수 있는 시각적 차이에 근거한 것이다. 마찬가지로 모더니즘의 기능적 논리는 상품이 될 수 있었다. 적어도 그것은 다른 무엇보다도 새로운 표현이었다. 다만 기능의 차이를 설명하면서 공간의 질적 차이를 배제하는 순간, 즉 기능논리가 상품이 되었을 때 형태의 시각적 차이는 기능의 논리에 의해 교체되었다.

그렇다면 건축의 포스트모더니즘은 건축의 질을 어떻게 바꾸었을까? 확실히 건축의 시각적 표현을 바꾸었으며 다양화를 초래한 것은 명확하다. 그러한 의미에서 1950년대부터 1960년대에 걸쳐 건축표현의 상황을 아는 사람에게는 포스트모더니즘의 공헌은 놀랄만한 것이다. 모더니즘 건축은 표현적 측면에서 1950년대부터 1960년대까지 폐쇄적 상황이었다. 모더니즘 미학은 구조표현주의에 구속되었고, 건축가들은 새로운 표현을 따라 구조방식을 추구했지만 초기 모더니즘이 개발한 이상으로 새로운 구조방식이나 재료는 더 이상 만들어지지 않았다. 이러한 표현적 한계를 포스트모더니즘은 절충주의로 해결했다. 추상미학이나 무장식 주의에 얽매여서 어디서나 동일한 상자형 건축을 만들었던 상황에서 포스트모더니즘 건축은 박공지붕을 부활시켰다.

여기에 나타난 포스트모더니즘 건축의 특징으로는 전통적·역사적으로 의미나 기호성을 나타낸 건축스타일을 조합하여 하나의 문맥을 가진 건축을 만드는 것, 또는 만들어진 건축을 그와 같은 것으로 분석하는 것이다. 따라서 표현의 한계를 뚫고 다양성을 가져온 부분에서 포스트모더니즘은 일정한 평가를 받아도 좋을 것이다. 다만 표현의 다양화가 상품세계 속에서 표현의 과잉으로 연결된 문제를 지적할 수 있다. 포스트모더니즘 건축 디자인의 한계는 페디먼트를 비롯한 건축언어가 대부분 유럽의 역사적 건축양식, 특히 고전양식에서 인용한 것이다. 이는 더욱 문제가 될 수밖에 없었다. 왜냐하면 이것은 여전히 유럽중심주의이며, 건축가의 자기만족에 불과한 페단티즘Pedantism[3]이라 할 수 있기 때문이다. 이는 우리나라의 전통적 건축언어를 억지로 집어넣는 것도 곤란하지만, 아시아, 아프리카의 건축언어는 무시되는 상황을 나타낸 것이다.

건축의 모더니즘에 대해 생각할 때, '모던Modern'이라는 말이 서양에서 오랜 역사가 있었음을 생각해야 한다. 이 용어의 발생은 르네상스기이지만, 이것에 대해 위르겐 하버마스Jürgen Habermas[4]는 역사적으로 너무나 협소하다고 보았다. 그는 5세기 후반 기독교가 공인되었던 로마시대와 이교도적 과거를 구별하기 위해 모던이라는 말이 나타났다고 했다. 연대를 멀리 거슬러 올라가서 '그 의미는 다양하게 변했지만, 모던이라는 용어는 고전이나 고대라는 과거와 관계하고 오래된 것에서 새로운 것으로 옮긴 결과로 다

3) 형식주의나 정확성에 과도하게 관계하거나, 허세나 허풍을 부리거나 그것을 신봉하는 행위나 믿음

4) 위르겐 하버마스(1929~)는 독일의 철학자, 사회학자, 심리학자, 언론인이다. 비판이론과 실증주의, 북미 실용주의 분야를 연구한 사회학자로 유명하다.

시 보는 시대의식을 표현해왔다'고 했다. 이렇게 유럽건축사에서 르네상스 이후 왜 고전주의가 반복되어 나타났는가에 대해서는 '모던'이라는 단어를 키워드로 해명할 수 있다. '모던이라는 말이 반복해서 등장하는 것은 언제나 유럽에서 새로운 시대의식이 고대와의 관계를 경신하면서 형성해 갈 때이다.'

프랑스 계몽주의는 고전주의의 속박에서 해방시키고 19세기 낭만주의적 모더니즘을 만들었다. 중세를 동경하는 낭만주의는 공업화가 진행하는 중에서 사라졌고, 19세기 후반 특정의 역사적 성격에서도 해방된 합리적인 모더니티 의식이 생겨났다. 모던이라는 말은 역사적으로 상대화되면서 우리에게 귀중한 시각을 주었다. 중요한 것은 모더니티 의식은 반드시 고전 의식과 관계 경신의 형태로 생겨난다는 점이다. 이것은 하버마스가 말하는 19세기 후반 이후 '합리적 모더니티'에 대해서도 말할 수 있다. 예를 들면 르 코르뷔지에가 20세기 초반 자신의 건축이념을 선언했을 때도 고전주의 상징인 파르테논을 종종 인용한 점을 들 수 있다.

포 스 트 모 더 니 즘 의   건 축 적   표 현

포스트모더니즘 건축은 기능과 구조를 직접적으로 표현하는 것이 아니라, 문화적인 의미의 전달을 목표로 했다. 그러므로 얼핏 보면 구조적·디자인적으로 복고적인 형태를 취하고 있다.

존. M. 딕슨John M. Dickson은《Progressive Architecture 지紙》1983년 1월호에서 다음과 같이 포스트모더니즘 건축에 관해 적었다. "세부는 어찌되었던 전체형태는 역사성을 가진 것이고 전통적인 내력벽구조에 창이 뚫려 있다. 실내도 유동성 있는 오픈스페이스가 아닌 방으로 구획된 것이 특징이며 복합성과 함께 아이러니, 애매함, 그리고 기지가 들어가 있다 (중략) 포스트모던은 과거의 전통에 의한 디자인이며 고전주의와 지역적 건축언어를 응용하여 재구성한 것이다. 페디먼트, 원기둥, 화환모양의 벽면장식 등의 조형이 추상화되거나 재편성되어 새로운 상호관계의 근본으로 사용된다. 장식과 텍스추어도 중요하다. 그리고 1920년대부터 1930년대에 이르는 양식인 유선형의 모던스타일과 아르데코를 느끼게 하는 조형이다."

여기서 서술하는 특징이 포스트모더니즘 건축을 훌륭하게 표현한 것은 명확하지만 이러한 조형을 만들어낸 의식은 단지 복고적인 회고回顧 취미가 아니라는 점을 충분히 이해해야 한다. 어떤 의미로 역사성을 나타내는 장식과 모티브는 현대의 시대착오적인 것이다. 이것을 파악할 때, 픽션으로서 건축표현에 사용하려는 자세가 포스트모던의 의식이다.

기능과 구조를 건축표현에 정직하게 연결시키는 의식 속에는 사회가 요구하는 기능을 솔직히 표현하는 것이 건축의 책무라고 생각했으며, 윤리적 사명관과 사회의 진보와 발전을 믿는 미래관이 가득 차 있었다. 하지만 낙관적 사회관을 의심하게 될 때 다시 한 번 건축이 주는 꿈을 생각하게 하는 포스트모더니즘의 발상을 자각하게 되었다. 따라서 포스트모더니즘 건축의 표현을 뒷받침하는 의식은 모더니즘의 낙천성에 대한 반성과 건축에 픽션을 회복시키려는 미의식이 동전의 양면처럼 존재하게 된 것이다. 건축에 표현된 모티브는 역사적인 요소의 조롱과 아름다움을 동시에 넣어서 사용하였다.

포스트모더니즘 건축 속에서 큰 영향력과 성과를 올렸던 작품으로는 우선 필립 존슨Philip Johnson이 설계한 AT&T 본사빌딩(1984년)을 들 수 있다. 그리고 마이클 그레이브스Michael Graves가 설계한 포틀랜드 빌딩(1982년)이 있다.

유럽에서는 리카르도 보필Ricardo Bofill과 마누엘 누녜즈 야노프스키Manuel Núñez Yanowsky의 작품인 파리 근교의 마른 라 빌레 지역에 설계한 아브라삭스 집합주택(1978~1983년)과 피카소 아레나 집합주택(1980~1984년)이 대표적이다.

AT&T 본사빌딩은 치펜데일풍 가구와 닮은 머리 부분은 엠파이어스테이트 빌딩이나 크라이슬러 빌딩으로 대표되는 1920년대

AT&T 빌딩, 필립 존슨, 뉴욕, 1984

포틀랜드 빌딩, 마이클 그레이브스, 포틀랜드, 1982

아브라삭스, 리카르도 보필, 파리, 1978~1983

와 1930년대의 마천루를 생각나게 하여 화제를 모았다. 하지만 이 빌딩은 기업의 얼굴로서 과학과 기술의 비인칭적 보편성을 다루었고, 문화적 연장성을 나타낸 것이다. 마이클 그레이브스가 설계한 포틀랜드 빌딩은 아르데코적인 모티브를 사용하면서 대담한 리본장식을 벽면에 디자인했지만, 기본적으로 동일한 종류의 메시지를 전하고자 하는 건축이다.

리카르도 보필이 설계한 아브라삭스라고 이름 붙은 로마풍의 장대한 집합주택은 프리페브리케이션 콘크리트로 만들었다. 따라서 이 건축은 지금까지 집합주택이 제공했던 위생사상과 평등사상의 개념에 반대되는 강렬한 안티테제라 할 수 있다. 또한 마누엘 누네즈 야노프스키가 설계한 피카소 아레나 집합주택도 건설되었다. 집합주택은 콘크리트 부재를 조립한 거대한 실린더 형태이며, 현대건축에서 표현의 자유도가 얼마나 커졌는지를 보여주는 작품이다.

미국건축가 찰스 무어Charles Moore가 1978년에 설계한 뉴올리언즈의 이탈리아 광장의 연못은 이탈리아 반도 형태이며 르네상스기에 사용했던 고전주의 건축의 기둥을 스테인리스와 네온사인으로 새롭게 만들었다. 그는 이 건축에서 고전요소를 가볍고 솔직한 모양으로 변환시켜 역사적 연장성을 나타내었다. 제임스 스털링James Stirling이 슈투트가르트에 설계한 노이에슈타트 갤러리

피카소 아레나, 마누엘 누네즈 야노프스키, 파리, 1980~1984

이탈리아 광장, 찰스 무어, 뉴올리언즈, 1978

(1977~1983년), 한스 홀라인Hans Hollein이 빈에 설계한 하스 하우스 The Haas House(1987년)등 수많은 포스트모더니즘 건축이 1980년대에 모습을 나타내었다.

　로버트 벤츄리의 건축은 경관과 관계가 깊다. 벤츄리는 캄피돌리오 광장의 연구(1953년)에서 그가 다룬 지표에 대해 다음과 같이 서술했다. "건축가에게는 경관에 대한 책임이 있다. 건축가는 경관을 미묘하게 활기차게 할 수 있고, 훼손할 수도 있다. 우리들은 사물을 전체로 보고 있기 때문에 새로운 건물이 우리들의 시야에 들어오면, 그것이 어떤 것이거든 시야 속의 온갖 요소의 특징을 변화시켜야 한다."

　미국의 건축가들이 미스 반 데 로헤 세대에 반발하기 시작했던 1950년대 초 이미 벤츄리는 인터내셔널 스타일의 지도자들의 사고방식에 잠재해 있던 신고전주의적 방법 내지 반도시적 성격에 한계를 느꼈다. 벤츄리는 '현실적으로 사물을 보는 것'을 보자르의 원리를 근대적인 요구에 맞도록 부활시키는 데 공헌했던 프린스턴대학의 스승인 장 라바토에게서 배웠다고 했다.

　벤츄리는《라스베이거스의 교훈Learning from Las Vegas : the Forgotten Symbolism of Architectural Form》(1977년) 이후 건축의 상징성에 초점을 맞춘 건축가라는 이미지가 강하다. 그는 일반인이 공유할 수 있는 패턴을 건축외관에 나타낼 필요가 있다고 생각했다. 따라서 그의 건축이 평범하게 느껴지는 이유는 그러한 생각 때문이다.

5) '장식된 집'이라고 번역한다.

데코레이티드 쉐드Decorated Shed[5]라는 벤츄리의 건축수법은 외부를 향해 건축이 발신하는 신호를 건축물 자체와는 다른 것으로 받아들여 글자그대로 부자연스럽게 건축에 붙인다는 사고방식이다. 그것은 라스베이거스의 거리에서 이해할 수 있다. 즉 특수한 상업시설이 나열된 넓은 가로에서 차를 몰고 가는 사람은 양쪽에 거대한 간판의 행렬을 볼 수 있다. 건물에 붙은 거대한 간판은 거리의 랜드스케이프를 만들고 있다. 하지만 건물 속에는 다른 공간이 있으며 외부로 향하는 신호와 건물은 완전히 구별된다.

터무니없이 크고 가짜인 파사드는 거리의 스케일에 맞춘 신호이며 건축의 내용과는 관계없다. 이것이 데코레이티드 쉐드이다. 그리고 벤츄리는 이러한 원칙이 가로를 형성하는 전통적인 건축물에서 일반적으로 나타나는 현상인 것을 주목했다.

데코레이티드 쉐드와 반대되는 건축은 건축 자체가 신호인 건축이다. 오리모양의 드라이브 인Drive-in에 비유하여 그것을 'Duck(오리)'이라고 불렀다. 따라서 그는 근대건축 전체를 Duck이라고 보았다. 그 이유는 근대건축이 공간적 작품으로서 특별하게 존재하고자 했기 때문이다. 따라서 근대건축 자체는 자기주장을 하는 신호로서 존재하는 반면 공동체의 부분으로서 존재하기 위해 신호를 발신하는 데에는 무관심하다. 벤츄리는 건축 자체가 공간적이면서 주변 환경을 있는 그대로 받아들여 비슷한 분위기를 만들도록 배려해야 한다고 생각했다. 이러한 그의 생각은 초기부터 후기 작품까지 일관되게 나타나고 있다.

그의 초기작품인 어머니의 집Mother's House(1961년)에서 재치 있는 내부공간 구성은 거대한 파사드에 감추어져 있다. 정면성이 강한 파사드는 마치 데코레이티드 쉐드처럼 보이지만 내부와 외부의 두 공간을 조합하고 있다. 이후 실현된 증축작품으로 런던의 내셔널갤러리 세인즈베리관館(1991년)이 있다. 찰스 황태자가 비판하여 폐안廢案이 되었던 1984년의 설계경기 1등 안을 대체하면서 채용된 이 디자인은 본관 건물의 오더를 인용하면서 추상화하는 수

HIGHWAY

DUCK

건물 자체가 사인

EAT

EAT

HIGHWAY

DECORATED SHED

큰 간판이 있는 작은 건물

오리Duck와 데코레이티드 셸터

내셔널갤러리 세인즈베리관, 로버트 벤츄리,
런던, 1991

어머니의 집, 로버트 벤츄리, 펜실베이니아, 1961

법을 취하고 있다. 그리고 입면을 만곡시키면서 전면에 위치한 중
앙 광장을 향한 정면성을 만들었다. 하지만 보수적인 색채가 강한
디자인은 모험적이지 않다는 비판도 받게 되었다.

일본에서 이러한 새로운 경향의 대표적인 건축으로는 1983년
이소자키 아라타機崎新가 설계한 츠쿠바 센터빌딩이 있다. 그는 이
곳에 미켈란젤로가 만들었던 로마의 캄피돌리오 광장을 모사하
여 타원형의 외부공간을 구성했다. 그는 찰스 무어가 뉴올리언즈
에 만들었던 이탈리아 광장과 유사한 수공간을 이곳에 설계하여
사람들이 함께 즐길 수 있도록 했다. 건물 내부에는 돌과 나무와
파스텔톤의 색채가 여기저기에 사용되었다. 외벽은 돌과 콘크리
트를 사용하여 지울리오 로마노Giulio Romano와 클라우드 니콜라스
르두Claude-Nicolas Ledoux의 디자인을 차용하였다. 여기에는 르네상스
에서 마니에리즘 그리고 현대건축의 수법에 대한 인용, 조롱, 반
전이 다양하게 들어가 있다.

일본의 젊은 세대의 작품으로는 가벼움을 없앤 직접적인 비유
로서 표현한 경향도 나타났다. 팀주Team Zoo의 나고名護시청사(1981
년)와 일련의 작품들은 근대건축의 비인칭성을 없앤 디자인 경향
을 보여주었다. 이러한 작품에서 공통된 특징으로서 기능을 충족
한 문화적·역사적인 건축표현을 시도했다는 점에서 건축의 포스
트모더니즘이 인식되었다.

츠쿠바 센터, 이소자키 아라타, 츠쿠바, 1983

노이에슈타트 갤러리, 제임스 스털링,
슈투트가르트, 1977~1983

포스트모던 시대 건축의 특징 중 한 가지는 글을 통해 이론을
펼치는 건축가의 출현과 함께 자신의 건축을 먼저 드로잉으로 나
타낸 건축가들의 등장을 들 수 있다.

특히 건축역사가나 이론가 중에서 포스트모더니즘 시대에 새
로운 세계를 개시할 수 있다고 생각한 사람들이 있었다. 이전의
역사를 보아도 드로잉과 관련이 깊었던 건축가는 많았다. 근대건
축에서 칼 프리드리히 셍켈Karl Friendrich Schinkel도 실제작품을 만들
기 전 십수 년 동안 드로잉만 했다고 한다.

그리고 20세기 초에 등장한 미래파 건축가인 안토니오 산텔리
아Antonio San'Elia는 그가 꿈꾸었던 건축의 미래상을 드로잉으로 표
현했다. 르 코르뷔지에도 건축과 회화를 병행했으며, 그것이 그의
건축에 큰 영향을 준 것은 알려진 사실이다.

나고 시청사, 팀주, 나고, 1981

1980년대에 등장한 건축가들은 근대건축과 도시에 대한 비판
과 함께 새로운 건축의 미래적 가능성을 담은 다양한 드로잉으로
보여주었다.

하지만 비평가들은 드로잉으로만 존재하는 건축, 판타지나 유
토피아 또는 디스토피아적 환경을 그리는 건축가라고 폄하해서
이들을 페이퍼 아키텍터Paper Architect라고 불렀다. 포스터모더니즘
을 대표하는 페이퍼 아키텍터로는 레온 크리에Leon Krier, 마시모 스
콜라리Massimo Scolari 등이 있다. 종이 위에 머물러 있던 이들의 이미
지들은 현재 현실적으로 만들어지고 있다.

아틀란티스, 레온 크리에, 1987

컨텍스추얼리즘Contextualism

6) Contextualism은 '문맥주의', '문맥존중
주의', '정황론情況論', '컨텍스트 주의'
라는 번역도 있지만, '컨텍스추얼리즘'
이라는 호칭이 가장 일반적이다.

'컨텍스트'는 현재 건축, 도시, 랜드스케이프 등 폭넓은 대상을 계획·설계·비평할 때 사용되는 용어이다. 컨텍스트는 현대 건축·도시계획의 사조를 이해하는 기초개념의 하나이기도 하다. 그리고 컨텍스트에서 파생된 컨텍스추얼리즘[6]이라는 용어는 현대의 건축·도시계획에서 어떤 종류의 경향을 나타내고 있다. 예를 들면 건축용어사전에는 '설계할 때의 대지 또는 그 땅의 컨텍스트를 중시하여 발생하는 자세'라는 개념으로 정의되어 있다. 1970년대 이후 컨텍스추얼리즘이 확립되면서 보급된 설계방법론은 건물을 둘러싼 공간이나 시간의 흐름 속에서 건축을 생각하는 관점을 확실히 나타내었다. 단일 건축에 대한 조형과 공간만을 논의하는 것이 아니라 총체적인 환경의 일부로 인식하려는 사고가 1970년대 비판적 이론 속에서 등장했다.

컨텍스추얼리즘은 1970년대 중반부터 1980년대 중반에 걸쳐 미국, 유럽에서도 유행어가 되었다. 현재는 포스트모던 시기에 유력했던 설계입장의 하나로 자리를 차지했다. 예를 들면 건축·도시계획에서 역사적 환경을 존중하는 태도, 도시가로 경관을 중시하는 것이 기본법칙으로 정착되었다. 일반적으로 이러한 설계 자세를 가리켜 컨텍스추얼리즘이라고 한다.

포스트모던 논의를 추진한 영국 건축가인 찰스 젱스와 미국 건축가인 로버트 A.M 스턴Robert A.M. Stern은 각각 포스트모더니즘을 규정하던 중 컨텍스추얼리즘이라는 용어를 사용했다. 또한 포스트모더니즘의 유행은 컨텍스추얼리즘의 전개에 많은 영향을 주었다.

1960년대 중반부터 활발해진 모더니즘 비판의 중심적 인물은 건축 작품과 병행하여 적극적으로 논고를 발표했던 로버트 벤츄리였다. 그는《건축의 복합성과 대립성Complexity and Contradiction in Architecture》(1966년)[7]에서 모더니즘이 부정해온 절충주의를 전면적으로 옹호하는 자세를 내세웠다. 콜린 로우Colin Rowe 는《콜라주 시티

7) 이 책은 뉴욕근대미술관(MoMA)이
기획한 제1권으로 출판되었다. 예전에
MoMA가 촉진했던 근대주의에 이어
다음의 디자인 경향을 만들고 가치를
부여하려는 의향이 있었다고 할 수 있다.

Collage City》(1978년)를 출판하여 도시공간의 공시적 및 통시적 컨텍스트가 건축과 도시의 디자인을 규정하는 요소로 널리 인식되었다. 로버트 벤추리와 콜린 로우의 대부분의 저서에서 T. S. 엘리엇T. S. Eliot의 시론을 참조했고, 그 기저에는 역사적 전통을 공감하려는 공통적인 개념이 있었다.

그리고 찰스 젱스는 엘리트주의에 놓인 모더니즘 건축을 '일가적一價的 건축Universal Architecture'이라고 비판했으며, 포스트모던 건축은 '다가적多價的 건축Multivalent Architecture'이어야만 한다고 주장했다. 그리고 작품의 사례를 여섯 가지로 분류하고, 네 번째 카테고리를 '애드호키즘Ad-hocism+어바니즘Urbanism=컨텍스추얼리즘'이라고 이름 붙였다.[8]

찰스 젱스는 애드호키즘의 예로 랄프 어스킨Ralph Erskine[9]의 다원적 가치관을 중시한 주민참여의 건축계획 프로세스를 들었고, 어바니즘의 예로 모리스 큐로, 로브 크리에, 레온 크리에가 주장한 도시생활자의 활동을 중시한 도시론을 예로 들었다.

랄프 어스킨은 베이커재개발(1978년)에서 재건축 이전에 주민 가족관의 결합, 생활양식이나 근린관계 등의 특성을 깨트리지 않도록 주민참가의 계획프로세스를 대폭 채용했다. 또한 레온 크리에는 1970년대 도시개발로 파괴가 진행된 고향 룩셈부르크의 전형적典型的 도시 변모에 반대했고, 전통적 유럽도시의 특질을 기조로 한 도시재건을 주장했다.[10]

이처럼 찰스 젱스는 건축을 보는 사람의 심리과정에 중점을 두면서 설계전문가로서 건축가보다 오히려 환경의 사용자로서 시공·거주자(건축사용자, 일반주민, 비전문가, 아마추어 등)의 가치를 중시하는 입장을 내세웠으며 컨텍스추얼리즘도 그러한 경향의 한 유형으로 규정했다.

한편 같은 해 1977년에 로버트 스턴도 이미 모더니즘 운동은 완전히 끝났고, 다른 경향이 실제 작품단계에 있다고 주장했다.[11] 그리고 그는 젱스가 제창했던 포스트모더니즘 개념을 받아들임과 동시에 그 중심을 이루는 3원칙 중 하나로서 컨텍스추얼리즘

베이커 개발, 랄프 어스킨, 런던, 1978

8) 젱스는 C. Rowe & F. Koetter, COLLAGE CITY, AR, 1975. 8, pp.66-91 및 G. Shane, Contextualism, AD, 1976. 11, pp. 685~687을 참조했다.
9) 영국 태생의 스웨덴 건축가. 리젠트스트리트 공학대학과 스톡홀롬의 왕립미술학교에서 공부했다. 벽을 표현의 중심에 둔 주택, 집합주택을 만든 것으로 알려졌다. 지역계획, 커뮤니티 시설계획에서 뛰어난 작품을 설계했다.

10) Leon Krier : Manifesto, a+u, 1980. 10, pp.25, 115.

11) R. A. M. Stern, Art the Edge of Modernism. Some methods, paradigms and principles for architecture at the end of the modern movement, AD, 1977. 4, pp.274-286; R. A. M. Stern, New Directions in Modern American Architecture, Postscript at the Edge of the Modernism, Architectural Association Quarterly, 1977, pp.66-71.

길드하우스, 로버트 벤츄리, 필라델피아, 1961

을 두었다.

로버트 스턴은 컨텍스추얼리즘에 대해 '개개의 건물은 전체의 일부이다'라고 정의했고, '새로운 건물은 환경에 친숙함을 구하고', '건물이 건축역사에서 하나의 코멘트가 되도록 노력하는' 성질이라고 서술했으며 벤츄리가 설계한 길드하우스를 예로 들었다.

또한 스턴은 컨텍스추얼리즘을 시각적으로 달성하는 수단으로 역사적인 것의 '인유引喩[allusionism, allusion]'를 두 번째 원칙에 두었다. 세 번째 원칙은 '장식주의Ornamentalism'이다. 그리고 그는 벤츄리의 저서《라스베이거스의 교훈》의 '데코레이티드 쉐드' 개념을 인용하여 건축주와 건물사용자의 기억이나 연상과 관련된 의미를 벽면에 나타내는 중요성을 강조했다.

그리고 스턴은 이러한 3원칙을 정리하여 역사의 참조에 대한 자신의 의지를 표명하면서 '역사적 건축에 대한 적확的確한 참조', '노스탤지어의 효용' 등 과거에서 참조를 찾는 태도를 전면에 내세웠다. 스턴은 컨텍스추얼리즘을 시간의 흐름으로 다루었으며 과거를 지향하는 개념으로 보았다.

또 컨텍스추얼리즘의 개념을 통해 당시 유럽의 건축 경향을 재해석하게 되었다. 1970년대 후반에 유럽의 도시와 건축계에서 컨텍스추얼리즘의 용어는 널리 보급되었다. 그리고 알도 로시의 '합

하노버 시 역사박물관, 디터 에스티렌, 하노버, 1966

리적 건축'은 컨텍스추얼리즘에 포함된 입장 내지 동류의 입장으로 이해되었다.[12] 컨텍스추얼리즘의 개념은 유럽도시와 건축디자인에서 오히려 전통적인 접근으로 재인식되었다.

건축역사가 하인리히 클로츠Heinrich Klotz는 1984년 컨텍스추얼리즘의 선구적 사례로 디터 에스티렌Dieter Oesterlen이 설계한 하노버시 역사박물관(1966년)과 고트프리드 뵘Gottfried Böhm이 설계한 벤스베르그 시청사Bensburg Town Hall(1969년)를 들었다.

벤스베르그 시청사, 고트프리드 뵘, 벤스베르그, 1969

하노버 시 역사박물관은 기존의 성벽 일부를 보존이용하고 신新·구旧 시대를 훌륭히 조화하면서 외벽 일부를 후퇴시켜 입면을 분절하고 맞은편의 소규모 전통건물과 일체된 가로경관을 만들었다. 벤스베르크 시청사는 노출콘크리트에 의한 표현주의적이며 조각적인 형태의 건축이다. 중앙계단실 공간인 돌출된 결정과 같은 독특한 조형은 주변의 중세 로하우스Row-house와도 조화를 이루고 있다.

컨텍스추얼리즘 건축을 알 수 있는 다른 예로는 쉬린 쿤스트할레Schirn Kunsthalle(1987년)가 있다. 1980년에 프랑크푸르트의 루마베르크 지구 재개발계획 설계경기에서는 오랜 황폐상태가 지속된 중심 시가지에 기존 건물군의 처리와 관계가 주제였다. 이 설계경기에서 당선한 반게르트, 얀첸, 숄츠, 슐티스(BJSS)팀이 설계한 건

12) S. Cantacuzino : Typology and Context, AR, 1977. 12, pp.337~340.

쉬린 쿤스트할레, BJSS, 프랑크푸르트, 1987

축은 복잡한 조건의 분석과 재정비를 통해 다양한 내용을 허용하는 합리적 공간과 형태를 나타내었다. 건축에는 140m의 회랑, 입구의 원형 홀 등의 전통적 모티브와 함께 기울어진 축, 곡선, 기하학 형태가 삽입되었다. 그리고 광장과 길을 분절하면서 현대성과 역사성의 대비와 공존이 적극적으로 연출되었다.

1970년 이후 약 10년간에 걸쳐 찰스 젱스와 로버트 스턴의 이론은 다방면에서 참조되면서 컨텍스추얼리즘을 포스트모더니즘의 한 유형으로 다루는 일반적 사고가 서서히 형성되었다.

15

하이테크 건축,
테크놀로지의 옷을 입다

(1980년대∼)

하이테크High-tech 건축의 출현

하이테크 건축은 격식, 신분이나 관습에 의해 만들어진 양식적인 건축이 아닌 주어진 임무에 최소한의 에너지를 소비하면서 수행하는 기기機器와 같은 건축을 말한다. 하이테크 건축의 선구자라 할 수 있는 20세기 초 미래파 건축가들은 도시이미지를 댐이나 사일로처럼 묘사했다. 이는 초기 모더니즘의 기술적 정신을 성실하게 재현한 것이며, 이를 통해 당시의 첨단기술을 건축적으로 표현하고자 했던 근대 건축가들의 사상을 이해할 수 있다. 2차 세계대전 이후 근대건축을 비판하는 비평들은 근대건축의 실제적이며 시스템적인 실패에 초점을 맞추었다. 인터내셔널 스타일(국제건축양식)을 추구했던 건축가들의 디자인은 건물형태를 우선시한 반면 빛과 열, 통풍 효과와 기능적 문제에 대한 배려를 소홀히 했다. 하이테크 건축의 출발은 근대운동의 실패에 대한 일반적인 인식에 기인한다고 볼 수 있지만, 기본적으로는 모더니즘이 긍정적으로 인정한 신념에 바탕을 두고 있다. 르 코르뷔지에Le Corbusier는 대서양 항로의 기선을 인용하면서 "도시는 기계적으로 정리되고, 건축은 단일의 단순성을 목적으로 해야 한다."라고 말했다. 이러한 이미지를 보증한 것은 이미 안토니오 산텔리아Antonio San'telia가 말했던 재료인 철과 유리와 콘크리트가 있었기 때문이다.

큐가든 팜하우스, 리처드 터너, 런던, 1848.
철과 유리의 구조기술로써 새로운 온실건축을
보여주었다.

하이테크는 새로운 기능을 지닌 건축이 근대에 등장한 시기와 일치한다. 철도역사, 거대한 온실, 큰 병원, 큰 시청사, 큰 홀 등 새로운 타입의 건축이 19세기에 계속 등장했다. 생명력으로 충만한 새싹과 유사하게 새로운 종류의 건축은 크게 성장했다. 19세기 이후 건축은 이전의 건축과 비교할 때 상당히 대규모로 이루어졌다. 즉 건축분야에서 스케일의 확대가 나타났다.

이러한 흐름으로 철과 유리 그리고 콘크리트의 건축은 성장했다. 여기서는 각각의 역할에 어울리는 재료가 활용되었고 격식과 관습화된 기성의 표현은 교체되면서 건물의 성격을 즉물적으로 나타내는 조형이 사용되었다. 근대건축의 조형을 이끌었던 이념에는 기능을 즉물적으로 표현하려는 사고가 있었다. 당시까지 양식적인 구성방법은 건축의 내용을 속인다고 생각되었기 때문에 배제되었다. 고대와 중세의 양식을 장식한 건축은 근대적 기능을 표현할 수도 없을뿐더러 형태 자체의 존재감이나 리얼리티를 전달할 수 없었다. 이 시점에서 나타난 것이 근대건축의 표현이었다. 1940년대에 근대건축이 시도한 박스형 건축을 벗어나고자 미국의 캘리포니아를 무대로 이루어진 케이스 스터디 하우스Case Study House를 들 수 있다. 2차 세계대전 이후 간편한 야외생활, 온화한 기후, 편리를 추구하는 문화에 대응하고자 철골구조의 건축이 등장했다. 찰스 & 레이 임즈Charles & Ray Eames가 설계한 주택 케이스 스터디 하우스#8Case study house#8(1949년)은 모더니즘이 인간적일 수

알렉산더 플라츠 계획, 미스 반 데 로헤, 베를린, 1928

케이스 스터디 하우스Case Study House#8, 찰스 & 레이 임즈, 캘리포니아, 1949

있고, 건축이 자연을 거스르지 않고 주변 환경과 감성적인 관계를 가질 수 있음을 보여주었다.

한 세기 전 근대적 표현의 건축은 의식적인 설계의 산물이었다. 주변에는 목조건물이 아직 많이 남아 있었고 근대적 양식의 건축을 만드는 것만으로도 거리의 랜드마크를 만드는 것이었다. 근대건축은 목조건축의 지붕이 줄지어선 마을 위에 떠있는 하얀 배처럼 보였다. 하지만 지금의 상황은 다르다. 현재 근대건축은 시가지의 대부분을 뒤덮고 있다. 오래 전에는 도시 위에 떠올라서 보일 정도였지만, 지금은 완전히 도시가 되어버렸다.

여기에서 건축의 근대혁명이 성립되었다. 즉 이전에 근대적인 건물을 설계하는 행위는 아주 대담한 일이었지만 지금은 당연한 행위로 간주되고 있다. 또 근대건축의 표현을 더욱 추진하려한 자세도 있었다. 초기 근대건축의 조형을 의식적으로 재구성하고자 시도했던 사례가 있었고, 현대공법에 어울리는 근대성을 추구하려는 자세도 여전히 시도되었다. 그 와중에 근대성을 극한까지 추구하려는 움직임은 이제 근대성의 범주에서 벗어나서 특별한 건축경향으로 변하게 되었다. 그것이 현대의 상황에서 '하이테크 건축'이라 불리게 된 것이다.

하 이 테 크 와 기 계 미 학 Machine Aesthetic

근대건축의 버팀목이 된 중요한 이념의 하나로 기계미학이라는 개념이 있었다. 이 용어는 19세기 말부터 1930년대까지의 근대운동, 특히 디자인과 건축분야에서 사용되었다. 당시 사회적 상황은 일반적으로 도심부로 노동자의 유입, 매스커뮤니케이션의 발달과 그에 따른 대중의 탄생, 그리고 소비활동이 이루어진 것 등을 들 수 있다. 아돌프 로스 Adolf Loos가 말한 '장식은 죄악이다'라는 말과 함께 모더니스트가 선택한 '빈곤의 미학'이 만들어졌다. 즉 철과 유리와 콘크리트라는 빈곤한 소재로서 외관과 실내공간에 장식을 붙이지 않고, 고가의 재료로 피복하지 않아도 건축의 빈곤함을 극복할 수 있다는 도덕적 잣대로 이어졌다. 또한 기계미학은 단순히 기계적 무기질의 개념을 디자인과 생산과정에 넣은 것은 아니다. 만프레도 타푸리Manfredo Tafuri[1]는 "르 코르뷔지에가 디자인한 형태는 생산기구를 바꾸기 위한 전문화된 비전을 가진 것이다."라고 말했듯이 이것은 하나의 거대한 실험이기도 했다. 당시 모더니스트가 생각한 기계는 현대적 테크놀로지의 관심과 동일한 방향이라고는 말할 수 없다. 모더니스트가 생각한 기계미학은 과정 또는 수단이면서 기능의 보편적 표현이었다.

현대 하이테크 건축의 뿌리는 근대의 기계미학에 근거하지만 1960년대 영국의 아키그램Archigram의 활동에 많은 영향을 받았다고 할 수 있다. 그들의 이미지를 뒷받침했던 것은 테크놀로지와 진보·발전을 향한 절대적인 믿음과 즉물적이며 쉬운 이해방식이다. 물리적으로 도시나 건축을 다루고자 할 때 테크놀로지는 어디까지나 과정이며 수단에 지나지 않으며 그 표현은 즉물적일 수밖에 없다. 현대 하이테크 건축에서 이루어지는 설계 프로그램, 빌딩요소의 부품화, 운반과 시공성을 위한 경량화, 고성능화, 내부설비의 컴퓨터화 등과 같은 특징은 1960년대 아키그램의 재생이라고도 할 수 있다.

폴 비리리오Paul Virilio[2]는 "건축은 전통적 기교에 의한 구성물임과 동시에 계측의 도구이며 자연환경에 저항하면서 사회적 공간과 시간을 조직할 수 있도록 하는 지知의 총체이다."라고 말했다. 따라서 도시팽창이 포화상태에 달하고 새로운 구조원리와 기술이 발달되지 않는 한 기술적 관심은 내부의 설비로 향할 수밖에 없다.

또한 레이너 밴험Reyner Banham[3]은 현시대에 건축기술의 관계에 대한 건축가가 생각해야 할 부분에 대해 말했다. 그는 테크놀로지가 직선적으로 발전하여 결코 퇴행하지 않는다고 볼 때 건축공간의 고유성에서 디자인의 본질을 찾으려는 건축가들에게 과학기술문화는 자신들과 동떨어진 존재가 될 것이라고 보았다.

1) 만프레도 타푸리(1935~1994)는 건축역사가, 베니스대학 교수. 건축이론지 《아르히테제》의 편집자였다. 그의 건축이론은 알도 로시, 피터 아이젠만 등 미국, 유럽 건축가들에게 큰 영향을 주었다.

2) 폴 비리리오(1932~)은 프랑스 태생으로 파리건축대학교수, 도시계획가다. 전쟁의 테크놀로지, 일렉트로닉에 근거하여 발전하는 과학기술이 인간의 현실인식을 어떻게 변용하는지를 다양한 관점에서 고찰했다.

3) 레이너 밴험(1922~1988)은 근대건축역사가이며, 건축잡지 《아키텍추럴 리뷰》의 편집을 담당했다. 1950년대 뉴부르탈리즘의 이론적 구성자, 평론가로서 당시 건축가들로부터 압도적인 지지를 받았다.

테크놀로지는 어디까지나 수단이며 방법이기 때문에 완전한 테크놀로지만으로 이루어진 건축은 존재하지 않는다. 이것에 대해 현실적인 측면에서 보수적인 건축가 로버트 벤추리Robert Venturi는 다음과 같은 말했다.

"……프로그램의 목표와 수단의 차이는 매우 크다. 예를 들면 달착륙을 목표한 로켓의 프로그램은 아주 복잡하지만 목표는 단순하며 어떠한 모순도 없어 보인다. 한편 건물의 프로그램과 구조 수단은 다른 기술프로젝트와 비교할 때, 기술적으로 아주 단순하지만 목적은 아주 복잡하고 헤아리기조차 어려운 애매함이 있다."

진보나 발전이라는 용어를 가볍게 말하기가 곤란한 현시대에 모더니즘의 기계미학과 기능주의를 극한까지 추구했을 때, 끊임없이 내부의 기술적 장비에 집중하게 되면서 '기계가 전시된 갤러리'와 유사한 모습을 나타내게 되었다.

하이테크라고 이름 붙은 건축에서 보이는 것은 건축의 테크놀로지라기보다 테크놀로지의 건축이 더 어울리며, 테크놀로지의 의미도 이전의 건축에서는 다루지 않은 새로운 부분이다. 현재 첨단기술의 끊임없는 진전 속에서 확실히 건축만이 남겨지게 된 듯하다. 고속의 이동통신시스템 그리고 대기권 밖으로 목표를 정하는 하이테크놀로지와 비교할 때 건축은 아직 땅 위를 벗어나지 못하고 있다.

인 텔 리 전 트 빌 딩Intelligent Building

기술이 높은 수준에 도달하여 건축에 필요한 기능요건을 자유롭게 얻을 수 있게 되면서 단순한 기술이나 기능은 일상의 범위를 넘어서서 표현하기 어렵게 되었다. 여기에서 하이테크가 발생하게 되었다. 하이테크 경향은 다양한 기술을 갖추기 위해 통신기능과 컴퓨터를 진보시키면서 각광을 받았다. 건축의 자동화를 진척시킨 건물을 인텔리전트 빌딩이라 하지만, 이러한 경향과 하이테크 표현은 상당한 관계가 있다.

인텔리전트 빌딩은 원래 미국과 일본에서 기업의 선전문구였다. 미국에서는 이러한 건축을 스마트 빌딩Smart Building이라고 했다. 통신기기, 컴퓨터, 사무기기의 출현 및 다양화에 의해 오피스빌딩의 자동화가 진전되었지만, 이로 인해 일인당 바닥면적과 설비수준은 크게 변화되었다. 따라서 건축형태에도 영향을 주었지만 인텔리전트화가 직접 건물표현과 연결된 것은 아니었다. 외부에서 볼 때 오피스 빌딩과 거의 구별할 수 없는 인텔리전트화가 진전된 빌딩도 있다. 이것이 인텔리전트의 특징이다. 인텔리전트라는 말이 우리나라나 일본에서 빈번하게 사용되었던 반면, 스마트 빌딩이라는 용어가 그다지 사용하지 않은 이유는 빌딩 외관과 그 성능이 직접 결부되지 않았기 때문이다. 우리들에게 '스마트'라는 용어는 아무래도 외관과 결부된 이미지라는 느낌이 강하기 때문이다.

따라서 인텔리전트 경향은 형태만으로 알 수 없다. 하지만 현대건축이 직면해 있는 상황은 건축기능을 소박하고 가시적으로 표현할 수 없게 되었다. 근대에는 공장은 공장답게, 학교는 학교답게, 사무소는 사무소다운 기능을 표현하려는 논리가 있었다. 궁전 같은 사무소를 만들거나 신전 같은 학교를 만드는 것은 나쁜 양식주의로 배척될 수도 있었으며 실제의 근거가 되었다. 다양한 기능의 건축에는 제각각 건축 형식이 존재했다.

여기에 기능주의 건축표현의 소박한 뿌리가 있었다. 하지만 현재 사정은 변했다. 현대의 기능은 점점 눈에 보이지 않게 되었다. 인텔리전트 빌딩이라는 고도의 기능적 오피스 건축은 이미 눈에 보이지 않는 기능을 가진 건축이다. 그리고 이러한 사정은 다른 장르의 건축, 공장이나 터미널, 학교뿐만 아니라 다양한 건축에도 보편적으로 나타나고 있다.

새로운 의료체제를 완비한 병원은 대부분이 건축표현과 직접 결부되지 않고 존재하고 있다. 외부에서 보는 것만으로는 건물에 고도의 기능을 얼마나 내장하고 있는지는 거의 알 수 없는 실정이

포스코 센터, 간삼+포스에이시, 서울, 1995.
빌딩의 내부는 인공공조 및 자동화설비로 이루어져 있다.

NEC 타워, 니켄세케이, 도쿄, 1986~1990

다. 따라서 인텔리전트 빌딩이란 보이지 않는 기능이 내장된 건축을 말한다. 기능에 맞는 형식을 정직하게 부여하려고 해도, 기능이 이미 보이지 않게 된 것이 현대건축의 특징 중 하나이다. 탈공업화 시대의 건축, 정보화 사회의 건축이라고 불리는 것은 보이지 않는 기능의 건축을 말한다고 볼 수 있다.

인텔리전트 빌딩의 과제는 눈에 보이지 않게 된 기능을 어떻게 가시화할 것인가이다. 현대건축의 표현은 많든 적든 이러한 지평선 위에 있다. 의도적으로 표현하지 않는 것이 아니라 기능을 외부로 표현하는 건축을 만들기가 어렵게 되었다. 근대적 건축이 이미 일반화되고 진부한 상황 속에서 하나의 기호 또는 하나의 태도를 표명하지 않는 것은 건축의 존재를 어렵게 만드는 이유이기도 하다.

하 이 테 크 건 축 과 건 축 가

하이테크라는 용어가 영국에서는 기계적인 의미를 벗겨낸 조직적 구조물이면서 적은 양으로 많은 것을 이루는 기술적 경제성을 추구한 것을 말한다. 예를 들어 철재시스템으로 건물을 지으면 다른 재료의 양보다 무게를 줄일 수 있다.

하이테크 건축을 추구하는 건축가들의 공통점은 테크놀로지를 긍정하면서 발전과 병행하여 진보한다는 태도를 품고 있다. 하이테크 건축의 대표적인 예로는 노먼 포스터Norman Foster의 '홍콩 상하이은행(1985년)', 리처드 로저스Richard Rogers의 '로이드 보험회사빌딩(1986년)', 렌조 피아노Renzo Piano와 리처드 로저스가 함께 설계한 '퐁피두센터(1977년)' 등이 있다.

특히 퐁피두센터는 파리의 말레 지역에서 밀집한 도시구조에 둘러싸인 거대한 광장과 마주하면서 문화의 생산공장으로 의도되었다. 건물의 프로그램은 미술관과 도서관과 종래의 미술관, 도서관의 기능을 포함한 연면적 1만m²의 문화센터가 요구되었

퐁피두센터, 렌조 피아노+리처드 로저스, 파리, 1977

다. 퐁피두센터는 리처드 로저스가 시스템, 조립공법, 그리고 구조와 외피의 분리, 높은 시각적 효과를 가진 공공광장에 관한 초기조사에 의한 혁신적인 개념으로 건축을 구성하였다. 이 건축은 가변성과 분해가능한 개념을 채택하여 거리를 향해 열린 시민의 장場이 되었다.

특히 170m×40m의 5층 평면은 모듈에 따라 주철의 구조로 이루어졌으며, 외관은 건축현장의 비계를 떠올리게 한다. 실내에 기둥이 없는 넓은 스팬을 확보하기 위해 외부에 구조와 설비를 집중시켰기 때문이다. 장변에 설치된 거대한 가브렛 보Gerberette Beam가 안 기둥에 의해 지지되고, 보 끝은 바깥 기둥에 접속되어 있다. 바깥 기둥의 아랫방향의 인장력에 의해 무게 120t, 길이 48m의 트러스보가 지지하고 있다. 퐁피두센터는 하이테크 건축 중에서 인기 있는 파리의 랜드마크가 되었다.

리처드 로저스가 설계한 로이드 보험회사는 상업적인 건축이지만 런던의 강력한 상징이 되었다. 건물의 구조나 서비스 계획은 퐁피두센터와 같이 외부로 배치된 점이 유사하지만 구조에는 콘크리트가 사용되었다. 건물은 가로에 둘러싸인 한정된 코너부분에 위치해 있다. 수직으로 솟아오른 타워의 내부에는 거대한 아트리움이 들어가 있으며 맨 윗부분은 유리볼트로 이루어져 있다.

로이드 보험회사, 리처드 로저스, 런던, 1986

홍콩 상하이은행, 노먼 포스터, 홍콩, 1985

외형을 치장한 스테인리스스틸은 하이테크의 이미지를 더욱 강조하는 재료로 사용되었다. 이러한 경향은 1970년대 후반에 나타났으며, 대체로 다음과 같은 특징이 있다. 노출된 구조체, 바깥으로 튀어나온 덕트와 파이프, 역학적 필요성을 넘어섰다고 생각되는 철골과 브레이즈, 방재나 피난시 안전을 위한 것이라고는 말할 수 없는 노출된 엘리베이터나 계단의 계획이다. 많은 사람들은 이러한 디자인을 보고 기계나 설비를 연상하게 되었다.

1980년대 들면서 하이테크 건축의 특징은 구조와 재료가 성숙하게 사용되었다. 1985년 노먼 포스터가 설계한 상하이은행은 철재프레임과 유리의 구조시스템으로 만들어졌다. 또한 빌딩의 설비나 서비스를 담당하는 부분은 넓은 공간을 방해하지 않기 위해 바깥쪽에 집중되면서 내부에는 거대한 아트리움이 들어가 있다. 특히 홍콩 사람들은 풍수에 민감했기 때문에 건물배치에 많은 것이 고려되었다고 한다. 포스터와 로저스와 함께 영국 하이테크의 선두에 자리 잡은 건축가로는 마이클 홉킨스Michael Hopkins를 들 수 있다. 1980년대 중반에 그가 시도했던 디자인은 장력구조Tensile Structure의 사용으로 특징지을 수 있다. 이들은 장력구조를 사용하여 캠브리지의 슐럼버그 리서치센터(1985년)와 크리켓 경기장 중앙관람석(1987년)의 지붕에 테플론을 사용했다. 슐럼버그 리서치센터는 건물 전체를 테플론으로 에워쌌으며 내부를 기능적인 공간으로 만들었다. 테플론 구조는 인장구조의 중요한 진보를 보여

크리켓 경기장 중앙관람석, 마이클 홉킨스, 런던, 1987

슐럼버그 리서치센터, 마이클 홉킨스, 캠브리지, 1985

준 것이다. 테플론은 열을 잘 반사하고 불연성의 깨끗한 소재이며 인장력을 이용한 안정된 형태를 보여주었다.

1990년대 하이테크 건축은 새로운 움직임이 나타났다. 영국의 건축가인 니콜라스 그림쇼Nicholas Grimshaw 는 건물을 피부와 뼈대라는 생체적 표현을 사용하여 유기적인 방향으로 나아갔다. 그가 설계한 두 개의 신문사건물에서는 구조적으로 명확하게 구분하여 재료를 사용했다.

런던의 파이낸셜타임즈 인쇄공장(1988년)과 필마우스에 위치한 웨스턴모닝뉴스 빌딩(1993년)은 외피를 덮는 방식에서 명백한 차이가 있다. 건물의 세련된 광택의 유리벽은 대지에서 휘어져 올라온 거대한 철기둥에 달려있다.

곡선의 외벽은 반사로 인해 투명하고 밝으며 지역의 지형에 따라 배치되었다. 워털루 국제터미널(1993년)은 니콜라스 그림쇼의 작품 중에서 보이는 생물학적 형태중의 하나이다. 런던의 중심부에 위치한 워털루 역은 대륙과 접속된 영국의 터미널이며 예전 워털루 역의 증축부분이다.

파이낼셜 타임즈 인쇄공장, 니콜라스 그림쇼, 런던, 1988

웨스턴모닝뉴스 본부, 니콜라스 그림쇼, 필마우스, 1993

워털루 국제터미널, 니콜라스 그림쇼, 런던, 1993

워털루 역은 전체 길이 400m에 달하며 거대한 캐노피가 덮여 있다. 이곳은 유럽대륙에서 오는 외국인 여행자 또는 유럽 대륙으로 가는 여행객의 발착지점으로서 기능적으로는 국제공항과 전혀 다를 바가 없다. 따라서 입국관리, 세관, 출발, 도착라운지, 발권소 등을 겸비한 역이다. 그리고 연간 1,500만 명의 승·하객을 처리하는 능력과 함께 복잡한 동선과 기능적 문제를 해결해야 하기 때문에 건축가에게는 상당히 어려운 프로젝트였다. 그는 장대한 건축을 하나의 긴 튜브로 보았고, 그것을 구성하는 구조요소로서 세 개의 핀 조인트가 있는 스틸 아치를 채용했다.

터미널의 동쪽 부분에는 스테인리스 스틸 벽체가 붙었고 서쪽 부분에는 유리가 붙은 형태이다. 많은 표준적 소재를 반복적으로 사용하려는 디자인 분야의 협력이 시도되었다. 따라서 터미널 외부에서는 서쪽 유리외벽을 통해 유선형의 고속열차가 감속하면서 차선으로 들어가는 장면을 볼 수 있다. 유리 사이에는 팽창에 대비하여 아코디언 패킹이 들어가 있고 청소를 위해 와이퍼가 달려있다. 터미널은 길이 400m, 폭 35m에서 55m로 달라지는 대공간을 기둥 없이 만들었으며, 레벨의 변화, 휘어짐, 폭의 변화, 좌우 비대칭이 특징적이다. 폭이 가장 넓은 55m의 스팬을 만들기 위한 장력의 조화는 동물모양과 유사하게 보강되었다.

20세기 말을 지나 21세기에 하이테크 건축은 환경에 부담을 줄이는 다양한 기술과 접목하면서 새로운 방향으로 나아가고 있다.

16

해체주의 건축,
새로움을 향해 몸부림치다

(1980년대 ～)

해체주의Deconstructivism 건축의 출발

해체주의 건축은 1988년 뉴욕의 현대미술관에서 마크 위글리Mark Wigley와 필립 존슨Philip Johnson이 함께 기획한 전시회에서 등장했다. 위글리는 새로운 건축의 근거에 대해 20세기 초 러시아 구성주의 운동까지 거슬러 올라가고 있음을 밝혔다. 해체주의 건축은 전통적인 건축의 특징인 조화, 통일성, 안전성의 가치에 도전하는 태도를 보였다. 해체주의 건축은 비유클리드적 형태들의 불안정하고 왜곡된 구성이 특징이다. 전시회에는 세 명의 미국건축가와 네 명의 유럽건축가가 참가하였지만 그들의 프로젝트를 보여주었다.

수많은 이론들이 쇠퇴했지만, 해체주의는 지지자들의 수가 적고 이론적 기반이 빈약하며 알려진 시간도 짧았던 약점 때문에 오히려 그 위상이 약화되지는 않았다. 해체주의 이론과 관련된 철학적 입장 위에 성립된 해체주의 건축은 오히려 해체주의와 관련된 이론의 출판물들을 대량으로 발생시키는 원인이 되었다. 그리고 수많은 페이퍼 아키텍처의 원인이기도 했다. 또한 본격적으로 컴퓨터 혁명이 시작되기 전, 건축의 컴퓨터 작업을 최대한 수준까지 끌어올리는 원인이 되었다고 볼 수 있다.

베르나르 추미Bernard Tschumi와 자하 하디드Zaha Hadid의 작품 해설서는 실제 지어진 작품과 동일한 정도의 영향력을 가지게 되었다. 해설서는 날카로운 예각과 의도적으로 뒤틀린 투시도법, 미디어 시대의 생산물에 대한 역설로 가득 찼으며, 게임과 같은 형태화 과정을 보여주었다.

해체주의 건축 이론들

1) 자크 데리다(1930~2004년)는 알제리 태생의 프랑스 철학자이다. 철학, 문학, 회화, 정신분석학 등 문화 전반에 관해 많은 저서를 남겼다. 현대철학에 해체의 개념을 도입한 것으로 유명하다.

해체주의를 뒷받침하는 이론은 크게 세 가지로 나눌 수 있다. 첫 번째는 자크 데리다Jacques Derrida[1]의 해체주의 철학이고, 두 번째는 20세기초 러시아에서 출현했던 구성주의이며, 세 번째는 20세기 말에 등장한 과학이론 중 하나인 혼돈이론Chaos Theory을 들 수 있다.

피터 아이젠만Peter Eisenman은 해체주의 철학을 설명한 프랑스 철학자 자크 데리다가 발전시킨 이론에 영향을 받았다. 데리다는 언어와 텍스트를 우선시하는 로고스중심주의(이성중심주의)의 파괴에 초점을 두면서 포스트모더니즘의 전체적 기호의 구조를 명확하게 했다. 데리다는 독일의 철학자 마르틴 하이데거Heidegger의 가설에 문제를 제기했으며, 하이데거는 '현존하는 내부 세계와 표현되는 외부세계 사이의 일반적인 대립'을 설정하여 언어와 집의 유사성을 이끌어 내었다.

근대까지 철학은 진실한 세계(플라톤의 이데아 세계)가 언어(이성·논리)에 의해 정확히 파악될 수 있다는 확신 위에 성립했다. 하지만 세계는 유동적이며 정적인 구축물은 아니다. 또 언어는 많은 왜곡이 있기 때문에 대상을 완전히 파악할 수 없다. 따라서 우리가 세계를 파악하려고 한다면, 우선 무의식 속에 받아들이는 언어(의미)의 체계 또는 사고의 해체에서 시작해야만 한다. 예스러운 체계나 틀을 계속 내세운다면 변화하는 세계를 파악할 수가 없다. 데리다가 형이상학으로 해체의 공격을 했던 것은 이와 같은 이유 때문이었다.

원래 해체의 개념은 복수의 요소로서 세계의 그림을 만들 때 요소를 받아들이는 방식과 틀을 세우는 방식을 문제시하는 점에서 건축적 이미지가 강하다. 철학의 역사에서도 나타나듯이 근본적으로 새로운 발상이 만들어질 때는 언제나 철학은 건축적으로 사고해왔다. 해체주의 철학은 기존의 사고구조 또는 언어구조를 없애고 새롭게 구축하고자 했다. 예로서 우리 주변에는 이항대립적·이원론적인 구도가 만연되어 있으며, 그것이 무의식 속에 우리들의 사고를 지배하고 있다. 중앙/지방, 어른/아이, 선생님/학생, 남/여, 선진/후진, 안/밖, 자연/인공, 지지하는 것/지지되는 것이라는 이항대립의 예는 낱낱이 셀 수 없을 정도이다. 이런 종류의 대립개념을 시대 특유의 가치관으로 두고 한 방향으로 평가하고 중시하면서 우리의 사고는 튼튼하게 구축되어 왔다.

이것은 개인의 사고와 의식 속에서만 끝나지 않았다. 근대사회는 이것을 제도화하고, 종횡으로 짜인 제도의 망으로 스스로를 묶은 형태를 유지하여 유동화를 제지해 왔다. 하지만 인간의 가치나 사고는 고정된 것이 아니라 움직여 왔다. 건축영역에 해체의 사상이 들어간 것도 다른 조형예술과 비교해서 일렀고 주장하는 내용도 명쾌했다. 구체적인 예로는 피터 아이젠만이 설계한 '주택 1호'(1968년) 이후 일련의 건축을 들 수 있다. 그는 기둥, 보, 바닥, 천정, 지붕 등의 개념과 그것을 조합시킨 건축 사고야말로 철학에서 데리다가 말하는 형이상학에 해당하고 해체할 수밖에 없는 대상이라고 생각했다. 이러한 개념을 사용하여 건축공간을 조립할 때 아주 안정되고 정적인 고전주의적 건축상에서 빠져 나올 수 있다고 보았다. 또 현실적으로도 세계는 훨씬 동적으로 이루어져 있다.

두 번째로는 데리다의 해체이론에 근거하기보다 근대건축과 관계가 깊은 해체주의 건축 성향을 들 수 있다. 자하 하디드나 베르나르 추미는 건축표현에서 러시아 구성주의를 탐구하여 현재 가치를 급진적으로 거부하는 생활방식에 대한 사고에 자극을 받았다. 이는 러시아 혁명과 내전 후 소비에트 예술에 영향을 준 급진적인 사회변화와 새로운 생활방식으로서 예술을 정렬시키기 위한 일종의 폭넓은 경향이었다. 러시아 구성주의 운동은 극장, 전시, 포스터와 책표지 디자인, 그리고 특별히 선전선동 분야에서 응용예술이나 장식예술의 다른 형식에 뿌리를 두고 있었다. 그리고 예술이론으로서 미학적 근거로부터 나온 그래픽 규칙에 의존하여 생산품과 선동예술과 그것을 따르는 구성주의 건축가 사이의 필수불가결한 가교를 제공했다. 주요한 구성주의 예술가로는 알렉산더 베스닌Alexander Vesnin, 루보프 포포파Liubov Popova와 엘 리시츠키El Lissitzky이며 이들은 모두 화가였다. 특히 포포파는 구성주의를 '회화예술의 건축술Architectonic'이라고 언급했다. 포포파가 베스닌에게 끼친 영향은 원근을 넣어 그려서 겹친 화면, 파편화된 고형체, 다양한 각도의 사각표면과 지그재그 모양의 끝 부분과 모서리들이다. 다른 한편 베르나르 추미의 그래픽 표현에 나타난 형식적인 규범과 형태구성의 결합은 근대의 유산처럼 보인다.

세 번째로는 최신 물리학의 혼돈이론으로 자신의 건축을 설명하려는 건축가들을 들 수 있다. 혼돈이론은 데리다의 철학이나 구성주의 미학과 나란히 해체주의 접근법의 주제가 되었다. 전통적인 과학방법으로 실험된 상이한 결과는 계속해서 일어났던 문제이다. 혼돈이론은 왜 가설이 필요하며 측정의 실수를 어떻게 설명할 것인가에 대한 연구에서 나온 것이다. 이러한 연구의 실험결과는 조사문제를 구성하는 방법에 영향을 미칠 수 있다. 따라서 초기 상황을 설정하는 방법에 따라 폭넓은 결과를 유도할 수 있다. 예를 들어 날씨와 기후패턴의 컴퓨터 시뮬레이션 예보에서는 초기에 사용된 인자를 어떻게 설정하는가에 따라 다른 결과를 보였다. 혼돈이론은 결국 숨겨진 질서를 파악하기 위한 것으로서 무작위적 사건의 관찰을 위한 기초로 사용되었다. 이러한 접근방법은 컴퓨터를 활용한 디자인 과정에서 시도되고 있다. 즉 대개의 경우 형태와 공간의 디자인은 사람의 경험에 근거하지만 컴퓨터를 활용하여 다양한 형태를 생성하거나 형태의 변형을 만들 수 있다. 물론 최종적인 디자인의 선택은 인간이 판단하게 된다. 특히 피터 아이젠만의 경우 디자인 과정에서 적극적으로 이러한 방법을 사용하고 있다.

피 터 아 이 젠 만 Peter Eisenman

아이젠만은 건축에서 인간이라는 논제의 탈중심화 De-centering 를 강조함으로써 변화무쌍한 텍스트의 개념을 건축으로 바꾸고자 시도했다. 이 문제에 대한 탐구는 1989년 완공된 오하이오 주립대학의 와스너 시각예술 센터 Wexner Center for the Arts 에서 잘 보여주었다. 그것은 붕괴와 재건이라는 주제에 따라 기존 무기고의 흔적을 부분적으로 증축하였다. 계획은 두 건물 사이의 유적에 관한 개념에

왁스너 시각예술 센터, 피터 아이젠만, 오하이오, 1989

서 발전하였고, 결과적으로 대지는 오하이오의 그리드, 콜럼버스의 그리드, 그리고 대학 캠퍼스의 그리드를 겹쳐서 본질적으로 다른 대지를 표현하고 있다. 역사적으로 대학캠퍼스는 도시에서 좀 떨어져 있었지만, 아이젠만은 비틀어진 동서축의 형태를 취하며 새로운 보행자 거리로서 도시의 그리드를 캠퍼스로 확장했다. 남북 통로는 유리로 반쯤 둘러싸이고 다른 절반은 옥외에 노출된 비계형태이며 영속성과 쉘터Shelter라는 전통적인 건축의 상징체계를 허물고 동서축과 직각을 이루고 있다. 그 두 형태의 교차는 글자 그대로 시각예술의 중심이 되었다.

1988년 스페인의 산타 마리아 델 마에 설계한 과르디올라 주택 Guardiola House 프로젝트는 건축의 쉘터를 타파하는 데리다의 개념을 적용한 가장 그래픽한 예이다. 그는 이전과 달리 변화된 장소의 의미에 대한 연구가 현 시대에 필요하다고 생각했으며, 전통적으로 속박되었던 주택을 새롭게 만들고자 시도했다. 따라서 그는 저 장소의 개념으로 주택을 제안했다. 그는 이 주택을 담는 것과 담기는 것 사이의 동적 효과에 대한 기록으로 보았다. 이 주택은 L자 형태가 탄젠트 각도로 겹치면서 세 개의 면이 동시에 관통된 형태다. 그는 안쪽과 바깥쪽을 경계 짓는 전통적인 선을 부정했으며, 끊임없는 변화와 일시적이고 제어된 사건을 전달하고자 했다. 이렇게 그는 하우스 I에서 하우스 X에 이르는 주택시리즈에서 전통적인 건축 언어들을 타파하기 위해 노력했다.

과르디올라 주택, 피터 아이젠만, 산타 마리아 델 마, 1988

막스 라인하르트 하우스, 피터 아이젠만,
베를린,1992

　1992년 베를린의 막스 라인하르트 하우스Max Reinhardt Haus 프로
젝트에서는 대중들이 거주할 수 있는, 조각과 같은 건축을 시도
했다. 34층의 복합건축은 호텔, 회의장, 미디어센터, 헬스클럽, 오
피스, 레스토랑과 상가를 포함하고 있지만 실현되지 않았다. 뫼
비우스 띠와 같은 형태로 붙은 면들은 미리 결정된 경로를 따라
크리스털처럼 성장한 결과이며 전자적으로 조작된 것이다. 강력
한 건물이미지는 도시의 초거대구조의 현대적 개념을 재정의하
고자 했다.

　막스 라인하르트 하우스에서 컴퓨터를 이용한 형태생성의 결
과를 보여준 이후에 피터 아이젠만은 디자인 과정에서 컴퓨터를
사용하여 형태생성과 변형을 추구한 작품을 선보였다. 이는 건축
디자인 과정이 블랙박스와 같다는 점을 감안할 때 컴퓨터를 이용
한 확률적인 접근방식에 의해 보다 강렬하게 나타났다. 그 예로는
독일의 수도 베를린의 브란덴부르크문 남쪽에 위치해있는 홀로
코스트 기념비Denkmal für die ermordeten Juden Europas가 있다. 이 기념비는
2005년에 완공되었으며 홀로코스트로 죽은 유대인 희생자를 위
한 것이었다. 19,073㎡의 대지에 2,711개의 콘트리트 비석이 그
리드 형태로 대지 전체에 걸쳐 종횡으로 들어서 있다. 두께 95cm,

홀로코스트 기념비, 피터 아이젠만, 베를린,
2003~2005

갈라시안 문화도시, 피터 아이젠만,
산티아고 데 콤포스델라, 2011

넓은 폭이 238cm인 블록이 0~4.5m에 이르는 다양한 높이를 이루며 대지위에 배치되어 있어 멀리서 보면 흡사 굽이쳐 흐르는 콘크리트의 지형처럼 보인다. 지하에는 홀로코스트에 관한 정보센터가 있고, 홀로코스트 이름과 자료 등이 전시되어 있다.

2011년 아이젠만이 설계한 거대 프로젝트는 스페인의 역사적인 순례지인 산티아고 데 콤포스델라에 위치한 새로운 문화센터였다. 역사박물관, 신기술센터, 음악극장, 정기간행물 보관소, 도서관 등의 공공건축으로 이루어진 거대한 건축이다. 이 계획에서는 굽이치는 인공지형 구축을 위해 폴딩기법이 도입되었다. 특히 건물의 배치를 결정하기 위해 중세와 현대의 두 가지 그리드를 겹쳐서 사용했다. 그리고 두 개의 그리드는 컴퓨터 모델링 소프트웨어를 사용하여 언덕 지형은 부드럽게 비유클리드적 곡면을 이루며 폴딩되고 새로운 지형과 길을 만들었다. 지형 아래에 여섯 개의 건물들이 서로 짝을 이루고 있으며 그 속에는 다양한 기능들이 들어가 있다. 갈라시안 문화도시는 이전에 볼 수 없었던 형태와 공간을 보여주었다.

베르나르 추미Bernard Tschumi

스위스 태생으로 미국건축가인 베르나르 추미도 건축에 대한 새로운 접근의 필요성을 논했다. 정보의 변화를 용인하는 사회적 규범과 방법에 따라 단일하게 정해진 프로그램대신 다른 용도로 사용될 수 있는 건물의 가능성을 추구하고자 했다. 그는 거주 개념을 사건의 관점에서 재정의하려 했다. 건축은 형식적인 용도 대신 일시적인 점유물이며 대지의 생성물이 되었다. 추미의 디자인의 근거는 1921년부터 1933년에 발생했던 러시아 구성주의에 힘입은 바가 크다.

그는 1981년 맨해튼 트랜스크립Manhatten Transcripts(공원, 가로, 타워와 블록의 네 가지 이론)에서 통합과 분열, 기능주의와 첨가, 질서와 파편 사이의 모순을 보여주었다. 그는 오늘날 사회적 상황에서 지각한 이분법에 대해 답하고자 했다. 그 이분법은 미디어와 기술에 의해 야기된 문화적 일탈로 만들어진 것이다. 그의 작품은 다양한 참고로 가득 차 있다. 1984년에서 1990년 파리에 지어진 라 빌레트 공원Parc de la Villette은 해체주의자의 독창성을 나타내는 랜드마크적 프로젝트이며 도시의 녹지공간 디자인에 대한 새로운 접근이었다. 영국과 프랑스에서 17세기 이후 랜드스케이프 디자인은 자연을 조절하는 방식의 차이를 보여주었다. 영국의 유기적

라 빌레트 공원. 베르나르 추미. 파리.
1984~1990

성향과 달리 프랑스는 인공적인 형식의 전통을 강하게 나타내었다. 그의 디자인의 이론적 기반은 점과 선과 면으로 나뉘는 기계론적인 접근을 나타내고 있으며, 프랑스의 전통을 극한으로 밀어붙인 것이다. 점은 폴리로서 거대한 경관이 구성된 영국식 정원의 시각적 초점으로서 사용되었다. 그는 21세기를 위한 공원을 만들었다고 믿었다.

자 하 하 디 드Zaha Hadid

러시아 구성주의자와의 관계는 아마도 런던에서 활동하는 이라크 태생의 여성 건축가 자하 하디드의 작품에서 명확히 나타난다. 그녀의 건축은 카지미르 말레비치Kazimir Malevich가 처음으로 제안했던 구성주의나 절대주의에 근거하고 있다.

　말레비치는 예술적인 스타일을 개인적인 해석에 의해 높이 충족될 수밖에 없는 문화적 체계라고 믿었다. 절대주의의 구성은 정역학이나 명확한 동역학을 전달하는 경제적인 원칙에 기초하며 평평한 표면에 기반을 두었다. 그녀는 절대주의의 체계적인 방법보다는 미학적으로 반중력적 구성을 시도했다. 자하 하디드가 설계한 건물들은 대개 공중에 떠 보이는 투시도 위치를 선택하여 그렸지만 현실적으로 이루어지기 매우 어려운 형태처럼 보였다.

　그녀의 드로잉은 건축의 가장 오랜 적이라 할 수 있는 중력을 거부하는 것처럼 보였다. 1982년 홍콩의 피크 설계경기에 당선되면서 국제적 주목을 받은 설계안은 실현되지 못했지만 그녀가 그린 드로잉은 사람들의 흥미를 끌기에 충분했다. 그리고 이후에도 그러한 드로잉 패턴을 계속 고수했다.

　독일의 바인 암 라인에 위치한 비트라 가구회사의 소방서(1990~1993년)에서 그녀의 드로잉은 현실적으로 실현되었다. 하지만 비평가들은 소방서에 몇 가지 문제점이 있다고 보았다. 소방서는 주요한 기능적인 결함을 나타내고 있으며, 그 건물이 디자인된 목적

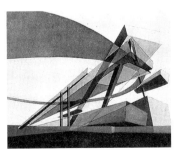

홍콩 피크 설계경기 1등 안, 자하 하디드, 홍콩,
1982

비트라 소방서, 자하 하디드, 바인 암 라인, 1990~1993

에만 일시적으로 따를 뿐이라고 평했다. 이는 그녀의 작품에서 나타난 환상적인 디자인을 건물로 전환하는 데서 직면한 어려움을 명확히 나타낸 부분이기도 하다. 현재 여러 가지 사정상 소방서는 박물관으로 사용되고 있다.

2000년도 이후 자하 하디드의 작품에는 새로운 특징들이 눈에 띈다. 비트라 소방서를 비롯한 초기작품에서 공통적으로 나타났던 강렬하고 예리한 사선은 사라지고 보다 생물학적인 형태와 공간적 특징들이 보이고 있다. 자하 하디드가 독일 볼포스부르그에 설계한 파에노과학센터(2000~2005년)는 이러한 디자인의 중간에 위치하는 건축이라 볼 수 있다. 즉 강렬한 해체주의적 사선이 생물학적 형태로 넘어가는 과도기적 형태를 보여주고 있다. 1층의 필로티는 위의 거대한 몸통부분을 지지하면서 분절되어 있지 않고 생물체처럼 부드럽게 연결되어 있다. 특히 육중한 콘크리트 몸통의 입면디자인에서 생물체의 비늘과 같은 개구부 모양은 일정한 흐름을 유지하면서 건물 입면뿐 아니라 필로티 천장부분까지 일정하게 뒤덮고 있다.

파에노과학센터, 자하 하디드, 볼포스부르그, 2000~2005

아부다비의 퍼포밍 아트센터(2007년)와 중국 광저우의 오페라하우스(2010년)는 생물학적 형태와 공간이미지를 보여주고 있다. 중국 광저우에 설계한 오페라하우스는 두 개의 크고 작은 조개모양으로 환경의 일부처럼 만들고자 구상되었다. 1,800석 규모의

광저우 오페라하우스, 자하 하디드, 광저우, 2010

오페라하우스는 최신 음향시설로 이루어져 있으며, 400석의 다목적 홀은 퍼포밍 아트, 오페라와 콘서트를 개최할 수 있도록 하였다. 대공연장의 내부는 층과 층 사이 또는 수평으로 이음매가 없이 매끈하게 연결시키는 공법을 사용했다. 이것은 일반적으로 존재하는 공간이 아닌 외계의 환경이나 생물학적 공간의 느낌을 주면서 형태의 유동성과 연속성이라는 건축언어를 나타내었다. 이 건축물은 마치 SF영화에서나 보았음직한 외계 생물체와 같은 모습이다.

다 니 엘 리 베 스 킨 트 Daniel Libeskind

다니엘 리베스킨트는 기존의 어떠한 건축 양식이나 경향과도 연합하지 않은 특징적인 해체주의 건축가이다. 초기 작품에서는 물리적 세계에서 받은 인상을 그대로 전달하기 위한 질문들이 흘려쓰는 초서와 같은 기법을 사용했다. 글쓰기의 그래픽 힘에 매료된 몇몇의 현대 예술가들처럼 리베스킨트는 설명적인 텍스트로서 그의 건축을 만드는 데 사용했다. 작업 과정에서 볼륨을 통한 해독이 혼란스럽거나 단순한 패턴으로 전환되는 통합된 부분에서도 이러한 방법을 사용했다. 반면 마이크로메가스 Micromegas 처럼 그의 초기 건축적 콜라주들은 기능적인 필요만이 아니라 자유로운 도구로 사용했다. 드로잉에서 중력에 속박되지 않고 힘차게 솟구치는 형태는 정보의 움직임과 경계 없는 현대사회의 모습을 반영하는 것처럼 보인다. 리베스킨트는 현실의 물리적이고 3차원적 영역에서 표현하기 위해 자신이 만든 기법과 새로운 건축언어를 사용하여 전통적인 건축을 넘어서고자 했다.

다니엘 리베스킨트는 1987년 시티에치에서 처음으로 당선되면서 세계 건축계에 큰 화제를 모았다. 이 작품은 그의 건축적 사고를 대변하는 것이기도 하다. 1989년 설계경기에서 당선된 베를린 유대박물관 증축 안은 아연으로 전체를 덮은 독특한 형태

시티에치, 다니엘 리베스킨트, 베를린, 1987

의 건물이다. 해체주의적 스타일의 표식이 되어버린 날카로운 지점과 모서리를 나타내고 있으며 이것은 구성주의의 유산이라고도 볼 수 있다. 유대박물관의 전시 목적은 베를린의 역사와 유대 시민의 역사의 통합에 있다. 리베스킨트가 '선의 협곡'이라 부르는 박물관에는 이항대립적·이율배반적인 선이 가로지르고 있다. 직선적인 선이면서 파괴된 무수한 단편과 무한으로 꺾이면서 이어진 선이다. 그리고 그는 베를린에는 '보이는 않는 메트릭스' 또는 '관계의 기억'이 있음을 발견했다. 그러한 요소로서 인용한 것이 사라진 유대인 예술가들의 흔적이며, 그것은 아놀드 쉰베르크 Arnold Schnberg[2]가 작곡한 미완의 오페라인 '모세와 아론', 베를린에서 추방된 유대인의 행방, 그리고 발터 벤야민 Walter Benjamin[3]의 저서인《일방통행로》이다.

그가 설계한 유대 박물관은 옛 바로크 양식의 '베를린 박물관'을 통해 지하로 접근한다. 그곳에서 세 개의 길로 나누어지며, 각각 특색 있는 전시를 구성하고 있다. 건물의 평면은 이전의 건축에서 볼 수 없었던 기다란 지그재그 형태이다. 이 형태는 박물관의 특성상 전시를 위한 효율적인 공간을 만들기 위한 방법이기도 하다. 내부공간에서 이전에 볼 수 없었던 사선방향으로 찢어진 슬릿 창에서 다양한 각도로 들어오는 빛은 유대인의 삶과 고통을 말해주는 중요한 요소이다. 그리고 좁고 긴 공간을 꺾이고

2) 아놀드 쉰베르크(1874 ~ 1951)는 오스트리아의 작곡가이며 지휘자이다. 조성을 벗어나 음렬을 사용한 12음기법과 무조음악을 창시한 최초의 작곡가로 알려져 있다.
3) 발터 벤야민(1892 ~ 1940)은 유대계 독일인으로 마르크스주의자, 문학평론가이며 철학자이다.

유대박물관, 다니엘 리베스킨트, 베를린, 1989

굴절된 형태에 보이드 공간이 관통한다. 갤러리에서 갤러리로 교
차하는 브리지로만 지날 수 있는 보이드 공간은 박물관의 특징이
기도 하다.

　그가 유대박물관에서 사용한 지그재그 모양이나 사선은 단지
평면에서 나타났다. 하지만 이후 그가 설계한 건축에서는 사선은
입체화되고 더욱 적극적으로 표현되고 있다. 건물의 내부공간도
우리가 일상에서 늘 체험하는 카르테지안 좌표의 직교하는 공간
이 아니라 거대한 천정이 사선으로 기울어지거나 기울어진 공간
을 따라 올라가는 계단이 채용되었다. 그리고 관람객들은 이러한
비일상적인 공간 속을 이동하는 체험을 하게 된다. 덴버 아트뮤지
엄(2006년)에서 보이는 날카롭게 기울어진 사선의 입체 형태는 마
치 우주선과 같은 모습이다. 로열 온타리오 박물관 확장(2007년)
에서는 다양한 각도로 기울어진 왜곡된 큐브들의 집합체가 옛 박
물관 속에 끼워진 모습으로 나타나 있다.

　현재 옛 건축을 보수하거나 증축하는 방법은 많은 건축가들에
게 새로운 도전의 과제로 대두되고 있다. 과거의 건축을 증축하
거나 연결하여 새로운 건축을 만들 때는 다양한 방법이 가능하다.
대개는 과거의 건축 양식을 존중하는 의미에서 기존 건물과 동일
한 모습으로 만드는 것이 일반적이다.

　또는 증축하는 부분을 투명한 유리재료로 만들어서 옛 건물을

로열 온타리오 박물관 확장,
다니엘 리베스킨트, 토론토, 2007

덴버 아트뮤지엄, 다니엘 리베스킨트, 덴버,
2006

더욱 돋보이게 하는 방법을 사용하기도 한다. 하지만 리베스킨트
의 경우는 과거와 연결이라는 측면에서 새로운 해법을 제시한 건
축가라고도 할 수 있다. 과거 건축과 연결하기 위해 그가 제시한
새로운 방법은 옛 건물에 해체주의적 형태를 배치하거나 삽입하
여 이질적인 두 건물을 서로 융합시켜 서로 다른 형태가 각각 돋
보이도록 했다. 그가 보여준 해체주의 디자인은 국가나 지역을 불
문하고 시간을 넘어 고전건축과 융합될 수 있는 새로운 건축 이
미지라고 할 수 있다.

쿱 힘 멜 블 라 우 Coop Himmelblau

비엔나에 기반을 둔 쿱 힘멜블라우는 울프 프릭스Wolf Prix와 헬무
트 스비친스키Helmut Swiczinsky가 공동으로 설립한 디자인 그룹이다.
그들은 건축과 도시를 단위조차 식별할 수 없는 하나의 유동체로
파악한다. 또 건축은 도시 자체로서 변환하는 유동체이기 때문에
어느 한순간의 모습으로 시각화해야 한다고 생각하고 있다. 그 한
순간의 모습을 재빨리 정착시키기 위해 모형과 CAD를 구사하는
그들의 설계작업은 이러한 건축·도시관과 표리일체를 이룬다. 네

덜란드의 그로닝겐 뮤지엄은 그들의 인습 타파적 접근을 나타낸 거대한 사례로서 프릭스가 눈을 감고 프리핸드 스케치를 시작하여 완성한 것을 컴퓨터로 스캔한 것이다.

이 방법은 혼돈의 결과를 예상하지 않고 만들어낸 의식의 흐름 기법이다. 쿱 힘멜블라우의 이와 같은 드로잉 수법은 20세기 초 실험적인 오토마티즘Automatism[4]과 근본에서 통한다. 그들이 건축화하려고 하는 것은 그 장場에 있었을 때 사람이 받아들이는 감정이며 공간의 인상이다. 그것은 고정되지 않고 표류하고 이동하려는 것이다. 그것을 시각화하기 위해 그들은 최초의 스케치를 눈을 감고 가능한 한 의식에서 해방되어 나와 세계를 하나로 만들고 그 속에서 나의 의식에 비친 세계를 트레이싱페이퍼 위에 그린다. 그 성과는 수없이 흐르는 선의 집합으로 이루어진 그들 특유의 스케치로 나타난다. 그리고 그들의 디자인의 저변에 흐르는 사고는 지그문드 프로이드를 참조하고 있다. 즉 현실이라는 억압 속에서 팽창된 에너지를 그들의 건축프로젝트에 집어넣어 '건축이 안정되고 편안한 세계'라는 전통적인 사고를 전복시키고자 한 것이다.

이러한 결과로 만들어진 하나의 작품이 '말리부의 집'이다. 이것은 1980년대 후반에 끝난 작품으로 비엔나의 팔케스트라세 옥탑 리모델링과 도시 외곽에 위치한 푼더공장3Funder factory3(1987~1989년)의 디자인의 기본원리를 확립했거나 그것 없이 수행되었지만,

4) 오토마티즘은 초현실주의 미술의 중요 개념으로서 모든 습관적 기법이나 고정 관념, 이성 대신 무의식의 상태에서 손가는 대로 그리는 것을 말한다. 초현실주의자들은 오토마티즘이 개인의 본성과 진실을 밝혀 준다고 믿었으며, 오토마티즘이 무의식을 건드리고 무의식에 도달할 수 있는 방법이라고 보았다.

팔케스트라세 옥탑 리모델링, 쿱 힘멜블라우, 비엔나, 1983~1988

UFA 시네마 콤플렉스, 쿱 힘멜블라우, 드레스덴, 1993

이후의 쿱 힘멜블라우는 계속 그것을 파괴해 왔다.

그리고 1993년 UFA시네마 콤플렉스UFA Cinema Complex에서는 중력을 부정하는 기울어진 형태를 표현했다. 이 건물에서 가장 인상적인 부분은 부정형의 유리거품으로 뒤덮인 아트리움이다. 불안정한 형태는 주변의 안정된 중세건물을 배경으로 자극적인 형태를 나타내고 있다. 해체주의 건축은 전통적인 미학으로는 설명하기 힘든 매력을 지니고 있다. 즉 그들이 보여주는 새로운 형태는 기존의 미학으로 설명하기 힘들기 때문일 것이다. 따라서 그것을 이해하기 위해 난해한 논리와 설명이 난무하게 된다.

2000년 이후 그들이 설계했던 뮌헨의 BMW 전시관(2003~2007년)과 부산 시네마 센터(2011년)의 형태적 특징은 날아갈 듯한 지붕과 그것을 지지하는 거대한 구조체이다. 특히 부산 시네마 센터의 외부공간을 덮고 있는 거대한 지붕은 중력의 제한을 거부하듯이 하나의 거대한 소용돌이 모양의 기둥에 의지하여 공중에 떠있다. 지붕은 부산국제영화제에서 영화를 관람하는 주된 장소이며 새로움과 역동성을 나타내는 중요한 상징이기도 하다. 이 작품에서도 사람들이 얽매여 있는 전통과 고정관념을 극복하고자 하는 그들의 디자인 미학을 다시 확인할 수 있다.

부산 시네마 센터, 쿱 힘멜블라우, 부산, 2011

프랭크 게리 Frank O. Gehry

해체주의는 새로운 이론과 신선한 스타일에 대한 대중적 갈망을 해결하기 위해 모색하려는 특별한 시도에 이름붙여 범주화하는 국제적 건축미디어와 학술적 부분에서 시도되었다고 말할 수 있다. 그리고 프랭크 게리는 해체주의적 주류에 포함된 건축가이다. 그가 설계한 건축은 다양한 매스를 점토를 세공하듯 자유롭게 다룬 조형방식이 특징이며, 정면이나 측면도 없는 부정형 매스를 만들었다.

그의 건축에서는 다니엘 리베스킨트나 쿱 힘멜블라우 또는 자

비트라 가구박물관, 프랭크 게리, 바인 암 라인, 1989

댄싱하우스, 프랭크 게리, 프라하, 1996

하 하디드와 같이 중력에 반항하는 격렬한 움직임은 없다. 하지만 표현주의적이며 조각적인 건축형태는 보는 사람으로 하여금 신선한 흥미를 유발하게 한다.

비교적 초기부터 현재까지 그의 작품에서 나타난 형태적 특징을 살펴보면 다음과 같다. 1980년대 '료욜라 법률학교', '캘리포니아 항공우주박물관'에서는 아직 기하학에 근거한 단정한 형태로 건축을 만들었지만 특색 있는 색채를 많이 사용했다. 1989년 비트라 가구박물관 이후 1990년대 들어 그가 사용한 조형의 특징은 '와이즈만 미술관(1993년)', '댄싱하우스(1996년)'와 같은 건축에서 볼 수 있다. 그의 이름을 세계적으로 알린 작품은 체코의 프라하에 지어진 댄싱하우스일 것이다. 건물은 코너 부지에 위치해 있기 때문에 시각적으로 두드러진 장소에 있다. 건물은 주변의 오래된 건축물과 연속된 형태를 유지하고 있지만 유리로 덮인 부분만은 특별한 형태로 구축했다. 게리는 이전까지 건축의 여러 부분을 휘고 비트는 디자인을 보여주었지만 이 건물에서는 비틀림을 건물 전체에 적극적으로 사용하여 표현했다. 이 건물에서는 지면에서 옥상까지 구조가 왜곡되고 비틀어지면서 올라가는 형태를 명확하게 볼 수 있다. 그로인해 건물의 역동적인 아름다움을 보여주고 있다.

그리고 빌바오 구겐하임 미술관은 이전 작품의 형태와 공간의

구겐하임 미술관, 프랭크 게리, 빌바오, 1997

실험들을 통합하여 나타난 결과이다. 미술관의 휘어지고 복잡한 형태를 도면으로 그리기란 쉽지 않다. 따라서 프랭크 게리는 종이와 나무로 만든 모형을 항공우주산업용으로 개발된 3D CAD를 스캔하여 디지털 정보로 전환하여 필요한 도면으로 그리는 방법을 사용했다. 예전의 조선소 부지에 지어진 미술관은 연면적 24,290㎡와 19개의 갤러리로 구성되어 있었다. 미술관은 본래의 기능에 더해 빌바오의 도시를 재생·활성화시키는 역할을 맡았다. 건설된 후 미술관은 수장한 미술작품보다도 더 유명하게 되었다. 평면의 형태는 아트리움을 중심으로 크고 작은 갤러리가 붙은 단순한 방사상 형태이다. 이것은 미술관을 이용하는 관람자의 동선과 미술품의 수장을 고려한 결과로 만들어진 형태이다. 각 갤러리는 명쾌하게 분절되어 있지만 티타늄으로 만들어진 외장재가 분절된 갤러리를 덮고 감추어서 건물 전체를 통합하고 있다. 갤러리는 크게 두 가지로 구분된다. 외부의 휘어진 형태를 그대로 표현한 갤러리와 정방형 갤러리가 있다. 로비의 아트리움을 감싼 벽체는 외부의 굽이치는 형태가 그대로 반영되었다.

아트리움의 부정형 형태와 부재 사이의 이질적인 연결, 복합된 소재는 조각처럼 균형을 이루며 전체를 만들고 있다. 구겐하임 미술관은 생물학적 형태언어에 근거하여 디자인되었으며 모더니즘

디즈니 콘서트홀, 프랭크 게리, 로스앤젤레스, 1999~2003

의 간결성은 철저하게 배제시킨 것으로 볼 수 있다.

디즈니 콘서트홀(1999~2003년)은 로스앤젤레스에 위치하고 있으며, 한때 예산부족으로 공사가 일시 중단되기도 했다. 외관은 빌바오 구겐하임 미술관과 유사한 형태로 구성되었고, 자유곡선을 많이 사용하여 구성하였다.

21세기의 해체주의 건축의 모습은 그들의 초기 디자인과는 조금 다른 모습으로 변한 듯하다. 근대건축을 벗어나 새로운 조형을 모색하고자 했던 해체주의 건축가들은 현재 패러다임의 변화와 함께 재료와 건축구법의 발전에 힘입어 더욱 과감한 형태와 공간의 구축을 시도하고 있다.

17

네오 모더니즘 건축,
근대건축이 진화하다

(1990년대 ～)

모더니즘 건축의 진화

현대건축의 범위를 형성하는 다양한 면모를 해석하려는 시도는 어려울 수 있다. 그 이유는 여러 흐름들에 깔려있는 공통적인 중심경향과 구별된 요소들을 명확히 구분하기가 힘들기 때문이다.

20세기 후반을 거쳐 21세기로 접어들면서 모더니즘이 신봉했던 진보에 대한 믿음과 역사의 발전에 따른 기술에 대한 낙관적인 사고들은 흔들리게 되었다. 그 가운데 1970년대 초반 모더니즘에 대한 비판이 거세게 일어났으며 기능주의의 부정적인 면모에 대한 경고도 있었다. 비평가들이 "근대건축은 죽었다"라고 선언한 이후 근대건축의 계승은 위태한 듯 보였다. 하지만 모더니즘을 비판하는 많은 선언문들이 나왔음에도 불구하고 결코 사장되었다고 볼 수 없다. 건축역사가들은 모더니즘 건축은 끝나지 않았고 21세기 이후에도 계속 될 것이라고 전망하고 있다.[1] 이러한 증거들로서 1990년대에는 직육면체와 같은 단순한 기하형태를 사용하여 외관을 구성하는 새로운 건축스타일의 작품들이 등장했다. '네오 모더니즘 Neo Modernism'이라 불리는 새로운 건축디자인이 두각을 나타내었다.

네오 모더니즘을 추구하는 건축가들의 디자인 성향은 크게 세 가지로 나눌 수 있다. 첫 번째는 르 코르뷔지에 Le Corbusier 의 영향을 받은 현대건축가들의 작품이 있다. 두 번째로는 미술의 미니멀리즘의 영향을 받아 극단적 단순성으로 나아가는 모습이 있다. 그리고 세 번째로는 유리 소재를 사용하여 건물을 더욱 밝고 투명하게 만드는 경향을 나타내고 있다. 하지만 세 가지 흐름의 저변에는 근대건축의 공간중심주의적 사고가 바탕을 이루고 있음을 이해해야 한다. 새로운 재료를 사용하는 목적도 새로운 공간을 추구하기 위한 도구에 지나지 않는다. 네오 모더니즘 건축은 근대건축이 추구했던 단순한 형태 속에 내장한 순수한 공간의 모습을 현대의 기술과 재료를 사용하여 발전시킨 건축이라고 볼 수 있다.

1) 독일 건축잡지《ARCH+》는 '근대의 근대'(1998년 10월호)에서 최근의 현대 경향의 작품들과 1920년대 근대건축의 공통점을 적극적으로 파악하고 비평했다.

네오 꼬르뷔지안 Neo Corbuisean

근대건축의 미학 중 하나로서 보편적인 미美를 추구한 플라톤적 사고를 들 수 있다. 이 전통은 프랑스 계몽주의 건축가들과, 1920년대와 1930년대 건축을 잘 표현한 주세페 테라니Giuseppe Terragni와 르 코르뷔지에로부터 현대로 계승되었다.

르 코르뷔지에의 영향은 근대 이후 1980년대 포스트모더니즘의 일시적인 범람 가운데서도 현대건축 속에 이어져 왔으며, 네오모더니즘 건축가들에게 보급되었다. 특히 그가 말한 "건축은 장엄하고 빛을 받아 잘 정돈된 고체들의 유희다."라고 했던 말은 건축형태가 어떻게 규정되어야 하는지를 보여주었다. 순수한 플라톤 형태의 내부공간에는 다양하게 빛이 스며들어 공간의 형태를 명확하게 비쳐준다. 즉 그가 초기에 추구했던 디자인 원리에 영향받은 현대건축가들은 자신의 디자인으로 새롭게 발전시켜 건축에 적용하는 모습을 보여주었다. 대표적인 건축가로서 리처드 마이어Richard Meier와 앙리 시리아니Henri Ciriani를 들 수 있다.

수공예박물관, 프랑크푸르트, 리처드 마이어, 1984

바르셀로나 현대미술관, 바르셀로나,
리처드 마이어, 1987~1995

게티 센터, 로스앤젤레스, 리처드 마이어,
1984~1997

2) 리처드 마이어, 존 헤이덕,
찰스 과스메이, 피터 아이젠만,
마이클 그레이브스의 5인이다.

미국 태생의 건축가인 리처드 마이어는 르 코르뷔지에의 조형과 공간언어를 직접적으로 차용하여 설계하면서 모더니즘의 연속성을 보여주었다. 그는 1966년 다섯 명의 뉴욕건축가들[2]의 작품을 실어 출판된《Five Architecture》라는 책을 통해 처음으로 등장했다. 뉴욕파이브는 르 코르뷔지에의 비교적 초기 건축언어인 5원칙(자유로운 평면, 필로티, 자유로운 파사드, 수평으로 긴 창, 옥상정원)과 백색건축을 자신들의 건축언어로 사용했던 건축가들이다. 그리고 리처드 마이어가 5원칙을 효과적으로 표현했던 건축은 1967년 코네티컷에 설계한 스미스 주택이다. 그리고 그는 1984년 프랑크푸르트의 수공예박물관Museum fur Kunsthandwerk 설계경기에 당선되면서 국제적으로 주목을 받게 되었다. 건물의 기본 계획은 거대한 사각형 프레임에 기초한 형태이며, 기존의 빌라를 한쪽 모서리에 두고 주변에 박물관 건축을 증축하는 방법을 제시했다. 박물관 내부에서 경사로를 오르내릴 때 내부공간의 모습과 유리 너머 외부의 풍경들이 나타나거나 사라진다. 그는 빌라 사보아에 사용되었던 경사로를 자신만의 디자인으로 발전시켜 적용했다. 공간요소로서의 경사로는 바르셀로나 현대미술관(1987~1995년)의 내부공간에서도 사용되었으며, 내외부공간을 동시에 체험할 수 있는 중요한 이동수단이 되었다.

리처드 마이어가 르 코르뷔지에의 건축언어를 자신의 방식으로 해석한 작품 중에서 가장 절정에 달한 작품은 게티 센터Getty Center (1984~1997년)일 것이다. 로스앤젤레스에 만들어진 게티 센터는 산 정상에 위치하면서 도시의 문화적 아크로폴리스와 같은 역할을 하고 있다. 계획은 세인트 마이클 산의 정상부에 있던 교회와 수도원이 이전되면서 박물관과 공원을 위해 전체적으로 재구성하는 데서 시작했다. 게티 센터의 다양한 건물들과 공원은 기하학적 체계와 축에 의해 통합된 배치로 이루어져 있다. 방문객은 모노레일을 이용하여 자연을 체험하면서 산 정상의 게티 센터로 접근한다.

그의 건축에서 중요한 주제중 하나는 이동이다. 수공예박물관이나 바르셀로나 현대미술관처럼 내부공간이 중시된 건축의 경우 중요한 공간체험 수단은 경사로이다. 반면 외부환경이 펼쳐진 게티 센터에서 사용된 축선은 방문객을 일정한 방향으로 이끌며 외부경관을 조망할 수 있는 고전적인 건축요소이다. 게티 센터를 구성하는 건물들에는 지금까지 그가 사용했던 르 코르뷔지에나 모더니즘의 건축언어가 반복적으로 사용되었으며 그것은 여전히 생명력 있는 건축언어임을 보여주었다.

르 코르뷔지에의 형태와 공간원리를 마이어와는 다른 차원에서 계승·발전시킨 건축가로는 앙리 시리아니를 들 수 있다. 그는 페론의 1차 세계대전 박물관과 아를 고고학 박물관에서 르 코르뷔지에의 조형원칙을 사용했다.

시리아니가 페론에 설계한 1차 세계대전 박물관은 노출콘트리트 외벽의 안정감을 준다. 박물관은 서쪽 연못 사이의 경사진 대지에 위치해있으며 옛 성채 일부분과 연결되어 있다. 박물관은 물과 관계를 강조하기 위해 건물의 일부가 연못에 잠겨있으며 성채의 높이와 맞추고 있다. 시리아니는 모든 디자인이 대지와 그 상징물에서 시작된다고 설명했다. 건물의 형태에서 르 코르뷔지에 말년의 건축에 보이는 건축언어를 확인할 수 있다. 특히 카펜터 센터를 연상케 하는 형태와 공간어휘가 주변환경에 대응하여 적

1차 세계대전 박물관, 앙리 시리아니, 페론, 1992

아를 고고학 박물관, 앙리 시리아니, 아를, 1995

절하게 사용되었음을 알 수 있다. 카펜터 센터는 사각형 상자에서 해방된 자유로운 조형으로 이루어진 건축이며 'S자형 경사로', '큐브형태의 전시홀', '허파 모양의 스튜디오'로 구성되었다. 이 박물관에는 외부에서 올라가는 긴 경사로, 필로티 위의 허파와 같은 형태 등이 눈에 띈다. 하지만 그가 르 코르뷔지에의 건축에서 어떻게 차용하여 자신만의 언어로 절제있게 사용했는지 살펴보는 것도 그의 건축을 이해하는 한 부분일 것이다.

그의 또 다른 대표작인 아를 고고학 박물관(1995년)은 로마제국 시대의 유적이 도시 곳곳에 존재하기 때문에 유물을 손상시키지 않고 보존하기 위해 만들어진 건축이다. 시리아니는 아를 고고학 박물관에서 르 코르뷔지에식의 모델을 중립적인 입장에서 주변 환경을 고려하여 절제된 형태와 공간을 삼각형으로 통합해서 만들었다. 그는 형태나 개념을 도식화하는 방법뿐 아니라 르 코르뷔지에가 즐겨 쓰던 푸른색을 사용하여 시각적으로 쉽게 인지할 수 있는 건축을 만들었다. 입면의 푸른색은 로마 남부의 전형적인 색채이며 밝은 햇빛 속에서 잘 나타나는 색이기도 하다. 톱니모양의 천창에서 들어오는 균일한 빛은 전시공간에 스며들고 있다. 이 박물관에는 르 코르뷔지에의 근대건축 5원칙 중 옥상정원에 대한 시리아니의 해석이 새롭게 시도되었음을 알 수 있다. 세변의 세장한 외벽은 코너부분에서 두 변이 접촉하지 않기 때문에 공간적으로 폐쇄감이 들지 않는다. 르 코르뷔지에의 초기 건축언어가 사용되었던 사보아 주택처럼 긴 외벽에는 개구부가 뚫려있고 개방성이 높다.

현재 모더니즘의 전통과 르 코르뷔지에의 스타일을 잘 나타내면서 가장 주목받고 있는 건축가는 피터 줌터Peter Zumthor이다. 그의 이름을 널리 알린 작품은 스위스의 시골에 지은 성聖 베네딕트 교회(1985~1988년)이다. 이 교회는 폭설로 무너진 교회재건 설계 경기에 당선되면서 고향의 장인들의 협력과 20명의 신도들에 의해 건설되었다. 대지는 한적한 시골마을의 경사지다. 마을에서 고갯길을 올라가면 실린더의 탑 모양 교회가 경사면 상부에 나타난다. 건물외벽에 싱글을 붙인 시골의 지방색이 강한 교회를 볼 수 있다. 건축과 대지가 일체된 게니우스 로키를 보여주는 좋은 예이기도 하다. 건물형태는 긴 타원형이다. 약 30°의 경사진 대지에 타원형 끝부분을 산 쪽으로 배치하여 1층 바닥레벨이 전개되고 있다. 건물의 아랫부분은 높은 단이며, 중간에서 윗부분은 예배공간으로 구분되어 있다. 교회의 내부는 고측창이 건물의 전체를 두르고 있다. 당초 신도들은 알프스에 어울리는 흰색 스터코 마감의 바로크풍의 교회를 희망했지만, 줌터는 목사의 찬동을 얻어 현대적인 교회를 설계했다고 한다. 교회는 마을의 커뮤니티센터로도 활용되고 있다. 높은 언덕에서 자비로 충만한 눈으로 마을을 내려다보는 듯한 교회의 모습은 마을사람들의 종교적·정신적 상징이 되었다.

공간에 대한 탁월한 관심과 재능을 나타낸 또 다른 건축은 발스에 설계한 온천장(1997년)일 것이다. 해발 1,200m인 이곳에 온천이 솟아나면서 주변에 호텔이 생기게 되었다. 건물 뒤에는 눈으로 뒤덮인 급경사의 산들이 솟아있는 스위스의 풍경 속에 기존의 호텔과 동일한 대지에 위치해있다. 발스온천장은 대지의 서쪽 경사면에 절반이 매립되어 있으며 산의 경사흐름이 이어져 건물의 수평지붕을 만들었다.

풀이 자라는 옥상에는 건물내부에 태양광이 스며들도록 긴 톱

성 베네닉트 교회, 피터 줌터, 섬비팅,
1985~1988

발스온천장, 피터 줌터, 발스, 1997

라이트가 끼어져 있다. 건물 전체의 외벽은 발스의 편마암을 얇게 잘라서 쌓아올린 것이며, 청암색의 중후한 벽면의 텍스추어는 어두운 공간 속에서 톱라이트의 슬릿에서 떨어지는 자연광으로 인해 거칠게 드러난다.

건물의 중심이 되는 거대한 온천 풀pool은 내부와 외부에 하나씩 위치해 있다. 내부 풀(약 35°)의 주변에는 콜드바스(약 12°)라 불리는 특수한 작은 공간이 각각 독립적으로 나열되어 있다. 그것이 지붕슬래브를 지지하며 동굴이나 미로와 같은 공간적 분위기를 만든다. 외부 풀(36°)은 일부가 구부러지고 내부로 상호 관입되어 연결되어 있다. 건물은 내부와 외부가 연속되고, 공간은 일체화되어 개방되어 있다. 상호 관입된 내외부 공간의 일체화된 편마암의 매스는 수평으로 연속된 여러 층의 벽면 줄눈과 함께 곡선이 배제된 직각의 기하학을 이루고 있으며 그 속에는 아름다운 공간을 품고 있다.

브리겐츠 미술관Bregenz Art Museum(1997년)은 호수 근처에 지어진 반투명의 유리상자의 형태다. 밤이 되면 야광충처럼 빛을 발하는 라이트 박스로 변화한다. 미술관은 스위스 북동부의 옛 시가의 완만한 로하우스Row-house와 빛으로 가득 찬 보덴 호수가 보이는 인상적인 거리에 위치해 있다.

건물의 특징은 전면 유리마감이며, 최상층의 전시실 천정 안에도 1층 정도의 공간이 갖추어져 있다. 빛은 전시장의 유리천정을 통해 떨어지고 있다. 브리겐츠 미술관은 외벽을 흐린 유리로 전부 마감했지만, 안쪽은 맑은 유리벽 수십cm 간격으로 만든 이중 스킨이다. 바닥슬라브와 벽의 구조체를 이중 유리피막이 덮은 구조이다. 그리고 전시공간의 절제된 회색 톤은 전시작품을 잘 드러내고 있다.

콜룸바 미술관Art Museum Kolumba(2007년)은 그의 건축 주제인 빛, 공간과 재료의 물성의 표현이 잘 나타난 예이다. 미술관은 2차 세계대전 기간 파괴된 후기고딕 성聖콜룸바 교회의 폐허 위에 설계되었다. 지하층에는 A.D. 7세기의 옛 교회터를 포함한 고고학 발

브리겐츠 미술관, 피터 줌터, 브리겐츠, 1997

콜룸바 미술관, 피터 줌터, 퀼른, 2007

굴지가 있다. 입면의 회색벽돌에 뚫은 수많은 구멍들은 내부에 독특한 빛의 공간을 만들고 있다. 중정이 포함된 미술관은 지상 3층에 서로 다른 수장품을 전시하는 17개의 갤러리로 이루어져 있으며 갤러리마다 빛의 성격과 크기가 다르게 구성되어 있다. 미술관은 로마네스크 조각, 중세 그림에서 현대에 이르는 폭넓은 컬렉션을 영구전시하고 있다. 건축 재료는 미술관 전체에 중요한 역할을 한다. 건물 입면의 저층부에는 고딕시대의 남겨진 잔해를 동시에 보여주고 있다. 즉 역사적 유물은 보존해야만 하는 지나간 시대의 퇴적물이 아니라 함께 공존해야 할 중요한 요소임을 건축 입면으로 나타내었다. 피터 줌터는 그의 작품을 통해 재료와 디테일을 잘 나타내는 장인적이며 드라마틱한 빛을 연출하는 네오 모더니즘의 건축가임을 입증하고 있다.

투 명 성 Transparency 의 발 전

현대건축의 특징 중 한 가지로 가능한 시각적으로 방해받지 않고 내부공간에서 외부의 풍경을 보기 위해 넓은 유리면을 만드는 경향을 들 수 있다. 그리고 건물 전체를 유리로 만들어서 독특한 형태와 내부공간을 보여주려는 시도도 이루어지고 있다. 그만큼 현대건축에서 유리는 뺄 수 없는 중요한 건축재료이다.

건축 역사를 보더라도 유리는 건축에서 중요한 역할을 해왔다. 고딕 시대에 사용된 스테인드글라스와 장미창은 단순히 내부에 빛을 들이기 위한 유리창일 뿐 아니라 다양한 이미지와 색채로 내부를 가득 채운 기독교 예술의 정수였다. 스테인드글라스를 통해 들어온 다채로운 빛은 교회 공간을 가득 채우면서 신비롭고 경건한 교회의 공간을 만드는 중요한 신神의 통로가 되었다. 그리고 근대에도 철, 콘크리트와 함께 유리는 중요한 건축재료로 사용되었다.

20세기 초에 새로운 건축재료인 유리블록이 등장했다. 유리블록은 형태나 색채에 따라 여러 모양으로 만들어서 벽면을 구성할 수 있었다. 프리즘유리와 같은 색채로 둘러싸인 중세적이며 환상적인 공간에 대한 꿈을 20세기의 건축가들은 다시 품게 되었다. 그리고 이를 통해 건축가들은 빛에 감싸인 내부공간을 실현할 수 있게 되었다.

르 코르뷔지에의 도미노시스템Dom-ino System(1914년)으로 인해 '근대건축의 5원칙'의 자유로운 입면을 만들 수 있었다. 벽체가 기둥에서 자유롭게 분리되면서 입면도 자유로운 표현이 가능해졌다. 즉 커튼월은 건축의 구조체에서 바깥으로 돌출된 형태이며, 스크린과 같은 입면 또는 건물 전체를 덮는 얇은 외피라 할 수 있다.

20세기 후반에는 반투명한 소재가 등장했다. 반투명한 소재로 가장 많이 사용된 것은 펀칭메탈이며, 스테인리스 스틸이나 알루미늄 같은 금속판에 원, 타원, 정사각형, 육각형 등 여러 가지 형상으로 구멍을 내어 가공한 제품이다. 펀칭메탈은 내부와 외부의 경계를 애매하게 만드는 재료이며, 공간의 다층성을 실현시키는 피막으로서 건축가들이 선호하는 재료 중 하나이다.

1980년대에서 1990년대의 포스트 모더니즘과 하이테크 건축에서는 투명성뿐만 아니라 표현의 다양성을 위해 유리 소재를 사용했다. 고성능 열선반사유리를 조합하여 다양한 색과 반사가 가능하고 변화가 풍부한 편평한 외관은 이전에는 불가능했던 건축가의 상상력을 자극하면서 새로운 표현을 할 수 있도록 도와주었다. 현대건축에 사용된 유리재료는 건물외관에 다양한 표정을 넣어 소재의 물질성을 강조하는 경향을 나타내고 있다. 렘 콜하스Rem Koolhaas, SANAA(가즈요 세지마＋류에 니시자와), 장 누벨Jean Nouvel, 도요 이토Toyo Ito, 헤르초크 & 드 뫼롱Herzg & De Meuron 같은 현대건축가들에게 유리소재는 중요한 디자인 재료이며, 그것을 적극적으로 사용하여 자신의 건축을 표현하고 있다.

현대건축의 대표주자인 렘 콜하스가 설계한 건축에서는 시간과 움직임의 독특한 융합을 볼 수 있다. 하지만 유동적인 매스와 공간은 근대적 유리상자 속에 들어가 있는 것이 특징이다. 특히 그가 건축적으로 성장한 배경에는 헤르만 헤르츠베르그나 알도 반 아이크

쿤스트 할, 렘 콜하스, 암스테르담, 1992

프라다 트랜스포머, 렘 콜하스, 서울, 2009

처럼 이전 세대가 기존의 틀을 넘어 새로움을 탐구하고자 했던 열
정과 네덜란드 특유의 혁신적 사고가 있었음을 짐작할 수 있다. 현
재 그의 사상과 작품들은 네오 모더니즘 건축을 이끄는 중요한 방
향키가 되고 있으며 MVRDV와 누텔링 리디크Neutelings Riedijk[3]와 같
은 네덜란드 건축가들이 두각을 나타내는 것과도 무관하지 않다.

렘 콜하스의 작품으로는 쿤스트 할, 재독일 네덜란드 대사관 등
이 있으며, 국내에서도 여러 작품을 선보였다. 서울대학교 미술관,
리움 미술관과 함께 경희궁 앞뜰에 가설된 건축물로서 이벤트에
따라 형태가 변형되는 프라다 트랜스포머(2009년)와 같은 혁신적
인 작품은 수많은 화제를 불러 모았다.

그리고 MVRDV[4]의 대표작으로는 네덜란드 공영방송국인 빌
라VPRO(1993~1997년)가 있다. 이 건축에서는 렘 콜하스와 유사한
디자인 언어를 확인할 수 있다. Wozoco 노인집합주거(1994~1997
년)에서 거대한 유리 직방체에서 여기저기 튀어나온 목재사이딩
마감의 매스들은 보는 이로 하여금 특별하고 놀라운 감각을 느끼
게 한다. 그들은 하노버 국제박람회 네덜란드관(2000년)에서 입체
화된 수직의 파빌리온을 디자인했다. 파빌리온은 사방이 모두 개
방되어 있고 랜드스케이프 아키텍처라 할만한 공중정원 이미지
를 실현하였다.

아시아에서 렘 콜하스의 공간적 사고에 동조하면서 네오 모더
니즘의 건축을 추구하는 건축가로서 SANAA를 들 수 있다. SANAA
가 도쿄의 오모테산도거리에 설계한 크리스찬 디오르 샵Christian
Dior Shop(2004년)은 각기 다른 층고로 이루어진 투명한 직방체의 큐
브이다. 그리고 이 건물내부에 설치된 첨단 소재의 커튼은 야간
에는 조명을 반사시켜 마치 건물전체가 빛을 발광하는 모습을 보
여주고 있다. SANNA가 2007년 뉴욕에 설계한 신현대미술관New
Museum of Contemporary Art은 유리의 육면체가 엇갈리면서 적층된 형태
이며, 건물 외부는 펀칭메탈이 뒤덮고 있다.

이 또한 육면체의 무게감을 줄이기 위해 반투명의 재료를 사용
했으며, 더불어 텍스추어를 눈으로 느낄 수 있도록 했다. 미술관

3) 윌리엄 얀 누텔링Willem-Jan Neutelings
과 마이클 리디크Michiel Riedijk가 로테
르담에 설립한 건축설계사무소이다.

4) 네덜란드 암스테르담을 거점으로 활동
하는 건축그룹으로1991년 설립되었다.
MVRDV의 유래는 사무소설립 때 3인의
멤버 위니 마스Winy Maas(1959 -),
야곱 반 리이스Jacob van Rijs(1964 -),
나탈리 데 브리이스Nathalie de Vries
(1965 -)의 머리글자로 만들었다고
한다.

Wozoco 집합주거, MVRDV, 1994-1997

하노버박람회 네덜란드관, MVRDV, 2000

크리스찬 디오르 샵, SANNA, 도쿄, 2004

신현대미술관, SANAA, 뉴욕, 2007

의 내부공간은 기능상의 문제로 아주 단순하게 구성되었다. 하지만 서로 어긋나게 적층시킨 육면체로 인해 만들어진 7층의 발코니에서 맨해튼 도시를 한눈에 바라볼 수 있다.

SANAA의 작품에서 사용되고 있는 중요한 디자인 원칙은 '투명함'과 '가벼움'이라고 말할 수 있다. 그들은 '투명한' 건물을 표현하기 위해 외관이나 내부공간에서 초창기 작품부터 현재까지 유리를 많이 사용하였다. 그것은 현재 건물의 내용이라 할 수 있는 기능이 너무나 빠르게 변하기 때문에 두꺼운 벽에 의한 공간분할은 그다지 중요하지 않기 때문이기도 하다. 변화하는 기능에 따라 늘 새로운 내부 공간을 만들기 위한 방법으로서 투명하고 가벼운 벽체로서 유리를 사용했다.

유리로 내부공간을 분할하게 되면 사람들의 다양한 시선의 교차가 발생하게 된다. 투명한 유리를 넘어 타인을 보거나 또는 자신을 보여주는 다양한 시각적 효과와 커뮤니케이션이 공간 속에서 우연히 이루어지게 된다. 또 그들이 설계한 건축에서 천장을 지탱하는 구조요소는 기둥이며 공간을 분절하는 벽체는 유리가 사용되었다. 기둥은 일반적인 굵기보다 더 가늘고 길게 표현했다. 바꿔 말하면 가벼운 건축을 만들기 위해 기둥마저도 존재하지 않는 듯한 모습을 나타내고자 시도한 것이다. 그들의 건축언어인 '가벼움'과 '투명함'은 추상적이며 도식적인 공간을 만들고 있다.

미 니 멀 리 즘 Minimalism 의 추 구

네오 모더니즘을 표현하는 건축가들은 순수예술 분야에서의 실험들 특히 도널드 주드 Donald Judd 와 같은 조각가들의 작품에서 많은 영향을 받았다고 할 수 있다. 1980년대 건축으로 전향한 주드는 두 분야 사이의 밀접한 관계를 나타내는 생생한 지표이기도 하다. 미니멀리즘은 현대 소비주의에 대한 미적, 사회적 반작용 현상을 대표하는 태도이다.

네오 모더니즘은 미니멀리즘 철학과 미스 반 데 로헤의 건축에서 보이는 기본 원리를 현대적으로 발전시킨 것으로 볼 수 있다. 그 예로 바르셀로나 파빌리언(1928~1829년)과 판스워드 주택(1945~1951년)을 들 수 있다. 두 건물은 극도의 단순성을 추구했으며, 내외부공간 사이에 자유스러운 유동성을 극대화하고자 했던 건축이었다. 그가 사용한 디테일은 건축과 자연의 자연스러운 융합을 목표했다.

이러한 경향을 대표하는 건축가들로 알바로 시자Alvaro Siza, 타다오 안도Tadao Ando, 알베르토 캄포 바에자Alberto Campo Baeza 등을 들 수 있다. 이들 작품에서 보이는 공통적인 특징은 근대건축의 중요한 주제였던 공간에 대한 지속적인 관심이다. 따라서 그들의 디자인의 출발점으로 내부공간에서 볼륨의 강조를 들 수 있다. 하지만 미니멀리즘의 디자인은 표면적으로 아름답고 디테일하며 정교하게 만들어진다 하더라도, 한정된 모서리로 가두어버리는 초기 모더니스트들의 신조들을 그대로 되풀이하고 있다.

타다오 안도는 기하 형태의 평면과 추상성이 높은 공간에서 신체의 체험을 통해 인간의 감성을 회복하고 건축의 본질을 보여주고자 노력한 건축가이다.

스페인의 알베르토 캄포 바에자는 미스 반 데 로헤의 건축언어를 답습하거나 발전시킨, 미니멀리즘을 대표하는 건축가이다. 대표작인 가스파르 주택(1991년)과 함께 대부분의 주택은 흰색의 벽과 절제된 건축재료를 사용하여 공간을 만들었다. 특히 그가 설계한 건축에는 모더니즘 건축가들이 연구했던 빛과 공간의 관계가 현대적으로 잘 계승되고 있다. 거대 프로젝트인 그라나다 은행(2001년)이나 안달루시아 박물관(2009년)에서도 유사한 건축언어를 볼 수 있다.

모더니즘의 마지막 세대이자 미니멀리즘 건축을 대표하는 건축가로는 포르투갈 태생의 알바로 시자를 들 수 있다. 그는 포르투갈에서 유일한 국제성을 지닌 건축가로서 프리츠커상과 유럽 건축상 등 세계적인 건축상을 수없이 수상했다. 그는 건축표현 요

빛의 교회,안도 타다오, 이바라키, 1989

그라나다 은행, 알베르토 캄포 바에자, 2001

소로서 빛과 건축재료를 중요하게 생각했으며 모더니즘의 절제된 형태로 지역적인 건축을 만들어 왔다.

1980년대 알바로 시저가 설계한 특징적인 작품 중 두 개의 은행 건축이 있다. 보르게스 & 이르마온 은행(1986년)과 핀토 & 소토마욜 은행(1974년)이다. 핀토 & 소토마욜 은행은 보르게스 은행보다 10여 년 전에 건설되었지만, 여기에서 사용된 다양한 건축언어는 이후 시저의 작품에 계속 등장한다. 보르게스 은행은 내부공간에 대리석으로 조형적인 벽면을 구성한 것이 특징이다. 은행은 경사지에 지은 3층 건물이며 아래층에 입금고 업무, 도로레벨에는 일반업무 공간이 들어가 있다. 그리고 상층에는 임대업무와 관리부문이 배치되어 있다. 건물은 평형한 2변이 양쪽에서 휘어지면서 만나기 때문에 단검과 같은 평면으로 계획되었다. 전체적으로 르 코르뷔지에나 미스의 향기를 나타내고 있지만, 각 층의 벽면에서는 큐비즘의 영향을 느낄 수 있다. 건물은 투명한 가구에 의해 내외부공간의 시각적인 시퀀스를 보여주고 있으며 적절한 스케일로 주변의 도시컨텍스트에 대응하고 있다. 하지만 시저만의 독특한 건축언어로 만들어진 형태 때문에 주변과 불협화음을 만드는 듯하다. 보르게스 은행은 1988년 미스 반 데 로헤 재단이 창설한 첫 번째 유럽건축상을 수상 받은 건축물이기도 하다.

산티아고 데 콤포스델라는 이탈리아 서북단에 있는 스페인의 역사적 도시이며 성誓 야고보의 무덤에 지어졌다고 전해진 대성당은 중세 순례지의 하나로서 유명하다. 이 건물은 알바로 시자의 첫 미술관(1993년)으로서 안쪽의 정원에 새로운 질서를 불어넣고, 주변의 공공공간과 건물의 무계획적 개발을 통일하여 지역의 도시조직을 재구성하는 역할을 하고 있다. 완만한 경사의 대지는 바로 옆에 있는 17세기 '산토 도밍고 데 보나바르 수도원' 대지 안에 위치해 있다. 시저는 미술관의 질서를 만들기 위해 개조한 정원의 비대칭형의 테라스에서 축선을 도출했다.

건물은 두 개의 기다란 직방체로 이루어졌다. 하나는 수도원과 평행하고, 다른 하나는 가로변과 평행하게 구성했다. 두 개의 볼

핀토 & 소토마욜 은행, 알바로 시자, 1974

보르게스 & 이르마온 은행, 알바로 시자, 1986

름은 남쪽 끝에서 만나면서 블루화이트의 삼각형 모양의 아트리움 공간을 만들고 주출입구 홀을 이루었다. 내부동선은 홀에서 시작하여 전시공간으로 나아간다. 옥상테라스에서 산티아고의 멋진 중세 도시풍경과 뒤쪽의 수도원을 볼 수 있다.

시저의 작품에서 많이 나타나는 흰색 외벽은 여기에서는 보이지 않고 수도원과 어울리는 흙색의 화강석이 사용되었다. 그리고 내부공간은 대리석을 바닥에 깔고 흰색의 벽과 천정으로 만들었다. 빛을 건축재료의 일부라고 생각한 시저는 천정에 확산광패널을 매달았다. 따라서 내부공간에는 톱라이트에서 들어오는 직사광은 부드럽게 퍼짐과 동시에 패널 안에 장치된 인공조명은 묘한 간접광을 발한다. 그는 갈라시안 현대미술관에서 지역성과 현대성을 조화롭게 융합시켰다.

포르투 대학 건축학부(1994년)는 자국 포르투갈에서 완성된 그의 대표작 중 하나이다. 포르투 시가지를 흐르는 도루로강 북쪽 고지대에 위치한 학교는 푸른 숲 위에 떠오른 새하얀 매스처럼 보이며 시적인 풍경이라 할만하다. 시저의 작품은 단순한 기하학과 적은 재료, 예를 들어 근대의 '바이센호프 지들룽'에서처럼 클래식한 모더니즘의 간결함이 특징이다.

'포르투 대학 건축학부'는 500명의 학생을 가르치기 위한 연면

갈리시안 현대미술 센터, 알바로 시자,
산티아고 데 콤포스델라, 1994

포르투 대학 건축학부, 알바로 시자, 포르투갈,
1997

미메시스 미술관, 알바로 시자, 파주, 2009

적 8,700m²의 건물이다. 전체계획은 삼각형의 대지에서 북쪽 건물군과 남쪽 건물군은 예각 삼각형의 두 장변에 위치하며, 서쪽에서 두 개의 건물군이 예각의 집점을 이루고 있다. 그리고 동쪽에는 시저가 만든 '카를로스 라모스 파빌리언'이 있다. 두 개의 건물군 사이에는 동서축을 따라 강한 투시도적인 중정공간이 생성되어 있다. 북쪽 건물군은 건축학부 오피스, 관리오피스, 반원형 갤러리, 도서관, 오디토리움 등을 내포한 직선 형태이다. 외관은 분절이 잘 이루어져 있으며, 중정 쪽으로 풍부한 표정을 나타내고 있다. 그리고 북쪽 건물군은 뒤쪽의 고속도로에서 나오는 소음을 막아주는 역할을 한다. 이에 비해 남쪽 건물군은 네 개의 독립된 건물로 이루어져 있다. 1층에는 연구실과 아틀리에가 들어가 있으며, 지하층에서는 긴 갤러리로 연결되어 있다.

흰색의 건축조형은 아돌프 로스Adolf Loos나 르 코르뷔지에의 모더니즘 유산을 이어받은 모습이다. 최근 우리나라에서도 알바로 시저가 설계한 건축이 많아지고 있다. 그가 안양과 파주에 설계한 소규모 미술관에서 빛과 그림자의 유동성을 나타내는 독특한 공간이 보인다. 또한 용인에는 국내 건축가 김종규와 함께 작업한 아모레퍼시픽 연구소(2010년), 제주도에서 바다를 마주한 멋진 주택작품(2011년) 등을 선보였다.

한국 현대건축의 1세대라 불리는 김수근과 김중업의 사후死後에 많은 젊은 건축가들이 현대건축에서 한국성을 정립하고자 했지만 특별한 방향을 수립하지 못한 상태가 계속되었다. 또 국내 건축가들은 자신만의 조형언어로서 건축 작업을 하는 데 한계를 느끼게 되었을 즈음 근대건축과 르 코르뷔지에의 조형언어에 다시 눈을 돌리게 되었다. 특히 1990년대 말과 2000년대 초 사이 국내에서는 르 코르뷔지에의 건축언어에 근거한 건축이 중요한 흐름을 형성했다. 이 시기에는 국내 대기업들은 앞다투어 KPF, 마리오 보타Mario Botta, 다니엘 리베스킨트Daniel Libeskind, 도미니크 페로Dominique Perrault 등과 같은 외국의 설계회사나 유명건축가들을 동원해서 국제적으로 성장하고 있는 회사이미지에 걸맞는 건축물을 만들었다. 이것은 국내외적으로 성장한 대기업과 건축의 역학적 관계를 보여주는 현상이라고 할 수 있다. 그리고 이러한 열풍은 곧 대학교의 건축에도 이어졌다.

로댕갤러리, KPF, 서울, 1998

이화여대 ECC, 도미니크 페로, 서울,
2004~2008

하지만 건축적으로는 새로움과 풍요로움 그리고 혼란스러움이 뒤섞인 가운데 한국성이라는 문제와는 거리를 두고 모더니즘 건축에서 자신만의 건축언어를 찾으면서 작품 활동을 꾸준하게 했던 건축가들도 있었다. 한국현대건축에서 1990년대부터 현재까지 이러한 건축가들이 추구했던 사고나 작품들은 국내 건축계에 큰 영향을 끼쳤다고 할 수 있다. 민현식, 승효상, 김준성, 김종규, 김인철 등과 같은 건축가들은 디자인 성향이 조금씩 다르지만 네오 모더니즘 건축의 특징인 유리, 철, 그리고 노출콘크리트와 같은 단순한 재료로 형태보다 공간을 강조하는 건축 작품을 만들었다.

승효상은 1990년 이후부터 스승인 김수근의 영향을 벗어나 모더니즘적 건축언어에 몰두하면서 학동 수졸당(1992년), 수백당(1998년) 등 주목할 만한 건축 작품을 많이 선보였다. 그리고 2000년 이후 단순한 형태에 코르텐강판을 외장재료로 사용하면서 보다 자유롭고 시적인 감성을 드러내는 웰콤시티(2000년), 대전대 혜화문화관(2003년), DMZ 평화생명동산(2005년), 노무현 대통령 묘역(2009년)과 같은 작품을 만들었다.

김인철도 2000년도 이전 형태구성이 돋보이던 건축에서 전환하여 노출콘크리트와 같은 단순한 재료사용과 함께 내부공간을

웰콤시티, 승효상, 서울, 2000

어반 하이브, 김인철, 서울, 2008

의재 미술관, 김종규+조성룡, 광주, 2001

5) 《건축에게 시대를 묻다》, 민현식, 돌베게,
   2006년

강조하는 건축을 계속 선보이고 있다. 대표작인 김옥길 기념관 (2002년), 호수로 가는 집(2008년)과 어반 하이브(2008년)에 그의 건축적 사고가 잘 반영되어 있다.

김종규는 많은 작품을 만들진 않았지만 1996년 명동성당 축성 100주년 기념관 설계경기에서 우수작으로 당선된 이후, 노인치매요양시설인 순애원(1997년), 의재미술관(2001년), 카이스갤러리 (2001년)처럼 직방체의 단순한 형태와 유리, 콘크리와 같은 순수한 재료를 사용하여 계속 작품을 만들고 있다. 헤이리 아트벨리에서는 건축가 김준성과 함께 코디네이터로 건축지침을 만들었으며 아모레 퍼시픽연구소에서 알바로 시자와 함께 작업하기도 했다. 특히 그가 설계한 건축은 단순하고 추상적인 외부형태 속에서 다양한 공간을 이동하면서 빛과 재료가 함께 어우러진 다양한 장소를 체험할 수 있는 시퀀스의 구성이 특징이라 할 수 있다.

민현식은 모더니즘 건축의 토양이 부족한 우리나라에서 모더니즘의 언어를 진지하게 고민하고 자신만의 건축을 실천한 건축가이다. 또한 그는 책[5]을 통해 현재 한국 현대건축에서 일어났던 중요한 문제를 담론화시키고 그 성과를 비평하면서 나아가야 할 방향을 제시하기도 했다. 파주출판도시와 같은 거대한 프로젝트에서는 플로리안 베이겔Florian Beigel, 승효상, 김종규 등과 함께 작업하면서 특별한 개념으로 만들어진 도시만들기의 사례를 보여줌으로써 국내뿐 아니라 외국에도 그 성과를 알렸다.

민현식은 대부분의 네오 모더니즘 건축가들과 유사하게 건축의 존재가치와 디자인의 출발점을 공간에 두고서 건축설계를 해왔다. 눈에 보이는 건축의 형태보다는 건축의 본질인 공간의 가치를 강조한 그의 사고를 다양한 작품에서 볼 수 있다. 그가 건축에서 중요하게 생각한 부분은 비어있음이라고 했으며, '비어있음'에 대한 고찰을 전제로 공간을 생각한다고 했다.

'비어있음'이란 고요함, 명료함, 투명성 등을 의미하며, 시간, 순간, 장소, 상황의 모든 것의 사이이다. 건축에서는 바닥판의 구조, 바닥판의 조직이나 체계가 된다. 그리고 비어있는 공간은 늘 변화가능하며 어떠한 사건이 일어날 가능성을 품고 있다. 따라서 그의 최대 관심사는 감동과는 별도로 다양한 사건을 담을 수 있는 공간을 만드는 것이다. 이와 관련해서 한국적인 건축요소인 마당은 그의 건축에서 중요한 주제이며 외부공간에서 다양한 모습으로 잘 구현되어 있다. 또 그의 건축 속에 구축된 비워진 공간은 주변의 다양한 풍경을 담는 그릇과 같은 역할을 하며 그 공간을 보는 이가 즐기며 사색할 수 있도록 이끈다. 풍경을 만드는 방식은 작은 주택에서부터 공원과 같은 랜드스케이프 건축까지 그 방식은 각각 다르게 나타난다. 이러한 그의 사고에는 네오 모더니즘 건축의 속성이 잘 나타나고 있다. 그는 복잡하고 뒤틀린 한국의 건축현실 속에서 모더니즘에 대한 고민과 비판을 거치면서 자신의 건축을 추구해온 네오 모더니즘의 대표적 건축가이기도 하다.

1990년대에 그가 설계한 신도리코 아산공장 본관(1994년)과 신도리코 기숙사(1997년)에는 이러한 조형언어가 잘 나타나 있다. 신도리코 기숙사에서 주된 형태인 두 개의 기숙사 동은 가운데 마당을 두고 나란히 배열된 구성이지만 공간적으로 이어지도록 했다. 아산공장 본관은 거대한 매스 속에서 공간볼륨들은 지형과 레벨을 달리하면서 다양하게 꺾이면서 이어져 있다. 기능적일 수밖에 없는 공장건물과 사무실에 비움이라는 시적 공간을 삽입하여 건축화한 훌륭한 예이다.

신도리코 아산공장 본관, 아산, 1994, 민현식

성약교회, 민현식, 의정부, 1997

지금은 안타깝게 사라지고 없지만 성약교회(1996년)에서는 대지 안에 서로 다른 두 개의 직육면체 공간볼륨을 나란히 배열시켰다. 하나는 예배당을 이루는 직육면체 매스이며 다른 하나는 예배당 크기의 보이드_{void}로 된 외부공간이다. 즉 한 곳은 신의 임재를 담는 그릇이며, 또 다른 곳은 인간적인 풍경을 담는 그릇의 역할을 한다. 성약 교회의 설계는 교회의 본질에 대한 물음에서 시작되었으며 예배당은 그 이념을 담을 수 있도록 공간을 만들었다. 이 때문에 전통적으로 교회건축에 사용되었던 빛이나 색과 같은 감동적 요소는 배제되었다.

그것은 지금까지 교회건축에서 성도들에게 감동을 주기위해 만들어왔던 건축적 장치가 오히려 교회의 본질을 흐린다고 판단했기 때문이라고 한다.[6] 따라서 기존의 기독교 예배공간에서 설교자와 설교를 듣는 성도를 구분하는 공연장과 같은 공간구성대신 새로운 방식이 시도되었다. 즉 설교자의 강대상은 본당의 한가운데 위치하며 그 좌우로 성도들이 앉는 좌석이 1층과 2층에 배열되어 있다. 오직 예배라는 사건에 초점을 맞추기 위해 공간을 만든 것이다. 성약 교회는 건축설계가 어디에서 시작되어야 하며 그것을 바탕으로 공간이 어떻게 이루어져야 하는지에 대한 논리적 과정을 잘 나타낸 건축이라 할 수 있다.

그의 작품에서 비움이라는 주제가 잘 나타난 건축은 '마당 깊

6) 건축과 환경, 1997-11

마당 깊은 집, 민현식, 파주, 2000

은 집(2000년)'일 것이다. 그는 "마당 깊은 집에서 의도하는 바는 비움의 건축화이다. 이 집을 구성하는 모든 방과 장소들 뿐 아니라 그것들을 구축하는 모든 유형, 무형의 건축적 요소들이 그러하기를 바란다. 그 중에서 특히 길, 마당을 주목하여 그것들을 의미 있는 형태로 만든다기보다 이들이 햇빛과 바람과 만나면서 엮어내는 순간순간의 상황과 느낌을 창출하려는 것이다."라고 했다.

이 집합주거에서는 위계적으로 벽, 길, 마당을 구성하여 가족뿐만 아니라 이웃까지 아우르며 함께 산다는 것을 느낄 수 있도록 했다. 또한 집 속에서 사색할 수 있는 개인적인 공간에 대한 배려도 빠트리지 않고 있다.

2005년 설계한 평화누리공원에서는 비움을 통해 풍경을 담는다는 그의 생각이 광활한 랜드스케이프 속에서 더욱 확장되어 나타나 있다. 특히 수공간 위에 떠 있는 카페테리아는 테라스와 몇 개의 창이 뚫린 단순한 건물이며 외장재료로 사용된 코르텐 강판의 붉고 짙은 녹은 공원 속에서 특별하지만 주변과 잘 어울리는 풍경을 만들고 있다. 카페테리아는 근대건축가들이 사용했던 견고한 육면체가 아닌 어느 누구나 '집' 또는 '건축'이라는 이미지를 떠올릴만한 형태이다. 따라서 이곳에서는 주변 환경을 절단하고 자신을 드러내는 강렬한 건축적 오브제보다는 환경과 함께하는 풍경을 만들고자 했던 그의 의지를 엿볼 수 있다. 이곳에서 건축

평화누리공원, 민현식, 파주 임진각, 2005

동숭교회, 민현식, 서울, 2005

신도리코 본사 리노베이션, 민현식, 서울, 2011

은 풍경을 이루기 위한 도구가 되었다고 할 수 있다.

동숭교회(2005년)와 신도리코 본사 리노베이션(2011년) 등은 이전의 단순하고 순수하게 표현했던 외관과 달리 스케일감 있는 건물 외피나 벽돌소재를 통해 사람들에게 쉽게 다가갈 수 있는 친근한 감성을 표현했다. 동숭교회에서도 비어있는 공간을 먼저 생각하고서 건물의 배치가 이루어졌음을 알 수 있다. 또한 신도리코 본사에서 벽을 따라 올라가는 긴 계단은 보는 이에게 건축적 풍경을 제공하고 있다. 초기 작품에서 최근 작품까지 네오모더니즘의 건축가로서 인간과 공간에 대한 일관된 그의 철학을 읽을 수 있다.

18

친환경 건축,
인간과 자연의 공존을 모색하다

(1990년대 ～)

친환경 건축의 출발

인간은 처음부터 자연환경 속에서 살아왔다. 인간이 생활하기 위해 건축과 자연의 관계가 중요하다는 것은 의문의 여지가 없다. 인류역사에서 건축은, 인간이 자연환경을 극복하고 그 토대 위에 성립한 유산이기도 하다. 20세기 인간은 자연환경으로부터 벗어난 새로운 건축환경을 만들고자 노력해왔다. 하지만 20세기 후반에 들면서 건축계는 자연을 극복하고 이용해야만 할 대상으로만 생각했던 이전과는 달리 보다 정중하게 자연과의 관계를 검토하게 되었다. 이러한 경향을 친환경적Environmentally Friendly, 생태학적Ecological, 지속가능한Sustainable 또는 그린Green이라 부르고 있다. 이것은 현재 우리생활 구석구석에 확실하게 자리 잡은 용어이기도 하다. 이 개념은 새롭게 변화된 가치관에 근거하여 태양열과 같은 에너지시스템뿐 아니라 일상생활용품까지 다루고 있다.

새로운 사고는 환경적 변화로부터 다음 세대를 위해 지구를 보호해야 한다는 긴장감 속에서 출현했다. 기존의 환경보호의 관점은 크게 두 가지로 나눌 수 있다. 첫째는 환경파괴를 막기 위해서 개발을 완벽히 중지해야 한다는 것이다. 두 번째는 세계의 불확실한 생태균형을 보호하기 위해 제한된 계획 아래 이루어져야 한다는 관점이다. 친환경 건축은 이론적으로 지속가능성을 기반으로 한다.

1980년 중반 한창 열기가 높아진 대중 소비주의와 대조를 이루며 생태적 환경에 관한 협의가 시작되었다. UN도 일련의 환경 논쟁을 조직화하면서 공식적으로 지지했다. 본격적인 협의는 1992년 UN의 지원으로 브라질의 리우데자네이루에서 마우리스 스트롱Maurice Strong이 조직한 지구정상회담에 의해 촉진되었다. 그 결과로 이스탄불에서 주거환경에 대해 다루었고 구체적인 사회활동이 이루어졌으며, 회복가능하거나 회복불가능한 자원의 저장에 대한 고려, 에너지 보존을 위한 건물의 경제적인 그룹화 같은 주제들을 다루었다. 여기서는 친환경 건축의 일반적인 개념과 건축의 방법을 구체적으로 살펴본다.

친환경 건축의 개념과 이론

친환경 건축을 이해하기 위해서는 그 시발점이라 할 수 있는 생태학Ecology의 개념을 살펴볼 필요가 있다. '생태학' 또는 '에콜로지'는 생태계, 생물과 자연과 관계에 관한 연구 또는 그것을 중요시하는 주장을 말한다. 1866년 독일의 E. 헤켈E. Haeckel [1]이 만든 신조어이며, 집 또는 거주지를 의미하는 그리스어 오이코스Oikos가 어원이다. 20세기 동안 이전에 없던 문명의 발달과 인구의 폭발적 증가로 인해 제임스 러브록James Lovelock의 가이아 이론Gaia Theory [2]을 필두로 오이코스를 깊이 자각하는 현상이 세계적으로 나타났다. 1989년부터 1991년 사이에 일어난 동서 독일의 통일, 소비에트 연방의 붕괴와 동서 냉전구조의 종식으로 지구라는 집의 이미지는 한층 중요한 자리를 차지하게 되었다

현대 생태학의 특징은 에너지와 식량 등을 포함한 환경문제를 고려한 점을 들 수 있다. 이것은 20세기 후반에 등장했지만 21세기에 가장 중요한 키워드의 하나로 인식되고 있다. 관공서나 대기업에서도 환경부문과 관련된 부서를 설치하면서 가전제품을 비롯한 다양한 상품을 판매하고 있다. 건축 관계자들도 이러한 시대의 흐름을 따라 생태문제에 깊은 관심을 갖게 되었다. 그리고 건축은 환경과 분리할 수 없는 분야이며 고도의 산업 테크놀로지에 의지하지 않는 공통점이 있다.

환경에 대한 관심은 새로운 현상이 아니다. 1960년대 공해가 심각한 사회문제로 대두되면서 생태학적 사고를 중시한 건축가들이 등장했다. 또 1970년대 석유파동 이후 액티브나 패시브 솔라하우스 [3] 등의 유효성을 강조하면서 고효율의 축열조를 사용한 기술도 모색되었다. 이러한 설비는 현재 유용하게 사용되고 있고 복사열효과를 이용한 새로운 냉난방시스템도 개발되었다.

이처럼 합리적이며 경제성이 뛰어나고 쾌적한 건물을 만드는 것은 건축의 첫째 목적이다. 다만 생태학의 범위에서 건축이 입지하는 지역, 시스템까지 함께 고려해야 한다는 점을 기억해야 한다.

1) E. 헤켈(1834~1919)은 일원론적 세계관을 제창한 독일의 동물학자. 생태학을 처음으로 수립했다.

2) 지구는 수많은 생태계를 포괄하는 거대한 생태계이며, 그 자체가 하나의 생명체라는 이론이다. 제임스 러브록은 그리스 신화에서 지구의 여신 가이아는 자비롭고 은혜롭지만, 화가 났을 때는 아주 광폭한 상태로 대응한다고 한다.

3) 냉난방이나 박공의 에너지원으로 태양열을 이용한 건물이다. 반사유리나 태양전지로 태양에너지를 모으는 액티브형, 특별한 장치를 설치하지 않고 태양열을 받아들여 뺏기지 않는 패시브형으로 구별할 수 있다.

지오데식 돔, 벅민스터 풀러

스코틀랜드의 CAT

4) 목재, 합판, 알루미늄, 종이상자, 프리스
　트레스드 콘크리트, 대나무 등 다종다양
　한 재료로 만들어진 삼차원의 프레임
　구조이다. 최대 직경 384피트이며,
　1958년에 루이지애나 주에서 만들어
　졌다.

5) 헨리 데이비드 소로(1817~1862)는
　미국 매사추세츠 주 콩크드 태생의
　철학자, 시인, 수필가다. 하버드대학
　졸업 후 집필활동과 강의에 전력했지만,
　1845년 월든 호수 변두리에 자신이 만든
　오두막에서 저술한 《월든-숲속의 생활
　Walden : or, the Life in the Wood》(1854년)은
　20세기의 에코 세대가 애독한 명작이
　되었다.

6) 구미에서 자신이 사는 집은 스스로 짓는
　전통이 강하다. 미국에서는 현재도 약
　10%가 셀프빌더이다.

7) 캘리포니아의 디이비스라는 인구
　35,000명의 마을로 미국에서 처음으로
　에코에너지 건축기준을 채택한 곳이다.
　에너지, 물, 농지의 보존과 높은 수준의
　자급자족을 의무적이며 행해야 하며,
　신축된 건물은 대부분 태양에너지를
　이용하고 있다.

8) 뉴알케미 연구소는 1969~1991년에
　유기농업, 양식업, 바이오셀터, 재사용
　가능 에너지에 대해 연구한 기관이다.

이 분야에 일찍부터 도전했던 건축가는 벅민스터 풀러Buckminster Fuller였다. 그가 고안한 지오데식 돔Geodesic dome[4]은 생물학과 건축의 통합을 목표한 시도였다. 미항공우주국(NASA)에서는 지오데식 돔을 잘 계승한 곳으로 새로운 인간환경을 실험하기 위한 '바이오 스피어Ⅱ'라는 돔을 만들었다.

반대로 자연회귀의 성향을 강하게 나타내는 대표적인 예로는 스코틀랜드의 CAT(Centre for Alternative Technology)를 들 수 있다. 이곳에서는 태양에너지, 풍력, 바이오가스를 이용하면서 특별한 테크놀로지를 사용하지 않는 자급자족형의 커뮤니티를 만들고자 했다. 또한 헨리 데이비드 소로Henry David Thoreau[5]가 1세기 전에 말했던 자급자족 생활의 합리성은 건축전문가에게 셀프 빌더Self Builder[6] 개념이 생태학과 관계하는 방식을 잘 보여주었다.

NASA와 CAT의 자세는 환경창조의 측면에서 생태학적 생활방식이 얼마나 다양한지 보여주는 예이다. 유럽을 중심으로 이루어지고 있는 에콜로지컬 플래닝Ecologiacal Planning[7]은 대략 양자 사이에서 방향을 모색하고 있다. 그리고 미국에서는 매사추세츠 주의 케이프 코드에 있는 뉴 알케미 연구소New Alchemy Institute[8]와 애리조나 사막

에 위치한 아르코산티Arcosanti가 있다. 전자의 바이오쉘터Bioshelter[9]
는 컴퓨터로 제어되는 최신 기술과 간소한 생활의 융합을 꾀했
다. 반면 아르콜로지Arcology[10]는 파울로 솔레리Paulo Solelli가 건축과
에콜로지의 융합개념으로서 제시한 것으로 에콜로지컬 플래닝을
목표한 건축가에게 중요한 지침이 되었다.

생태학은 환경에서 살아가는 태도를 배우는 것과 같다. 하지만
생태학적 관점은 원래 자연과 인간의 대치라는 세계관을 전제로
탄생한 문제를 들 수 있다. 중국에서도 풍수로 대표되는 환경개념
이 이미 존재했다. 하지만 풍수에는 자연과 인간의 대립은 보이지
않으며 양자가 공존하는 모습을 지혜롭게 이어받아 왔다. 또 인
디언의 문화도 인간이 죽으면 땅으로 돌아가 한그루의 풀이 된다
고 생각했다. 이렇게 기존의 자연과 인간 사이의 대립적인 생태
학적 관점을 수정하고 보완해서 현시대에 적절한 방향으로 전개
시킬 필요가 있다.

'생태학Ecology'이라는 단어가 '이코노미Economy'와 어원이 같다는
점을 인식해야 한다. 21세기는 식량과 에너지 문제를 중심으로 생
각해야 하며 단지 눈에 보이는 효율이 아닌 생태계를 기준삼아야
하는 가치관의 변화가 필요하다. 지금까지 진행되고 있는 생태건
축의 경향을 살펴보면 크게 네 가지로 나눌 수 있다. 여기서는 환
경에 친숙한 건축이 전개되고 있는 다양한 흐름을 우리에게 보여
주고 있다.

기술지향적 친환경 건축

현재 생태건축에서 가장 유행하고 있는 첫 번째 경향은 환경 위기
를 해결하기 위해 채택한 기술을 수용한 건축에서 나타나고 있다.
지금처럼 친환경 건축이 주목받게 된 이유는 생태건축에 관심을
가진 건축가에 의해서 전개된 다양성의 결과이다.

기술을 강조한 생태건축이 나타난 배경은 1992년 세빌리아 박

9) 극도로 기능분화하여 에너지를 많이
사용하는 비개성적인 건축물에 대한
안티테제로서 뉴아르케미 연구소가
제창하여 실험을 계속할 수 있는
에콜로지컬 디자인이다.

10) 파울로 솔레리가 제시한 현대도시의
내체 개념이다. 건축과 에콜로지의
융합을 의미하며, 닥쳐올 인구증가,
에너지 부족에 대비하여 도시는
소형화, 고밀화된다. 솔레리는 그
실천의 장場으로서 애리조나 사막에
건설했다.

1992 세빌리아 박람회, 영국 파빌리언,
니콜라스 그림쇼

람회Seville Expo에서 남부 스페인의 여름 평균 섭씨 38~45°의 높은 기온에서 방문객을 보호하기 위한 주제로서 '환경'을 채택한 것과 관계있다.

수많은 환경적 계획은 Expo'92에서 완벽하게 예시되었으며 생태적 범주에서 적용하기 위한 기술이 중심을 이루었다. 세빌리아 시는 박람회의 전체 계획을 위해 지역의 역사적 건축에 근거한 나무, 정원, 중앙 뜰, 아케이드, 파고라와 분수를 제안했다.

지역의 건축가인 안토니오 카노 히메네즈Antonio Cano Jiménez 팀이 설계한 구球는 수증기로 뿜어내는 생기후적 조절장치를 컴퓨터로 제어한다. 미국 건축그룹인 사이트SITE가 설계한 400m의 수벽水壁은 심리적이면서 생리적인 측면을 고려한 건축이었다. 니콜라스 그림쇼Nicholas Grimshaw가 설계한 영국 파빌리언은 건축에 적용된 과학기술의 전형을 보여준 예였다.

1992 세빌리아 박람회, 생기후적 구球,
안토니오 히메네즈

1992 세빌리아 박람회, 에브뉴 5,
제임스 와인즈 & SITE

건물형태는 단순한 사각형이지만 지붕에는 태양전지판의 차양이 씌워져 있다. 그리고 건물의 동쪽 입면에는 태양열을 차단하기 위해 끊임없이 폭포처럼 물이 흘러내리도록 했다. 건물의 한쪽 끝은 차양처럼 작용하는 스틸 기둥이 큰 돛과 같은 천을 지지하는 형태였다. 이와 유사하게 서쪽 벽은 뜨거운 플라이휠로서 이용되는 탱크와 워터 파이프로 덮여있다. 이 장치는 낮 동안에 계속 열을 흡수하고 시원한 저녁시간에 내부에 그 열을 발산한다.

에덴 프로젝트, 니콜라스 그림쇼, 영국 콘월,
2000

바이오스피어 II, 애리조나, 1989

니콜라스 그림쇼가 설계한 에덴 프로젝트Eden Project는 대규모
하이테크 기술이 극도로 진행된 건축의 예이다. 에덴 프로젝트는
1991년 건설된, 애리조나에 위치한 바이오스피어 II의 계획을 따
른 것이다. 억만장자의 후원을 받아 진행된 바이오스피어 II는 완
전히 새로운 환경 속에서 자급자족할 수 있도록 계획되었다. 하지
만 바이오스피어 II는 격심한 온도의 변화와 함께 농식물의 생산
량이 줄어들면서 실패했다. 둘러싼 외피 때문에 연구원들이 밀실
공포증을 느끼게 되는 중대한 문제가 일어나기도 했다.

에덴 프로젝트는 버려진 점토 채굴장에 건설되었고 대규모 식
물연구 및 거대한 생태학적 탐구 시설이었다. 이곳에서 전 세계
식물학자들은 잠재적으로 가능성 있는 농작물에 대해 논의했으
며, 내부에는 다양한 환경을 수용했다. 이러한 환경을 만드는 디
자인은 기후조절이 가능한 투명한 바이오놈Bionome 캡슐로 구성되
었다. 바이오놈은 열대우림, 건조 지역, 아열대와 지중해 연안과
같은 네 개의 기후 지역을 포함했다. 이러한 계획의 전통은 근대
초기 영국의 큐가든 팜하우스Kew Garden Palm House에 근거한 것이다.
완공된 에덴 프로젝트의 모습은 약 1km에 이르는, 세계에서 가
장 긴 온실이 되었다. 장력 트러스는 가장 넓은 지점에서 스팬은
100m에 이른다. 그리고 기술지향적 생태건축을 추구하는 대표적
인 건축가로는 영국의 노먼 포스터Norman Foster가 있다. 그는 이전

의 경험을 토대로 런던에 새로운 시청사(2002년)를 계획했다. 이 건물은 일명 달걀, 쥐며느리, 오토바이 헬멧과 같은 재미있는 별명이 붙은 만큼 독특한 형태의 관공서다. 시청사는 높이 45m, 10층 규모의 달걀 모양이며 앞뒤 구분이 없다. 또 건물 내부의 나선 램프를 오르면서 템즈강 주변의 다양한 런던 풍경을 볼 수 있다.

건물을 달걀 모양으로 디자인한 이유는 동일한 규모의 박스형태 빌딩보다 건물의 전체 표면적이 약 25% 가량 줄어들기 때문이다. 또한 둥글게 만들어진 표면은 쉽게 태양열을 흡수하여 건물 유지에 필요한 에너지를 충당할 수 있다. 또한 강변에 면한 모든 창을 개방하여 템즈강에서 불어오는 강바람을 건물 내부로 끌어들여 자연환기를 할 수 있도록 만들어서 에너지 절감효과를 높였다. 하지만 기대와 달리 에너지 이용측정결과는 효율이 그다지 높지 않은 것으로 보고되었다.

비슷한 시기에 그가 설계한 또 다른 생태건축은 템즈 강 너머에 독특한 형태로 위치한 빌딩이다. 30세인트 메리 액스빌딩30St. Mary Axe Building(2001~2004년)은 일명 '거킨The Gherkin'으로 알려져 있다. 40층의 높이 180m 빌딩은 런던 전체에서 여섯 번째 높은 건축이기도 하다. 이 건물은 빌딩 주변에 일어나는 바람의 난기류를 감소시키기 위해 원추형태로 설계되었다. 이 빌딩에는 대개의 타워빌딩이 소비하는 전력의 절반만을 사용하는 에너지절감 기술이 채용되었다. 각층마다 건물 전체에 공기를 보내는 여섯 개의 샤프트가 설치된 자연환기시스템으로 구성되었다. 샤프트는 공기가 이중 유리피막의 내부로 흘러가면서 내부 오피스 공간과 단절되어 거대한 복층유리 효과를 만든다. 따라서 여름에는 빌딩외부로 뜨거운 공기를 내보내고, 겨울에는 패시브 솔라 난방을 이용하여 건물을 따뜻하게 유지할 수 있도록 했다. 구조를 담당했던 오브애럽사는 강풍에 의한 흔들림을 방지하기 위해 삼각외주 구조를 사용했다. 빌딩의 최상층에는 런던을 360도로 둘러볼 수 있는 바bar가 있으며 39층에는 전용 레스토랑이 위치해 있다. 이 빌딩은 영국왕립건축가협회(RIBA)로부터 2004년 제임스 스털링 상賞을 받기도 했다.

런던 시청사, 노먼 포스터, 런던, 2002

30세인트 메리 액스빌딩, 노먼 포스터, 런던, 2004

지역의 컨텍스트를 고려한 친환경 건축

많은 생태건축가들은 기술이 자연 파괴의 주요 원인이라 지적하고 있다. 이 주장을 지지하는 건축가들은 하이테크 건축이 단지 마케팅을 위한 수단이라고 비판하고 있다. 그들은 다양한 환경 속에서 생태건축을 만들기 위해서는 지역과 문화적 컨텍스트가 먼저 고려되어야 하며 기술은 부차적인 요소라고 생각한다. 따라서 생태건축의 또 다른 모습은 지역고유의 건축을 인정하는 태도를 포함한다. 즉 오랜 기간 지역의 원주민이 다루었던 검증된 기술에 근거하여 토착 재료나 자연환기 시스템으로 건축을 만드는 방식이다.

이집트의 건축가 하산 파티Hassan Fathy의 후세대로서 아브델 와사드 엘 와킬Abdel Wahed El Wakil를 들 수 있다. 그는 전통 사회에 관심을 두었으며 지역고유의 환경시스템을 연구·개발하여 자신이 설계한 건축에 적용하고자 노력했다. 그가 관심을 가졌던 생태적 개념은 이러한 관련성을 통해 건축에 나타났다. 그는 1989년 사우디아라비아의 제다Jeddah에 알 루와이스 모스크Al Ruwais Mosque를 설계했다. 알 루와이스 모스크는 규모는 작지만 실내에 에어컨을 없애는 대신 지역의 환기시스템을 적용한 생태건축이었다.

지역성을 고려한 생태건축은 20세기 후반에 보다 발전된 방향으로 등장했다. 그것은 1997년 렌조 피아노Renzo Piano가 설계한 장마리 티바우 문화센터J. M. Tjibau Cultural Centre에서 잘 나타난다. 문화센터는 뉴칼레도니아New Caledonia 섬의 수도인 누메아에서 작은 호수와 마젠타 만灣을 나누는 산허리에 위치해 있으며 바다에서 오는 바람을 정면으로 받아들이는 곳이다. 문화센터는 지역의 토착 갈대오두막인 원뿔형태 주거인 카즈를 모델로 삼았으며, 전체형태는 카즈의 군락과도 유사하다.

카즈는 현대기술의 표현도구이면서 문화센터의 주된 공간인 전시실이다. 건물 내부에서 길과 같은 역할을 하는 복도는 세동棟으로 나뉘어 10개의 크기가 다른 카즈를 길게 이어주면서 다

알 루와이스 모스크, 아브델 와사드 엘 와킬, 제다, 1989

장 마리 티바우 문화센터. 렌조 피아노, 누메아,
1997

양한 장소와 안팎으로 연결되어 있다. 마치 건축 자체가 하나의 촌락을 형성하고 있는 모습이다. 첫 번째 동(棟)은 지역 고유의 카낙 Kanak 문화와 지역의 환경과 역사를 전시하고 있으며, 두 번째 동은 문화센터의 관리사무실이 들어가 있다. 세 번째 동은 춤, 음악, 그래픽 스튜디오로 구성되어 있다.

강재 케이블에 의해 지지되는 얇은 나무판재는 산책로의 한쪽 면을 따라 배열되어 있으며 자연환기를 극대하기 위해 설치되었다. 건물에는 바다에서 불어오는 가벼운 미풍에서 강력한 사이클론까지 바람의 세기에 맞추어 기계적 시스템으로 개구부의 개폐를 전자적으로 조절하여 바람을 막거나 내부로 끌어들여 온도를 조절할 수 있는 장치가 마련되었다. 여기서는 21세기를 맞이하는 시점에서 생태건축이 기술뿐만 아니라 지역적·문화적 컨텍스트를 적극적으로 수용한 모습을 볼 수 있다.

기 술 과 컨 텍 스 트 를 동 시 에 고 려 한 친 환 경 건 축

건축가들 중에는 기술적인 시스템 속에서 그와 반대되는 요소들을 융합하고자 하는 그룹들이 있다. 특히 말레이시아 건축가켄 양Ken Yang은 현대건축의 유형과 기술을 표출하기 위한 디자인과 생태적 사고를 결합하고자 노력했다. 켄 양은 환태평양지대인 말레이시아 열대지역에서 친환경 열대 고층건축물을 만들어 왔다. 그가 추구했던 건축은 한마디로 생기후적Bioclimatic 빌딩이라 할 수 있다. 바람의 방향과 태양의 방위와 같은 지역의 기후풍토를 고려하여 디자인하는 것이 특징이며 구체적인 방법은 다음과 같다.

첫 번째 바람의 방향을 고려한 방법은 '윈드 로즈Wind Rose'이며 고층사무소나 선형의 아파트 블록 단지에서 자연통풍을 위해 출구가 개방되도록 디자인했다. 그리고 두 번째로 태양의 방위에 대응한 방법이 '썬 패스Sun Path'이며 고층사무실 건축에 적용되었다. 이것은 건물에 유리의 삽입이나 차양을 장치하는 것보다 훨씬 확장된 개념이다. 또 자연바람을 내부공간으로 끌어들이기 위한 스카이코트Skycourts가 들어가 있다.

1993년에 말레이시아 패낭에 완공된 MBF 타워는 저층에는 사무실, 상부에는 68층의 아파트로 구성되어 있다. 건물은 북쪽 해변을 바라보고 있으며, 거대한 두 개 층의 스카이코트가 있다. 아파트의 데크는 자연 통풍을 위한 테라스가 들어가 있다. 그리고 분할된 중앙의 로비는 자연통풍이 가능하도록 했다. 평면은 기둥이 없이 계획되었다. 또 쿠알라룸푸르에 디자인한 메나라 메시니아가Menara Mesiniaga(1992년)는 그의 생태학적 사고가 잘 나타난 건축이다.

생기후적인 고안인 '중간 영역Transitional Space'이라는 넓은 테라스, '세미클로즈Semi-Close 아트리움' 또는 '스카이 코트Sky Court'는 이 건축뿐만 아니라 그의 건축 대부분에 사용되었다. 또 정상부 및 측면에는 루버가 장치되었다. 특히 열대기후에 강한 태양열을 이용하거나 차단하기 위한 장치로 지붕에 가동 솔라스크린과 스크린 벽면이 사용되었다.

MBF 타워, 켄 양, 패낭, 1993

메나라 메시니아가, 켄 양, 쿠알라룸푸르, 1992

지속가능한 건축

친환경 건축의 네 번째 경향은 지속가능성을 나타내는 모습을 보여주고 있다. '지속가능한Sustainable'은 '계속 사용할 수 있는'이라는 의미를 포함하고 있다. 이 용어가 널리 사용되게 된 것은 1992년 지구환경정상회담에서 미국의 엘 고어Al Gore 부대통령이 '지속가능한 발전Sustainable Development'이라는 개념을 제시하면서부터이다. 이를 계기로 환경, 경제, 그리고 사회면을 종합적으로 고려하여 더욱 좋은 생활을 모색하는 방법의 키워드로 '지속가능성Sustainability'이라는 용어가 사용되었다. 그리고 나중에 사회적·문화적 가치의 보전과 발전이라는 의미가 덧붙여졌다. 건축에서 지속가능성이라는 용어의 보급과 함께 나타난 변화는 역사적 건축물의 재이용과 각종 폐기물의 재활용으로 이어졌다. 따라서 근대에 지어진 '역사적 건조물', 즉 '근대화유산'의 보존문제가 새롭게 다루어졌다. 근대화의 유산이나 문화재가 노후로 해체되거나 다시 지어야 하는 위기에 처한 사례가 많아지면서 보존문제는 중요한 이슈가 되었다. 건조물의 해체는 좁게는 문화의 손실과 함께 넓게는 지구환경에 큰 영향을 준다는 사고가 공감을 얻게 되었다. 특히 스크립 앤 빌드Scrap & Build의 근대적 건설방식은 건설폐기물을 증가시키고 중대한 환경문제를 일으킨다는 반성이 일어났다. 따라서 건조물의 해체를 피하고 기존 건물을 적절하게 보수하여 오래 사용하려는 사고방식이 확립되었다. 이러한 시대적 조류에 따라 건물의 재건축이나 공간의 재이용Reusing, 재활용Recycling에 더욱 관심을 갖게 되었다.

카를로 스카르파Carlo Scarpa가 중세 고딕의 옛 성을 수복하고 아름다운 공간으로 교체한 카스텔 베키오 미술관Castel Vecchio Musem(1964년)은 지속가능한 건축의 선구적 작품 중 하나였다. 이러한 건축은 20세기 말 여러 나라에서 확실히 자리 잡은 듯하다. 국내에서도 건강한 삶을 누리고자 하는 개인의 욕구 증가와 시대적 분위기로 인해 한옥이 새롭게 조명을 받게 되면서 전통 한옥의 용도를 개조하여 현시대에 필요한 살아있는 공간으로 활용하고 있다.

현재 도시의 낡은 인프라시설, 경기장, 폐창고, 거리 등을 새로운 도시의 한 부분으로 소생시키기 위한 현대건축가들의 프로젝트가 주목을 모으고 있다. 첫째로 헤르초크 앤 드 뫼롱Herzog & De Meuron은 1995년 런던의 옛 발전소를 새로운 현대 미술관으로 개조하는 설계경기에서 당선되었다. 노먼 포스터는 역사적 건물의 가치를 훼손하지 않고 내부공간을 훌륭하게 만드는 건축가로 명성이 높다. 특히 독일 국회의사당(1999년)에서 보여준 투명한 돔과 함께 영국박물관의 중정 개조는 현대적 기술로 과거의 역사적 공간을 탈바꿈시킨 지속가능한 건축의 좋은 예이다. 그는 기존의 영국박물관의 중정을 원통 도서실이 들어간 유리천정의 아트리움 공간으로 새롭게 만들었고, 박물관 내부의 중후한 석조공간을 밝고 투명한 공간으로 훌륭하게 변신시켰다.

독일 에센에 위치한 졸퍼라인 광산(2001년~)은 19세기부터 20세기 중반까지 독일에서 가장 많은 양의 석탄을 생산하던 탄광이었지만 채굴량의 감소와 함께 1988년 폐쇄된 곳이다. 하지만

테이트모던 갤러리, 헤르초크 & 드 뫼롱, 런던, 2000

졸퍼라인 탄광재개발, OMA 외, 에센, 2001~

서울시립미술관, 삼우설계, 서울, 1928, 1998개조

영국박물관 중정 개조, 노먼 포스터, 런던, 2001

OMA가 전체 마스트플랜을 작성하면서 새로운 문화공간으로 소생시켰다. 유네스코는 이곳을 과거의 정체성을 존중하는 의미에서 2001년 세계문화유산으로 지정했다. 전체 마스트플랜은 옛 광산의 시설들을 한데 묶는 벨트형상이며, 광산의 역사적 흔적을 보존하면서 새롭게 재활용할 수 있는 기능과 개발 프로그램이 매년 단계별로 이루어질 수 있도록 계획되었다. 특히 광산이 가동되던 시절 지하 1,000m 깊이의 옛 갱도를 방문할 수 있으며, 당시 석탄을 운반하던 구름다리는 관광객이 사용하는 보행로로 탈바꿈했다. 졸퍼라인은 예전의 흔적과 함께 새로운 문화공간으로 재창조되어 관광객들에게 강한 인상을 주고 있다.

국내에서 한옥의 재활용 외에 지속가능한 건축의 성공적인 예로는 서울시립미술관(1998년)을 들 수 있다. 기존 건물은 1928년 준공되어 경성재판소로 이용되었지만 해방 후에는 대한민국 대법원으로 사용된 건물이었다. 1995년 대법원이 다른 곳으로 이전한 뒤 설계경기를 거쳐 전면부를 남긴 채 내부를 리모델링하여 2002년부터 미술관으로 사용하고 있다. 그리고 역사적 가치를 인정받아 2006년에 등록문화재로 지정받았다.

생태, 친환경, 보존·재생, 지속가능성이라는 용어는 이제 우리 삶에 밀착해 있다. 현재 건축을 비롯한 여러 분야에서 이에 대한 문제의식을 갖기 위한 공감대가 더 많이 필요하다고 본다. 더불어 다음세대를 위한 전망을 새롭게 수립해야 할 것이다.

19

사이버스페이스,
새로운 공간이 나타나다

(1990년대 ～)

사이버스페이스Cyberspace의 등장

20세기 말 전자정보사회를 상징하는 개념으로 '사이버스페이스'라는 용어가 널리 알려지게 되었고 21세기에 들어선 현재 없어서는 안 될 중요한 일상적 개념으로 정착하게 되었다. 사이버스페이스의 이미지는 본래 캐나다 SF작가 윌리엄 깁슨William Gibson의 소설인《크롬의 습격Burning Chrome》(1982년)과《뉴로맨스Neuromancer》(1984년) 덕분에 지금처럼 이해할 수 있게 되었다. 1980년대에 공상과학소설에서 사이버스페이스의 무대는 가공의 세계였지만 20세기 말에 서서히 인간의 삶과 접목된 이후 이제는 필요불가결한 환경이 되었다.

고성능 컴퓨터는 건축의 창작 과정이나 표현 영역에서 지금까지 없었던 진전을 가져왔다. 이른바 아날로그적 사고에서 디지털적 사고로의 이행이었다. 기원전 1세기 고대 로마 건축가인 비트루비우스Vitruvius가 쓴《건축십서》에서는 용用과 미美를 디자인의 기본에 두었다. 용用은 인간활동을 위한 쉘터Shelter를 제공하고, 미美는 기쁨을 준다. 19세기 말과 20세기 초가 되면서 인간의식에 새로운 변화가 일어났다. 근대건축에서 미의 기본은 기능과 형태로 변했다. 용과 미가 상호작용하여 만든 결과였다. 또한 근대건축에서 디자인의 패러다임은 '형태는 기능에 따른다'는 말로 요약할 수 있듯이 디자인은 물적物的인 것을 중심으로 이루어졌다.

하지만 현재 정보통신기술의 놀랄만한 발달로 인해 근대건축의 규범이라 할 수 있는 '형태는 기능에 따른다'는 법칙은 붕괴되고 있는 듯하다. 형태와 기능의 1:1의 인과관계는 이제 1:N이 되었다. 전자미디어의 등장과 보급은 미디어의 ON/OFF를 교환할 수 있으며 동일공간에서 복수의 활동과 기능을 제공할 수 있게 되었다.

인간의 활동과 전자미디어를 매개하는 정보에는 서로 특별한 관계가 있다. 사람은 사이버공간과 실實공간 속으로 퍼지는 정보의 바다에서 필요한 정보를 추출하고, 활동체험을 실현하고 있다.

1982년에 윌리엄 깁슨이 쓴 소설 《크롬의 습격》

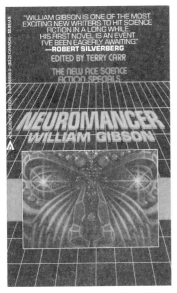

1984년에 윌리엄 깁슨이 쓴 소설 《뉴로맨스》

인간은 공간과 직접적으로 관계하지 않고, 정보를 매체로 하여 활동하고 있다. 이러한 가운데 현재 디자인의 능력은 네트워크 컴퓨터와 가상현실 등의 첨단 정보기술이 더욱 중요하게 되었다. 이것을 매체로 구조 기술과 설비시스템을 포함한 통합적인 디자인 전략이 이루어지고 있다. 즉 디자인 작업에서 공업기술이 가미된 정보기술에는 디자인을 선택하거나 응용할 수 있는 프로듀싱 능력이 동시에 요구되고 있다. 따라서 사이버스페이스에서 사물, 상황, 장[場]을 인위적으로 조작하여 인간 활동과 체험을 시뮬레이션하여 미리 살펴보고 그것을 최적으로 활성화시킬 수 있는 디자인을 제안할 수 있다. 예를 들면 사무실의 디자인에서 공간의 레이아웃만이 아닌 작업 방식과 생활을 포함한 프로그램과 정보시스템, 공간을 한데 묶어 디자인하는 것을 생각할 수 있다. 그것을 균형 있게 조합시킬 때 풍성하고 질 높은 공간을 만들 수 있다.

세계 최대의 온라인 쇼핑몰 '아마존' 홈페이지

현재 사이버 공간에서 일어나는 중요한 현상은 정보로서 자본의 거래가 시작되었으며, 그 유용성이 큰 폭으로 증가하게 되었다. 사이버 공간은 단순히 정보의 전달과 교환을 하는 장이 아니고, 인간 활동을 확장하는 또 하나의 시간, 장소, 환경으로 변했다. 현재 사이버 공간에서는 전자상거래의 결제와 함께 자본이 이동하는 것까지 진화했다. 사이버 공간을 포함한 온라인의 쇼핑몰은 20세기 말부터 시작되었고 이제는 오프라인의 판매를 넘어서고 있으며 온라인 상거래는 계속 성장하고 있는 추세이다. 그 예로 세계 최대의 온라인 쇼핑몰로 성장한 아마존Amazon을 들 수 있다. 현실과 완전히 다른 형태의 정보를 매체로 한 자본의 움직임은 이제 확실히 자리 잡은 상태이다. 종래 우리들의 인식을 뒷받침해온 공간-시간의 이분법적 구조는 근본적으로 변화되었다. 그리고 디지털 테크놀로지가 만들어낸 가상현실은 현재 우리 삶의 일부분이 되었다.

카오스

프랙탈

1) 카오스 이론Chaos Theory은 혼돈이론
   이라고도 하며, 역학계의 일부에
   보이는 예측할 수 없는 복잡한 모습을
   나타내는 현상을 다루는 이론이다.
   카오스 현상은 나비효과로 잘 알려져
   있으며, 지구의 대기, 판 구조론, 경제/
   인구 현상, 다중성계의 궤도 변화 등을
   이 이론으로 설명할 수 있다.
2) 프랙탈fractal은 일부 작은 조각이 전체와
   비슷한 기하학적 형태를 지니고 있음을
   말한다. 이러한 자기유사성을 갖는
   기하학적 구조를 프랙탈 구조라고 한다.
   브누아 만델브로가 처음으로 쓴
   단어이며, '프랙탈'이라는 단어는 '조각
   났다'는 뜻의 라틴어 형용사 'ractus'가
   어원이다. 프랙탈 구조는 자연계의 생물
   뿐만 아니라 수학적 분석, 생태학적 계산,
   위상공간에 나타나는 운동모형 등 곳곳
   에서도 발견되는 기본적인 구조이다.
   불규칙하며 혼란스러워 보이는 현상을
   배후에서 지배하는 규칙도 찾아낼 수
   있다.

사이버스페이스의 디자인 – 비유형적 차원의 공간

사이버스페이스를 뒷받침하는 배경에는 컴퓨터의 성능 향상도 있지만 20세기 말에 등장한 복잡계 과학이론을 들 수 있다. 크게는 우주와 자연계 그리고 작게는 나뭇잎과 같은 형태의 형성원리를 카오스[1]나 프랙탈[2]과 같은 복잡계 과학이론으로 새롭게 파악할 수 있게 되었다. 복잡계 이론은 환경의 적절한 정보를 통해 패턴을 찾을 수 있다. 이러한 방법으로 사이버스페이스 속에서 건축은 일종의 자율적인 생명체로 변했다. 건축과 도시는 부단하게 그 경계선을 변화시키고 스스로 형태를 변용시키고 있다. 현재 모든 경계가 의문시되고 있다. 새로운 세계를 만들 수 있다는 기대감도 있지만, 한편으로는 생각하지 못한 문제가 발생할 수도 있다. 사이버스페이스에서 디자인의 문제를 관심 있게 연구했던 건축가들은 마르코스 노박Marcos Novark, 그렉 린Greg Lynn, 아심토트Asymptote, 쿱 힘멜블라우Coop Himmelb(l(l)au, 프랭크 게리Frank O. Gehry 등을 들 수 있다. 그들은 이 문제가 앞으로 우리가 살아가는 조건이며 의식의 근본이 될 것이라고 공통적으로 인식했다. 사이버스페이스는 아방가르드 건축가들이 도전하는 부분이기도 하다.

이러한 가운데 에스키스 단계부터 사이버스페이스 속에서 사고하고 사이버스페이스에서 창조된 공간이 그대로 현실공간이 되는 디지털 건축이 등장했다. 예를 들면 비선형 구조체를 해석할 수 있는 구조계산 시스템이 실용화되었다. 또한 CG나 3D의 모델링시스템은 손으로 만들었던 모형이나 투시도에서 불가능했던 현실감 있는 시뮬레이션을 쉽게 반복해서 볼 수 있게 되었다.

사이버스페이스의 디자인 덕분에 지금까지 불가능했던 비유형적인 공간을 만들 수 있게 되었다. 이러한 방식의 조형을 '유체건축'이라고 하며 아주 복잡한 곡면으로 이루어진 응고된 액체나 생물학적 형태가 많다. 이러한 디자인은 근대 유기적 건축의 경향과 유사하지만 근본적인 부분에서 차이가 있다. 일반적인 의미에서 건축을 만드는 요소 없이 환경을 만들려는 프로그램의 의도

에 따라 건축에 필수적으로 따라다니는 기둥과 바닥이라는 구조
요소를 포기한 새로운 구조시스템의 등장을 들 수 있다. 이는 단
지 표현만을 위한 디자인이 아닌 인간생활의 연장을 위해 생각
한 결과이다. 결국 유기원리에 근거한 접근이 유기적인 결과를
만든 것이다.

또 한 가지 특징은 현대건축에 나타난 유기적 건축은 컴퓨터 기
술의 산물이라는 점이다. 컴퓨터는 복잡한 문제를 해결하는 데 도
움을 준다. 복잡함을 해결하기 위해 고도의 연산능력이 필요하지
만, 컴퓨터가 연산을 풀어주기 때문에 어려움이 없다. 따라서 기
하형태처럼 단순명쾌하지 않고 자연의 형태와 유사한 복잡함을
만들 수 있게 되었다. 건축적이라기보다는 환경적이고자 하는 지
향성 때문에 컴퓨터의 힘을 빌려 복잡한 형태를 해석한 결과가 21
세기의 유기적 건축을 가능하게 만들었다.

특히 FOA(알레한드로 자에라 폴로 & 파시드 무사비)가 설계한 넘실
거리는 랜드스케이프 건축인 요코하마 국제여객선 터미널(1994~
2002년), 그렉 린의 H2 하우스(1996년)와 같은 예를 들 수 있다. 현
재 이러한 유체건축의 물결치며 요동하는 표현은 일종의 디자인
유행처럼 일상에서 쉽게 접할 수 있게 되었다. 이른 시기부터 컴
퓨터를 활용한 디자인을 추구했던 아심토트는 '정보환경으로서

H2 하우스, 그렉 린, 비엔나, 1996

여객터미널, FOA, 요코하마, 2002

건축'을 만들고자 했다.

아심토트는 현실공간과 사이버스페이스을 겹쳐서 예전에 볼 수 없었던 디지털환경을 창조하고자 했다. 뉴욕증권거래소 트레이딩 오프레이션즈 센터(2001년)가 대표적인 예이다. 트레이딩 플로어Trading Floor에서 3차원의 컴퓨터 그래픽을 거대한 모니터로 비추었다. 이용자들에게는 다차원 리얼타임의 사이버스페이스를 이용하여 시장의 상황과 경과를 알기 쉽게 시각화하여 보여주고 있다. 또 그들이 최근에 설계한 아부다비의 야스호텔(2010년)은 경계가 확정되지 않고 부드럽게 무한으로 굽이치는 곡면으로 건물 외피를 만들었다. 이것은 사이버스페이스를 활용한 디자인과 함께 컴퓨터 연산능력에 힘입어 가능하게 된 것이다.

컴퓨터의 고성능화는 건축의 창작과정이나 표현영역에서 지금까지 없었던 진전을 가져왔다. 그 전환점을 이룬 작품은 프랭크 게리가 설계한, 티타늄패널이 넘실거리듯이 조형된 빌바오 구겐하임 미술관Bilbao Guggenheim Museum(1991~1997년)이다. 구겐하임 미술관은 스케치와 모형제작 등의 아날로그적 작업으로 시작했지만, 후반 작업에는 디자인 도구로서 컴퓨터가 유효하게 활용되었다. 즉 반‡아날로그, 반‡디지털의 건축이라 할 수 있다.

쿱 힘멜블로우는 다양한 벡터가 교차해서 날아다니는 복잡한

뉴욕증권거래소 트레이딩 오프레이션즈 센터, 아심토트, 2001

빌바오 구겐하임 미술관, 프랭크 게리, 빌바오, 1997

BMW welt, 쿱 힘멜블라우, 뮌헨, 2001~2007

야스호텔, 아심토트, 아부다비, 2010

공간을 표현하기 위한 수단으로서 드로잉, 모델, 컴퓨터와 같은 다양한 미디어를 설계에 활용하고 있다. 그들은 손으로 그리거나 만든 스케치와 모델을 디지털 스캐너를 사용해서 정보를 컴퓨터에 넣어 변환 프로세스를 통해 평면으로 전환하는 방법을 사용했다. 따라서 그들의 디자인은 눈에 보이는 형태가 우선이며 공간의 기능은 그다지 중요해 보이지 않는다. 이러한 그들의 자세는 시각적으로 아름답게 보이지만 쾌적하지 않은 공간을 만들 위험성이 있다.

사이버스페이스의 디지털 건축은 아날로그 시대와 비교할 수 없을 만큼 많은 데이터에 기초하고 있다. 디자인의 결과물은 방대한 양의 시뮬레이션 과정을 거쳐 만들어지고 있다. 따라서 디자인의 과정에는 복잡한 조형뿐만 아니라 새로운 조형시스템을 모색하는 다양한 가능성을 품고 있다. 하지만 건축디자인에서 가장 중요한 문제가 남아 있다. 즉 다양한 데이터를 해석하거나 시뮬레이션을 어느 시점에서 종료하여 최종적인 형태로 어떻게 정리할 것인지는 여전히 건축가의 결단에 달려있다. 즉 사이버스페이스가 예전에 볼 수 없었던 복잡하고 독특한 건축을 만드는 판도라 상자가 될 것인지 아닌지는 결국 건축가의 손에 달린 문제라 할 수 있다.

MIT대학 기숙사 시몬스 홀Simmons Hall(2002년)은 거대한 직방체

시몬스 홀, 스티븐 홀, 보스턴, 2002

등대타워, 톰 메인, 파리, 2006~2015

매스를 파낸 듯한 조소적인 형태에 와플과 같은 작은 창들이 전체 형태를 이루고 있다. 여기서는 외형이 아니라 내부공간에서 독특한 동물의 기관과 같은 유기적인 형상을 숨긴 방식이 사용되었다. 특히 대계단실은 구불거리며 상부로 올라가며 각 동의 휴게실도 마치 자연 동굴의 거친 형태를 그대로 건물 내부에 만든 것 같다. 생물학적 형태가 디자인에 적용될 때는 직접적인 형태의 차용보다는 새로운 구조나 형태를 창조하기 위한 유추과정을 통해 이루어지고 있다.

파리의 라 데팡스 지구에 모포시스의 톰 메인Thom Mayne이 설계한 고층빌딩(2006~2015년)은 71층의 높이 약 300m 규모이며 독특한 형태가 특징이다. 등대타워Phare Tower라 이름 붙은 이 빌딩은 라 데팡스 지구 주변에 솟은 직방체 빌딩과 달리 머리 위로 뻗은 촉수와 같은 안테나, 위로 굼틀거리며 솟구친 말미잘과 같은 생물학적 형태에서 유기적 건축의 이미지를 느낄 수 있다. 건물의 형태와 방향은 태양의 이동경로와 대응하고 있다. 빌딩의 동쪽, 서쪽 남쪽 면은 에너지 효율을 최대화하고 열취득량을 최소화하기 위해 동서남쪽 면은 곡선으로 이루어진 반면 북쪽은 직선이다. 또한 외피에는 천공된 스테인리스 스틸패널이 대각선 방향으로 뒤덮고 있으며 그 속에는 다시 유리내피로 이루어졌다. 복합적인 구조와 이중 스킨의 입면으로 이루어진 형태는 정신의 표현이 아니라 태양광과 바람의 적절한 조정과 에너지를 생산하기 위해 고안된 기술적 통합적 결과이다. 빌딩은 야간에는 빛을 발산하기도 한다.

사 이 버 시 대 의 환 경 만 들 기 : 유 비 쿼 터 스Udiquitous

컴퓨터의 성능 향상과 전 세계를 잇는 컴퓨터 네트워크의 성립으로 시간과 장소를 불문하고 정보공간으로 다양하게 접근할 수 있게 되었다. 이후에 유비쿼터스라 불리는 개념으로 대표되는 사이버스페이스는 건축의 직능이나 공간의 개념을 크게 뒤흔들고 있다. 또 정보의 용기로서 건축이 새롭게 등장하면서 그 형식의 존립마저 다시 묻는 상황에 이르게 되었다.

사이버스페이스의 등장은 SOHO, 디지털 스튜디오, 미디어 센터 등 지금까지 없었던 새로운 종류의 공간을 창출했다. 또 근대 사회에서 확립된 주택, 학교, 점포와 같은 기존의 건축공간에서도 컴퓨터와 휴대전화를 시작으로 전자미디어가 장착되면서 사이버 공간의 활동이 더욱 콤팩트하고 다이내믹하게 전개되고 있다.

유비쿼터스라는 용어는 1988년 마크 와이저Mark Weiser가 '유비쿼터스 컴퓨팅'이라는 개념을 처음 사용하면서 등장했다. 유비쿼터스는 라틴어로 '어디에서나 존재한다'를 의미하며 전 세계로 확산된 네트워크 사회의 특징을 나타낸 용어이다. 이처럼 생활을 둘러싼 모든 정보환경은 디지털 데이터로 치환되고 있으며 유비쿼터스를 이끄는 열쇠가 되고 있다. 그 결과 현재 스마트폰의 컴퓨터 네트워크를 통해 방대한 정보에 접근할 수 있다. 또한 홈페이지로 자신의 거점을 구축하고, 쇼핑하거나 인터넷 뱅킹으로 지불 결제도 가능하게 되었다. 현재 우리들은 인터넷을 통해 지구규모로 확장되는 사이버 공간에서 생활하고 있는 실정이다.

많은 행위와 작업들이 디지털화되면서 지금까지 사회나 공간의 모습을 규정해 온 장르의 구분은 사라지고, 동일평면 위에서 서로 다른 콘텐츠가 경계를 넘어 융합하기 시작했다. 바꿔 말하면 모든 것이 '디지털'이라는 이름으로 네트워크화되어 있는 상황이다. 따라서 사회와의 관계는 '언제 어디에서나' 성립하게 되었다. 예를 들면 맥도날드는 가볍게 외식하는 장소만이 아니라 사용목적에 따라서 사무실, 도서관, 백화점으로도 변신할 가능성이 숨어 있다.

U-city의 개념

21세기 정보사회에 새롭게 시작된 산업의 경향으로서 컨버전스Convergence 개념을 들 수 있다. 컨버전스는 다양한 생산요소(기술, 비즈니스, 산업)의 결합으로 새로운 가치를 창조하는 것을 말한다. 건축 분야에서도 컨버전스를 적용하여 물리적 공간인 도시와 유비쿼터스 정보기술의 융합을 통해 '유비쿼터스 도시Ubiquitous-City(이

U-city 기반의 송도국제 도시

하 U-city)'가 새롭게 등장하게 되었다. U-city란 유비쿼터스 컴퓨팅이라는 정보통신기술에 기반을 둔 차세대 지능화 도시를 말한다. 즉 도로, 교량, 학교, 병원 등에 첨단 정보통신기술을 융합하여 유비쿼터스 기반시설을 구축하여 교통, 환경, 복지 등의 각종 유비쿼터스 서비스를 제공하는 도시이다.

U-city 서비스는 도시의 주요별 정보를 수집한 후 그 정보를 제공하는 과정을 통해 구현된다. 예로서 독거노인이나 고령자의 건강상태도 정기적으로 점검할 수 있으며, 범죄를 줄이기 위한 도구로 사용할 수도 있다. 또 공장에서 유해물질이 배출되는 경우 배수구에 설치된 센스를 통해 무선으로 도시통합관리센터에 연결되어 응급조치를 할 수 있게 된다.

인천의 송도국제 도시는 U-city 기반시설에 근거하여 조성되었다. 그리고 아파트 단지나 빌딩군을 설계하는데 U-city의 개념은 사용자의 편리와 안전을 위한 중요한 수단으로 자리매김하고 있다. 앞으로 국내뿐만 아니라 외국에서 U-city와 관련된 사업은 계속 늘어날 전망이며 U-city에 근거한 설계는 필수불가결하리라 본다.

20

도시의 성장을
관리하다

20세기 도시의 성장

1950년 이후 세계적으로 백만 명 또는 그 이상의 인구가 거주하는 도시는 83개에서 280개로 증가했다. UN은 2015년까지 이러한 도시가 500개로 증가할 것으로 보았다. 도시 인구가 가장 급격하게 성장하는 지역인 아시아는 세계 인구의 3/4과 세계도시 거주자의 1/2을 차지하고 있으며, 1955년과 1990년 사이에 도시인구의 세 배 증가를 경험했다. 이러한 인구학적 통계는 중국과 인도의 급격한 증가로 인해 크게 영향을 받았지만, 동남아시아에서도 급격한 인구팽창이 있었다. 1980년대 우리나라, 타이완, 싱가포르를 비롯한 아시아의 개발도상국을 제외한 다른 나라에서는 도시 인프라, 주거, 서비스 등의 적절한 발전을 이루지 못했다. 20세기 말 대부분의 나라들은 생산과 서비스 시설이 점점 국제적으로 통합되는 방향으로 나아가는 것을 경험했다. 즉 세계화는 20세기 말에 가장 큰 변화를 초래했다고 할 수 있다. 경제적, 환경적으로 융합된 현상이 일으킨 영향은 오늘날 각 주요도시가 고립되어 존재하는 것이 아니라 세계도시로서 역할을 담당하도록 했다. 그리고 UN은 2000년까지 각 대륙 인구의 75% 이상이 도시에 거주할 것이라고 예견했으며 거의 모든 도시의 성장률은 개발도상국에서 이루어질 것으로 예측했다. 하지만 도시화의 속도는 전 세계로 볼 때 균등하지 않다. 또 악화되고 있는 거주지의 증가, 오염, 무주택자, 빈곤, 교통문제, 그리고 밀도의 증가는 전 세계 도시의 공통적인 문제가 되었다.

세계도시의 역할과 성격에 대한 문제로 도시의 미래를 둘러싼 혼란은 여전히 줄지 않고 있다. 세계적 금융시장이 점점 디지털화됨에 따라 일터의 개념도 근본적으로 변하고 있다. 기업자본의 중심지가 되기 위해 서로 경쟁하는 도시들은 국제금융 거래를 위한 공간적 회로가 되는 과정으로 변화하는 중이다. 과도한 이동성은 장소에 대한 전통적인 개념을 다시 생각하게 만들었다.

오늘날 시장을 지배하고 있는 세계경제는 국가 간의 경계선처럼 몇몇 도시에서만 존재하는 현상이 아니며 탈국가주의를 부추기고 있다. 이러한 상황가운데 21세기의 도시현상과 문제를 어떻게 살펴볼 것인지 크게 세 가지로 나누어 살펴본다.

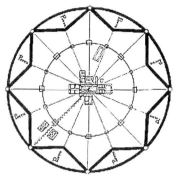

안토니오 필라레테의 이상도시 계획 '스포르친다', 1465년경

이 상 도 시 의 도 전 과 미 래

수천 사람들이 모여 생활하는 곳에서 도시가 만들어진다. 그곳은 정치·경제·문화의 중심이 되고, 시장市場이 만들어지며, 주거가 밀집해 있고, 도로가 생기고, 상하수도의 기능이 완비되어 있다. 인간은 도시에서 안전하며 쾌적한 생활을 실현하려고 노력한다. 역사를 되돌아보아도 인간은 머물기 편한 곳보다 세련된 생활방식을 계속 추구하기 위해 도시로 모여들었다. 이러한 상황 가운데 인간은 지금보다 더욱 윤택한 미래를 바라면서 도시생활의 불가역성이라 할 만한 법칙을 만들어 왔다. 도시란 그곳에 사는 인간의 생활이 집약된 곳이며 인간의 욕망이 집대성된 곳이다. 메소포타미아에서 수메르 인이 세계에서 가장 오래된 도시를 건설한 이래 인간은 이상적인 도시를 만들고자 노력해 왔다. 즉 유토피아는 현실사회의 다양한 모순에 대한 안티테제로서 도시 형태를 계속 생각한 것이다. 그리고 이것을 역사적으로 구분해보면, 그리스 로마 시대, 르네상스기, 그리고 산업혁명에서 현재까지로 크게 세 가지 시대로 나눌 수 있다.

빈센초 스카모치의 이상도시 계획 '팔마노바', 16세기

모형으로 재현한 고대로마 도시

고대도시에서는 시민들의 정신적인 지주로서 신전건축이 중앙에 있으며, 그것을 둘러싸고 시가市街가 만들어졌다. 도시에는 시장을 위한 광장이 생기면서 사람들이 모였다. 그리고 그 주변에는 불규칙한 형태의 성벽으로 둘러쌓다. 침략자로부터 몸을 보호하는 것은 도시의 중요한 역할이었다.

현재 가장 오래된 이상도시는 로마시대의 건축가 비트루비우스Vitruvius가 작성한 것으로 알려져 있다. 그는 르네상스기 도시계획에 큰 영향을 미친 기하학적 도시형태를 이미 생각했다. 르네상스기가 되면서 아주 활발하게 이상도시가 등장했다. 세계는 항해시대가 되었고 유럽은 이국문화에 자극을 받아 사람들의 의식도 고양되었다. 이미 대포가 발명되었기 때문에 도시는 강고한 성벽으로 둘러쌀 필요가 없었다. 성 주변에는 보루를 둘러싸고 대포를 배치했다.

중앙에는 신전과 교회가 아닌 시민이 모이는 광장이 생기게 되었고, 건물이 아닌 방사상의 도로를 주변까지 펼치는 것을 먼저 생각했다. 도시 형태는 기하학적 중앙집중식 평면계획의 규칙적인 팔각형이 많았다. 불규칙한 것이나 비논리적인 것은 비판되었기 때문이다. 여기에 질서나 보편적인 이론 속에서 인간의 이상을 추구했던 당시 사람들의 사상이 단적으로 나타나 있다. 또 도시는 단순한 건물의 집합이 아닌 개인의 작품으로 평가되었다. 피렌체의 안토니오 필라레테Antonio Filarete, 조르지오 마르티니Giorgio Martini, 빈센초 스카모치Vincenzo Scamozzi 등 수많은 도시계획가가 활약했다. 그들은 세계로 비약하는 유럽의 거점으로서 도시를 계획했다.

토마스 모어Thomas More[1]가 쓴 소설《유토피아Utopia》가 발표되었던 시기도 정확히 그 즈음이다. 이 책에서 유토피아는 다음과 같이 묘사된다. 그리스어 Ou(없다), Topos(장소)를 조합한 말로서 '어디에도 없는'이라는 의미의 '유토피아'는 넓이가 300km², 길이가 800km의 둥근모양의 섬이다. 유토피아는 주변의 암초가 많은 바다 덕분에 외적으로부터 지킬 수 있었던 이상적인 섬이다. 유토피아 사람의 안내 없이는 이 섬에 가까이 올 수도 없다. 이곳에는

1) 토마스 모어(1478~1535)는 영국의 인문주의자·정치가·시인이다. 그는 1516년《유토피아》를 저술했다.

암브로시우스 홀베인이 목판인쇄한 1518년 판 《유토피아》

강고한 성벽으로 둘러싸인 안전한 도시가 54개 있고, 각각의 도시는 도보로 하루가 걸리지 않는 거리에 있다. 같은 언어를 사용하며 생활양식이나 규칙도 동일한 사람들이 살고 있다. 그리고 평의회를 통해 왕이 선출되는 공화국제이다. 이곳은 죄인 외에는 노예가 없다. 유토피아 섬에는 화폐가 없으며 주민들은 각자 시장에 가서 자기가 필요한 만큼 물건을 가져다 쓸 수 있다. 주민이 사는 집들은 모두 똑같고 자물쇠가 없다. 또 주민들은 타성에 젖지 않도록 10년마다 이사를 해야 하는 것도 독특하다. 유토피아 섬이야말로 당시 유럽 사람이 생각했던 최고의 이상적인 도시였다. 다시한 번 생각해보면 유토피아는 당시 그들의 고뇌와 희망을 그대로반영한 이상향이라 할 수 있다.

토니 가르니에가 제안한 공업도시

토마스 모어는 이후 유토피아 문학과 사상, 근대 유토피아 주의의 창시자가 되었다. 유토피아 사상은 18세기 말 영국에서 일어난 산업혁명과 도시로 인구집중을 해결할만한 새로운 도시를 만드는 데 큰 영향을 주었다. 즉 도시화로 생겨난 빈곤, 유행병, 범죄로부터 인간을 지키기 위해 새로운 도시가 필요하고 보았다. 근대에 제안된 이상도시로서 에버니저 하워드Ebenezer Howard의 전원도시, 토니 가르니에Tony Garnier의 공업도시는 노동자가 안전하고 쾌적하게 일하며 보다 생산성이 높은 도시를 만드는 것이 목표였다.

르 코르뷔지에가 제안한 300만 명을 위한
도시계획, 1922년

그곳에는 근대의 이상理想이 있었고, 대량생산된 공업제품과 과학의 힘은 사람들을 빈곤으로부터 구해주는 것이었다. 르 코르뷔지에의 빛나는 도시에서 '마천루와 고속도로', '녹지와 공기와 태양'이라는 주제는 마치 근대의 꿈을 실현하는 것처럼 보였다. 하지만 지루한 형태와 광활한 공간의 반복 때문에 사람들은 곧 싫증을 느끼게 되었다.

20세기 후반에는 새로운 이상도시를 생각한 계획안이 많이 제출되었다. 항구를 매립하거나 창고와 공장을 재개발하여 새로운 도시를 만들고자 하는 워터프론트 계획과 벅민스터 풀러Buckminster Fuller가 제시한 도시를 돔으로 덮고자 하는 계획이 있었다. 특히 풀러의 계획안은 맨해튼의 중심부에 3km에 달하는 지오데식 돔을

벅민스터 풀러가 제안한 도시를 덮는 돔, 1960

아르코산티, 파울로 솔레리, 피닉스, 1970~

건설하여 기후를 조절하고 대기오염으로부터 도시를 보호하고자 계획한 것이었다.

사막 속에 이상도시를 만들려고 했던 계획으로는 파울로 솔레리Paulo Solelli의 아르코산티Arcosanti[2]가 있다. 아르코산티는 1970년부터 미국 애리조나주州 피닉스의 사막 속에 지어지고 있는 실험도시이며 완성될 때 4,500~5,000명을 수용할 예정이다. 지금까지 이루어진 유토피아적 도시계획의 성격은 각각 다르다. 하지만 이상도시에 대한 사회적·건축적 비평도 등장했다. 현대 도시의 유토피아성에 대해 의문을 던지고 도시가 작동하는 근원적인 구조를 고찰하려는 연구도 이루어졌다. 유토피아에서 '디스토피아Dystopia[3]'라는 말이 파생되었다. 철학자 칼 포퍼Karl Popper[4]는 유토피아주의자를 강하게 비판했다. 그는 유토피아의 추구는 필연적으로 디스토피아를 낳게 된다고 보았다.

1959년 콜린 로우Colin Rowe도 논문 '매너리즘과 근대건축[5]'에서 모더니즘의 도시계획을 강하게 비판했다. 그의 사고에는 철학자 칼 포퍼의 영향이 짙게 나타났다. 그는 르네상스기에 그렸던 안토니오 필라레테의 스포르친다Sforzinda[6] 등 이상사회의 도시모습이 모두 원형의 평면이며 단조롭고 다양성이 결여된 점을 지적했다. 그리고 모더니즘 도시계획 전형인 미래파와 르 코르뷔지에의 계획안에 포함된 유토피아적 이념을 비판했다.

1960년대 전반에 특징적이었던 주요 건축가들의 도시계획은 1960년대 말이 되면서 급속히 냉각되었다. 거대구축물로 구성된 도시상都市像을 건축가가 제안하고, 실제로 부분요소 또는 단위요소로서 건축개체가 건설되기도 했지만[7], 도시 전체의 실현에는 이르지 못했다. 오히려 이러한 결과는 건축가가 이상적 도시상을 묘사하고 제안하는 작업이 사회적으로 그다지 유효하지 않았음을 보여주었다.[8] 또한 1973년 세계적인 오일쇼크를 고비로 고도경제 성장기가 끝나면서 유토피아적 도시에 대한 낙관적인 전망은 붕괴되었다.

렘 콜하스Rem Koolhaas는 저서《정신착란증의 뉴욕Delirious New York》

2) 18장 친환경건축 참조
3) 이 용어는 존 스튜어트 밀John Stuart Mill (1806~1873)이 의회연설에서 처음 사용했다. 유토피아와 반대되는 가상 사회를 가리킨다. 디스토피아는 전체주의적인 정부에 의해 억압받고 통제받는 모습을 말한다.
4) 칼 포퍼(1902~1994)는 오스트리아에서 태어난 영국의 과학철학자이다. 과학철학뿐 아니라 사회 및 정치철학 분야에서도 많은 저술을 남겼다.
5) 콜린 로우, 매너리즘과 근대건축,《근대건축론집》, 세진사, 1997
6) 15세기의 안토니오 필라레테의 건축에 관한 논문 중에 서술된 이상도시의 이름. 중세적 권위의 속박에서 벗어난 서유럽 최초의 완전히 대칭형의 도시계획안이며 르네상스기 도시계획의 대표적 예이지만 실현되지 못했다.
7) 일본의 메타볼리즘 건축가 중 단케 겐조가 설계한 야마나시 문화회관 (1966년), 시즈오카신문사·시즈오카 방송 도쿄지사(1967년) 등이 있다.
8) 예를 들면 1960년대 후반에는 '미래학'이라 불리는 미래세계를 예측하는 논의와 연구가 사회적 붐이 되었다. 미래학이 크게 유행한 1966년경부터 5~6년 사이에 미래학을 주제로 한 수백 편의 책이 출판되었다. 그러나 1970년대에 들어 급격하게 쇠퇴하고, 그 뒤 미래학이 인기를 모은 적은 거의 없었다.

(1978년)[9]에서 도시를 계획의 대상이 아닌 욕망이 투기되는 장소로 그렸다. 도시의 출현 이후 현대도시 계획까지 공간구조는 중심과 주변으로 나눌 수 있으며 특히 '중심=권력'의 성격이 나타난다고 할 수 있다. 바꿔 말해 '권력=진리' 또는 '권력=정보'라고도 볼 수 있다.[10]

근대 이전까지 도시에는 중심을 만드는 권력이나 정보는 눈으로 볼 수 있는 물리적인 것이었지만, 현대도시에는 실제로 도시를 움직이는 중심은 없고 만일 중심이 있다 해도 그것은 보이지 않는 형태이거나 정보로서 존재한다. 이제 도시의 중심을 이루었던 물리적 실체는 사라지고 역사의 껍데기만을 남긴 채 사람들의 관광지, 눈요기, 또는 욕망을 투기하는 대상으로 변화되었다. 또한 20세기의 효율과 기능의 관점도 현대도시에는 잘 작동하지 않고 있다. 그것이 현대도시의 실제 모습이기도 하다. 그렇다면 인간의 삶을 담는 도시의 미래는 과연 유토피아가 될 수 있을까? 미래도시의 모습을 어떻게 예측할 수 있을까? 대기오염과 공해, 폭발적인 인구증가, 늘어나는 빈부의 격차와 같은 현실적 상황에 근거하여 미래를 전망할 때는 결코 낙관적이지 않다. 많은 전문가들은 미래의 도시와 인간의 삶에 대해 경고하고 있으며 새로운 변화가 필요하다고 역설하고 있는 실정이다.

9) 책에서는 자본주의 총 본산인 대도시 뉴욕에서 분출하는 매력에 대해 발전 프로세스를 돌아보면서 분석했다. 그곳에는 과잉된 욕망만이 가득 차 있다고 보았다. 그는 근대의 금욕적인 격언인 '레스 이즈 모어less is more'의 가치관을 부정하고, 근대건축을 '정크스페이스Junk Space'라고 간주했다. 정크스페이스는 유토피아에서 실현하고자 했던 이전 욕망의 파편으로서 사용자의 요구에 의해 변화된 상업적 공간을 의미했다.
10) 조지 오웰은 그의 책《984년》에서 '중심=권력'은 정치적 지배의 중심에 머물지 않고, 진리를 만드는 '중심'이라고 말했다.

영화 '블레이드 러너'에서 미래도시 LA의 모습

11) 블레이드 러너는 1982년 리들리 스콧 Ridley Scott 감독이 만든 SF 액션스릴러 영화이다.

인간이 사는 도시의 미래가 유토피아가 될지 디스토피아가 될지는 아무도 모른다. 하지만 이러한 궁금증을 조금이나마 해소하는 데 도움이 되는 것이 미래를 소재로 한 공상과학 소설이나 영화일 것이다. 인간의 미래 삶을 보여주는 여러 영화들이 있지만 결코 낙관적이지 않은 전망을 보여준 영화는 '블레이드 러너Blade Runner[11]'이다. 이 영화는 2019년의 로스앤젤레스를 무대로 혼돈스러운 도시 상황을 꼴라주하여 암울하고 어두운 분위기의 미래도시를 표현했다. 초고층화된 도시에는 대기오염으로 인해 산성비가 내린다. 생명공학기술의 발달로 인한 인간의 수명 연장과 함께 존엄성 상실이라는, 미래 삶에 대한 경종을 울리는 작품이라 할만하다.

21세기의 최초 10여 년이 지나간 현재, 인간의 삶이 앞으로 어떻게 전개될지 알 수 없는 가운데 분명 새로운 전환점을 맞이하고 있다. 기존의 물리적 도시구조와 더불어 새로운 삶의 방식이 등장했다. 도시를 이루는 중심과 주변의 관계는 물리적 이동이 필요 없는 컴퓨터 네트워크를 통해 접근할 수 있게 되었다. 이제 가상의 공간과 물리적 공간이 혼재하는 도시를 인간에게 어떻게 유효하게 만들 것인지 고민해야할 시기인 듯하다. 또 자본의 논리와 국가의 논리를 넘어 인간의 논리로 돌아와서 도시를 생각해야 한다. 우리들은 새로운 이상도시의 모습을 구축해야만 하는 시대가 되었다.

슬 럼 Slum 과 달 동 네 의 공 간 성

슬럼이란 도시의 빈곤층이 거주하는 과밀한 지구이며, 도시의 다른 지구가 받는 공공서비스를 받을 수 없는 열악한 상태나 상황에 처해 있다. 전 세계 대부분의 대도시에는 슬럼이 존재하며 '슬럼가' 또는 '빈민가'라고도 한다. 슬럼에 거주하는 주민의 수는 2000년대에 약 10억 명이며 2030년에는 20억 명으로 증가할 것이라고 UN은 전망했다.

특히 개발도상국의 대도시에 열악한 슬럼가를 잘 보여주는 예가 많은데 인도의 코친Cochin, 브라질의 상파울루São Paulo와 리오데자네이루Rio de Janeiro, 터키의 이스탄불Istanbul, 이집트의 카이로Cairo, 인도네시아의 자카르타Jakarta, 필리핀의 마닐라Manila 등이 있다. 이러한 도시에서 보이는 슬럼과 불법정착지로 인한 환경악화, 빈곤의 악순환은 현대도시가 결코 유토피아만은 아님을 나타내는 증거이기도 하다. 인도와 동남아시아 개발도상국에서는 슬럼에 대한 기본적인 조사마저 이루어지지 않은 실정이다. 슬럼은 엄연히 존재하는 도시의 한 부분이지만 보고 싶지 않은 장소이기도 하다.

서구에서 슬럼은 18세기 말 산업혁명 중 농촌에서 도시로 노동자가 대량 유입하면서 발생했다. 아시아와 라틴아메리카의 개발도상국에서는 지금도 계속 슬럼이 생겨나고 있으며, 사회경제적 배경은 우리나라의 상황과 상당히 다르며 최근에 다루어지기 시작했다.

필리핀 마닐라의 슬럼가

도시화로 인한 슬럼의 증가와 문제점을 잘 보여주는 곳이 브라질의 리오데자네이루 시市이다. 최초의 빈민가 또는 불법정착지는 1888년에 나타났다. 리오시의 인구는 1900년에는 81만 명, 1950년에는 237만 명, 2000년에는 585만 명에 달하게 되었다. 인구의 증가는 가난한 북동부에서 대량으로 유입되면서 리오시 각지에 슬럼이 생겼으며 그로 인해 높은 빈부 차와 치안악화의 문제가 발생하게 되었다. 브라질에서는 슬럼이나 빈민가를 '파벨라Favela'라고 한다. 리오데자네이루 시민 네 명 중 한 명은 파벨라에 살고 있

인도 뭄바이의 슬럼가

리오데자네이루 파벨라의 모습

다고 할 정도이다.

  파벨라는 사람들이 공유지나 소유권을 둘러싸고 분쟁 중인 땅
을 불법점유하여 가건물이나 오두막을 짓고 살기 때문에 브라질
의 여러 도시는 파벨라의 존재를 법적 실체로 인정하지 않았다.
리오데자네이루 시의 경우 비정상적인 정착지로 인해 인구증가
뿐 아니라 땅의 침식을 가속화시키는 산림벌채가 이루어졌으며
산사태의 증가를 야기했다. 증가하는 파벨라로 인해 지방정부는
기본적 환경서비스를 제공하는 것조차 불가능하게 되었다. 환경
적인 측면에서 파벨라가 만든 자연배수 패턴의 파괴는 대도시 지
역의 하수 중 40%만을 처리할 수밖에 없었으며 결과적으로 지하
수와 지표수가 위험한 수준으로 오염되었다.

  1990년 리오데자네이루시는 이러한 상황에 대응하기 위해
주州, 연방, 그리고 지방 자치기관들이 협력하여 환경마스터플랜
으로 파벨라 바이로Favela Bairro(근린 파벨라)를 작성했다. 이는 파벨
라의 환경과 도시인프라를 보다 체계화하기 위한 지역연구가 비
로소 이루어졌으며, 열악한 주거나 환경의 문제점에 대한 해결책
을 찾게 되었다. 주목할 만한 점은 도시계획을 할 때 파벨라를 없
애고 공영주택을 계획하여 주민을 입주시키는 방식을 취하지 않
고 파벨라의 존재를 인정한 것이다. 그리고 기독교단체, 사회학

자와 시민활동가가 함께 공동으로 작업하여 파벨라의 생활기반과 사회서비스를 개선하고 생활수준을 올리는 것을 목표로 했다. 2005년도에 공원과 거리건설이 이루어졌으며, 리우 시에서 400개 이상의 파벨라 중 120군데에 사회적 노동자Social Worker가 있게 되었다. 빈곤층에는 돌아가지 않았던 전기나 상하수도, 쓰레기 수거, 탁아소 등이 파벨라에 도입되었고 마약 중독이나 알콜 중독의 상담이 이루어졌다. 파벨라 바이로 계획이 시작된 이후부터 파벨라 내의 상업활동 증가와 지가상승도 일어나게 되었다. 특히 치안 유지를 위한 방법으로 경찰이 공예교실과 같은 행사를 방범활동의 일환으로 기획하고 파출소는 커뮤니티 센터의 기능을 담당하면서 범죄율 하락에 성과를 올리게 되었다고 한다.

이렇듯 현대도시에서 슬럼의 문제는 사회, 경제, 문화적 측면에서 반드시 다루어야만 하는 부분이기도 하다. 또한 도시 속에서 슬럼은 단지 하층민들이나 가난한 사람들이 사는 곳이기 때문에 없애고 개발해야 할 대상이 아닌 인간의 삶의 관점에서 볼 필요가 있다. 슬럼을 개발하기 위해 전통적인 관주도의 스크랩 & 빌드Scrape & Build의 방식이 아닌 새롭고 다양한 방식이 모색되고 있다. 특히 기존 슬럼 지역에서 자생적으로 발생한 커뮤니티를 인정하고 자원봉사자나 사회활동가와 함께 주민이 직접 참여하여 자신의 마을을 새롭게 가꾸는 주민참여 방식이 필요하다.

슬럼과 같은 옛 건물 특유의 공간이 우리들에게 주는 의미를 살펴본다. 수만에서 수백만 인이 거주하는 슬럼 속에는 커뮤니티가 있다. 그곳에는 모두가 이른바 어깨를 맞대며 살고 있으며 어떤 구획에서 생활하는 공동체는 두드러지게 나타난다.

현재 일반적인 주택지에는 이러한 커뮤니티의 존재가 점점 희박해지고 있는 실정이다. 커뮤니티의 재생은 근대건축 또는 근대 도시계획의 탄생 이래 오늘날까지 기본적 테마였다. 따라서 우리들은 잃어버린 커뮤니티를 슬럼에서 발견할 수 있다.

슬럼이나 가건물로 이루어진 마을은 반反정연한 이미지를 나타내는 예이다. 아시아 각 도시의 슬럼 건물들은 대부분이 폐자재로

1980년 KBS에서 방영된 드라마 '달동네'의 한 장면

만들어졌으며, 집은 목수가 아닌 초보자가 버려진 재료를 짜맞추어 만든 것이다. 쓰고 내버려둔 재료는 그들에게 여전히 가치 있으며 계속 살아가기 위한 도구가 된다. 주변의 폐자재나 버린 건축자재로 물건을 조립하는 행위는 우리들의 유아나 소년기의 체험으로 기억에 남아 있다. 이러한 감각을 대부분의 슬럼과 가건물에서 느낄 수 있는 모습이다.

슬럼에 해당하는 우리나라의 달동네는 1950년대 전쟁 후에 피난민들에 의해 만들어진 마을에서 시작되었다. 달동네는 1960년대부터 1980년대 경제성장기를 거쳐 정착된 이래 이제는 특별한 기억으로 남아 있는 상태다. 달동네의 어원에는 여러 가지설이 있지만 1980년에서 1982년에 드라마 '달동네'가 방영된 직후 '달동네'라는 이름이 널리 퍼졌다고 한다. 드라마의 내용처럼 달동네는 새마을 운동의 영향으로 농촌이 근대화되면서 일자리를 찾아 고향을 떠나 서울의 변두리 산비탈로 삶의 터전을 옮긴 서민들이 모여 살았던 곳이다.

1970년대에 많던 달동네들은 1980대와 1990년대의 집중적인 재개발 붐으로 대부분 사라진 상태다. 아직 남아 있는 서울의 백사마을[12]과 부산의 감천문화마을[13]에서 특유의 달동네 공간을 체험할 수 있다.

12) 1960년대 도심개발로 청계천·영등포·양동·창신동 등에 살던 철거민이 불암산으로 이주하면서 형성된 곳이다. 당시 경기도 양주군 노해면 중계리 산 104번지에 속했기 때문에 옛 번지수에 따라 '백사마을'로 불리게 되었다.
13) 6.25 전쟁 이후 피난민들이 모여 살던 달동네이다. 지역 예술인들과 마을주민들이 함께 시작한 '마을미술 프로젝트'로 인해 현재의 감천문화마을을 만들게 되었다. 2012년 아시아 도시 경관상을 수상했다.

부산 감천문화마을

달동네를 가치 있게 만들고 특징짓는 공간의 성격은 무엇일까? 건축가 승효상은 현대도시가 잃어버린 공간성을 우리의 달동네에서 발견했으며, 그것이 바로 달동네가 가진 특유의 공간 때문이라고 했다.[14] 즉 달동네는 가파른 산비탈에 위치해 있기 때문에 집들이 어울려 만드는 골목길은 자신의 소유를 주장하기 위해 경계를 긋기보다는 나누면서 살아야 하는 곳이 되었다. 따라서 달동네의 골목길은 행인의 통행, 어린이들의 놀이터, 어르신들의 휴식처, 시장 등 공동체를 이루는 다의적 공간의 역할을 하게 되었다. 달동네의 골목길은 서민들의 커뮤니티를 이루는 중요한 장소였다. 퇴색된 분위기와 함께 쉽고 명확하게 이해할 수 없는 미로와 같은 골목길이 달동네의 공간적 성격을 잘 대변한다고 볼 수 있다.

역사상 가장 오래된 미로는 이집트와 크레타의 궁전이다. 헤로도토스Herodotus[15]는 "그곳(이집트의 미궁)에는 3천 개의 작은 방이 있다. 대부분 찾아내기 어려운 중심의 방에는 왕들과 성스러운 악어가 몰래 매장되어 있었다."고 말했다. 크레타 섬에 있었다는 미노스 왕의 미로 궁전에 대해서는 플루타르코스Plutarchus가 다음과 같이 적고 있다. "미로궁전의 구조는 바깥에서 그 장소는 완전히 판단할 수 없지만 일단 내부로 들어가면 출구를 찾기 어려운 수없이 뒤얽힌 통로와 무수한 방이 이어진 어둠의 공간뿐이다."

근대건축의 특징을 말하자면 건축 또는 도시에서 태고 이후 미로의 성격을 없앤 것이라고 말할 수 있다. 르 코르뷔지에의 초기 프로젝트, 예를 들면 빛나는 도시나 미스 반 데 로헤의 후기 프로젝트가 이것을 잘 나타내고 있다. 그곳은 공간의 명확성이 주된 주제였다. 지금까지 보았던 미로迷路 또는 미궁迷宮은 중심을 둘러싼 동심원 구조로 이루어져 있다.

오래되고 매력적인 도시의 매력 중 하나는 미로와 같은 공간이라고 깨닫기가 쉽지 않다. 거의 자연발생적으로 오랜 세월을 거쳐 만들어진 도시는 골목길과 같은 작은 길이 곳곳에 있고, 그것이 복잡하게 조합되어 하나의 미로와 같은 형태를 만들고 있다. 그와 같은 도시의 거리를 걷는 것은 새로움이 가득한 자극적인 탐색이

14) 《오래된 것들은 다 아름답다》, 승효상, 컬쳐그라피, 2012

15) 헤르도토스(484 - 425 BC)는 고대 그리스의 역사가이다. 그는 체계적 자료를 수집하고 검증하여 시간적으로 사료를 배열하여 역사를 파악했기 때문에 서양에서는 '역사학의 아버지' 라 불린다.

그리스의 산토리니 섬

며, 미로의 환상을 만족시켜 주는 것이다.

　지중해의 산토리니Santorini 마을의 풍경은 다양한 건축물들이 모여서 독특한 골목길을 만들고 그 속에 삶의 냄새가 넘쳐나는 공간 덕분에 매년 수십만 명의 관광객이 방문한다. 우리의 달동네 역시 지중해 산토리니의 마을 풍경과 다를 바 없는 공간구조를 지니고 있다. 특히 감천문화마을은 일방적인 관주도의 기존 도시개발 형태가 아닌 주민참여로 이루어진 마을로 아시아 도시 중 가장 아름다운 경관을 가진 도시로 변화된 사례에 속한다.

　현재 건설되고 있는 단지나 뉴타운에서 결정적으로 결여된 요소가 공간의 미로성이다. 우리가 잊어버린 도시의 골목길에 대한 향수가 이것을 잘 대변해주는 요소일 것이다. 조급하게 만들어진 뉴타운이나 마을에서 피하기 어려운 공백감도 이러한 공간에서 오는 것이 틀림없다.

　현대도시가 점점 다양한 방면을 수용하면서 인간이 활동하고 생활하는 공간도 더욱 복잡해지고 있다. 이 때문에 효율을 위한 명확한 도시구조가 요구될 뿐 도시에서는 인간의 정서와 정신은 사라지고 피로감만을 증가시키게 되었다. 과장해서 말하면 현대도시에 필요한 공간은 달동네에서 보았던 골목길과 같은 미로라고 할 수 있다.

서울 중계본동 백사마을 달동네

도시의 성장과 관리정책

건축 규제는 역사적으로 산업혁명에 의해 발생한 위생·환경문제에 대한 사회적 대응시스템의 일환으로 발달했다. 미관형성의 수법을 위한 현대적 제도는 이후에 등장했다. 20세기 후반 선진국의 경제구조 변화는 이러한 건축 규제를 강한 경제적인 성격으로 변질시켰다. 이 점을 인식하는 것이 현대의 건축 규제와 도시계획을 이해하는 열쇠이다.

제인 제이콥스Jane Jacobs[16]는 저서《도시의 경제학The Economy of Cities》(1969년)에서 국민경제와 도시경제를 구분하면서 국민경제의 개념이 어떤 실익實益을 가져오지 않았음을 지적했다. 탈공업화 사회는 도시화 사회라고도 한다. 경제활동의 중심은 광산이나 철강 생산으로 상징되는 공장이 아닌 대도시의 금융·정보·서비스의 비즈니스 현장이며 첨단기술개발이 이루어지는 연구개발 비지니스의 현장이다. 이것이 현대도시의 중심적 기능이다. 이러한 경제구조에서 경제정책은 도시 활동의 성장과 쇠퇴와 직결된다. 미국, 영국 등에서 이루어진 1980년대 신보수주의 경제정책이 도시개발의 촉진을 꾀했던 것은 이러한 정책 덕분이었다. 경제의 경기변동 조정에 금융정책이 이용되는 것과 마찬가지로 도시의 개발규제·건축규제가 경제활동을 컨트롤하는 수단으로 명확하게 자리매김했다.

도시의 경제활동을 활성화하는 수단은 이 기간에 더욱 폭넓고 다양화되었다. 도시개발에서 경제수단의 탄력화·다양화가 진행되었던 것은 이러한 구조적 배경에서 이루어졌다. 특히 도시의 성장관리 정책은 이와 같은 변질의 상징이며, 미국도시 정책에서 1980년대를 통해 중요한 영역을 점유하게 된 정책개념이다.

미국에서는 지역생활에 관한 행정권한은 주로 지자체에 있다. 각 주州가 정하는 주수권법에 의해 지자체가 도시계획과 행정권한을 가진다. 특히 도시지자체는 도시의 경제운영을 어떻게 성공시킬 것인지를 놓고 줄다리기를 하는 상황이다.

16) 제인 제이콥스(1916~2006년)는 도시계획과 지역사회의 문제에 관심을 가진 저널리스트, 작가, 사회운동가였다. 1961년에 발행된 그녀의 저서《미국 대도시의 죽음과 삶The Death and Life of Great American Cities》에서 1950년대 미국의 도시재생 정책을 날카롭게 비평하면서 유명해졌다.

성장관리 정책은 1960년대 말 대도시 주변 지자체의 인구급증 대책으로 등장했다. 그러나 이후 정책은 대도시 중심부를 둘러싼 개발정책으로 각광을 받게 되었다. 시민들의 삶의 질을 향상시키기 위해 도시경제의 성장을 유지·촉진하고 또는 제어하는 것이 성장관리 정책이다. 이 정책은 일반적으로 '개발의 속도, 양, 타입, 장소, 비용'을 행정시책으로 컨트롤하는 것을 내용으로 한다.

1970년대 후반부터 미국 대도시의 도심부에 오피스빌딩 개발투자가 이루어지게 되었다. 종래 제조업중심의 산업에서 금융·보험·부동산·서비스 등의 산업으로 전환이 원인이었다. 따라서 공장에서 사무소로 도시노동자의 중심이 이동했다. 도심부에 대한 투자의 활성화는 부동산 가격의 상승을 초래했다. 이것이 도시의 거주조건에 중대한 영향을 주었다. 뉴욕뿐 아니라 로스앤젤레스, 샌프란시스코, 시카고, 보스턴 등의 대도시에서 평균소득의 세대조차 도시에서 지속적인 거주, 도시 내로 전거轉居가 힘들게 되었다. 이 때문에 도시정책에서 주택정책은 중요한 위치를 차지하게 되었다.

이러한 배경과 함께 레이건 정권의 정책으로 연방정권의 주택투자는 대폭 삭감되었고 사태는 아주 긴박하게 돌아갔다. 그것을 상징하는 사태가 홈리스의 대량발생이었다. 이 상황에 대응하기 위해 각 도시는 도심부에 대한 투자를 컨트롤하는 정책을 취했다. 이것이 도시의 성장관리정책이라 불리는 1980년대형 수법을 만들었다. 예를 들어 샌프란시스코 시는 1980년부터 가이드라인으로 도심의 사무소개발에 즈음하여 주택제공을 의무로 하는 링키지 프로그램Linkage Program [17]을 개발했다(Office Housing Production Program:약칭하여 OHPP라고 한다). 이러한 링키지 프로그램은 4년 후에 조례화되었고, 평균 세대가 거주 가능한 월세임대 주택(정책용어로는 Affordable Housing이라고 한다)을 제공하는 새로운 한정조건이 붙게 되었다. 또 샌프란시스코 시는 도심의 개발억제정책으로 최고 제한용적률 1400%를 1000%로 줄이는 다운조닝 [18], 오피스의 연간 착공 바닥면적에 대응한 총량규제, 기존주택의 유지, 거

17) 민간투자가 이루어질 때 이것을 도시정책에서 중요한 과제의 해결과 연결하는(링키지) 요청, 또는 의무화된 시설을 가리킨다. 좁은 의미로는 샌프란시스코 시가 시행하는 사무소개발과 주택제공을 연결하는 방법처럼 명확하게 링키지의 내용을 한정하고 있다. 넓은 의미에서는 보스턴 시에서 시행하는 도심부의 개발에서 도시주변의 근린시설의 환경개선, 주택의 부가, 홈리스 등을 위한 직업훈련실시 등 다양한 정책수단과 연결된다.

18) 도심으로 개발투자의 가열을 억제하기 위해 조닝의 규제사항 중 용적률, 건물 높이 등을 줄이는 것을 말한다.

주용 호텔[19]의 상업용 호텔로 전용금지 등을 다루었다. 이것은 도심의 성장관리정책의 전형적인 수법이다.

앞에서 예로든 모든 도시에서 구체적인 수법과 내용에 차이는 있지만 공통적으로 도시의 오피스개발 제한, 주택공급의 확대를 이루었다. 성장관리정책은 오늘날 아스펜과 같은 정주인구 5,000 명 정도의 작은 도시에서 플로리다와 같은 주州 레벨까지 다양한 타입의 수법을 활용하면서 전개되고 있다. 미국에서는 이처럼 도시개발의 컨트롤, 나아가서는 부동산 가격의 급등에 대한 대책으로 조닝을 중심으로 대담한 성장관리정책을 펼치면서 각 도시가 대응하고 있다.

일본에서는 1950년대 후반 이후 도시확장과 어반스프롤Urban Sprawl[20]에 의한 모든 문제를 해결하기 위해 등장한 새로운 도시계획법(약칭으로 1968년 도시계획법이라 한다)에 성장관리의 사고방식을 도입했다. 그러나 1980년대 들어서 도심의 오피스 개발의 집중에 대해 미국의 모든 도시가 과감히 도전한 것과 비교하면 일본 대도시의 대응은 아주 소극적이었다. 결과적으로 1985년 이후 나타난 버블붕괴는 도쿄 도심에서 지가급등, 오피스 개발의 과열투자를 억제하지 못했던 것도 한 가지 원인이었음을, 많은 미국의 도시계획관계자는 지적했다. 단지 금융 완화만이 지가급등을 허용하고, 투기를 허용한 것은 아니라는 것이다. 이것은 일본과 유사한 부동산 거품의 문제를 품고 있는 우리나라에도 해당된다고 본다.

21세기에 들어 패러다임이 전환하는 시점에서 더욱 다양하고 복잡해진 기능을 담은 도시공간을 구축하기 위해 용도지역 제도의 재점검 등 많은 도시계획·건축규제의 모습을 새롭게 돌아보고 살펴야하는 시대가 되었다. 특히 다시 점검해야하는 부분은 '공공복지' 또는 '적정한 이용 및 계획'의 관점으로, 시민의 참가가 더욱 요구되고 있다. 미국의 도시 성장관리정책은 시민센터의 강력한 정치적 힘으로 뒷받침된 방법이며, 이점이 국내 도시의 관리방식에 시사하는 바가 크다.

19) 도시생활자가 거주하며 이용하는 호텔이며 여행자용 호텔과는 구별된다. 대도시에서 임대주택에 거주할 수 없는 저소득자의 주거로서 활용되었다.

20) 도시의 무질서한 외적外的 확대를 가리킨다. 영국에서 1944년에 입안된 런던계획에서 그린벨트를 제안하여 이른 시기부터 어반스프롤의 방지와 질서 있는 도심지 형성을 위한 계획적 대응이 이루어졌다. 어반스프롤에 의한 여러 문제로는 무질서한 농지의 잠식, 자연환경의 파괴, 수해·토사붕괴 등의 재해위험, 도로·하수도 등 도시의 기반시설의 미정비된 시가지 형성, 불량주택의 날림건설 및 낮은 수준의 주택단지개발의 진행, 주택과 공장의 혼재로 인한 공해발생 등 실로 다양한 문제를 들 수 있다.

도시의 성장과 관리를 위해 억제되거나 규제되어할 중요한 부분은 도심부에 들어선 건물형태이다. 미국과 유럽도시에서 오래 전부터 시행되고 있는 도시형태 컨트롤을 위한 규제와 방법에 대해 살펴본다.

원래 그리스, 로마에서 문화적 영향을 받은 유럽은 도시를 계획적으로 건설하는 방법은 오래전부터 성행했다. 유럽에서는 기본적으로 토지개발권은 토지소유자에 귀속되어 있지 않다. 때문에 공공에 의한 대규모의 개입이 가능하며 역사 속에서 작품으로 도시가 만들어져 왔다. 또 건축규제도 옛날부터 이루어져 왔다. 예를 들면 독일 중세의 토지소유권은 토지를 자유롭게 지배하는 권리가 아니었다. 건축하는 권리는 의무와 결부되었으며, 시민의 토지 이용권은 강하게 제한되어 있었다. 이러한 관계는 점차 도시에서 토지가 세습되면서 토지소유권의 활용을 방지하기 위한 '건축법규에서 제한된 토지소유권'으로 변화했다. 이것은 사적인 소유권에 개입하여 제한하는 것을 목적으로 했다. 이처럼 유럽에서는 건축개체를 넘어 광범위한 공간, 형태를 공공재公共財로 다루는 건축관과 도시관이 오랜 세월에 걸쳐 사회에 침투해왔다.

예를 들면 파리에는 명승지의 일체적 보호를 위한 형태규제인 '푸조 규제Plan du Fuseau[21]'가 거의 모든 도시의 상공을 덮고 있다. '푸조'란 '방추체紡錘体'를 의미하고, 보호 대상의 조망범위를 나타내는 선 모양을 가리킨다. 이 외에 최근까지 유럽의 도시형태 컨트롤의

21) 푸조규제는 파리에서 1977년부터 조망경관의 보존시스템으로서 채용되었다. 기본적으로 어떤 역사적 기념물에 대한 조망점에서 경관이 보존대상이 된다. 뒤 배경에 앞의 경관을 방해하는 건축물이 출현하는 것을 방지하기 위해 마련되었다.

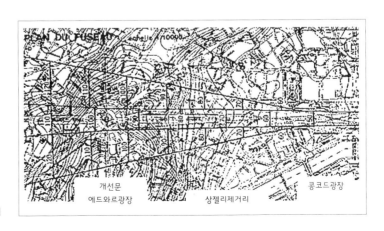

상젤리제거리와 관련된 무조규제

대표적인 예로 영국에서 '전략적 조망 보전', '보전保全 지구', '등록 건조물 보전', '광고규제'가 있다. 프랑스에서는 '역사적 기념건조물 주변지구 500m권', '보전지구', '건축외형 규제', '건축·도시·경관문화유산보존지구(ZPPAUP)'가 있다. 독일에서는 'F플랜(토지이용계획)', 'B플랜(토지상세계획)', '지구마스터플랜', '도시실루엣과 조망중시', '비스타 보호'가 있다. 그리고 이탈리아에서는 '풍경계획', '첸트로 스토리코Centro Storico(역사적 도심부)의 보존' 등의 제도 및 수법이 있다. 이러한 내용은 최근 연구에 의해 국내에서도 소개되고 분석되고 있다.

미국의 경우 1980년대 들어 미국교외 주택지개발에 'TND(전통적 근린주구개발)[22]'라 불리는 계획론이 제창되었다. TND가 제창되었던 배경에는 20세기 중반 아메리칸 드림의 실현으로 생각되었던 교외주택지의 출현이 도시내부의 공동화와 쇠퇴의 발생, 범죄의 다발, 주민이 느끼는 고독감 등 다양한 문제가 나타난 것을 들 수 있다.

TND는 제2차 세계대전 이전의 미국사회에서 일반적이었던 전통적 근린을 현대에 재생하는 것을 목적으로, '코드the Codes'라 불리는 협정에 기초하여 형태규제를 적용했다.

22) TND는 Traditional Neighborhood Development의 약칭이다. TND의 대표적 사례로 DPZ계획·설계의 시사이드(플로리다 주), 콜롬비아(메릴랜드 주州), 캔트랜드(메릴랜드 주) 등이 있다.

플로리다주州 시사이드의 로하우스,
Duany Plater-Zyberk, 플로리다, 1979~1982

23) 아와니 원칙은 P. 칼소프와 여섯 명의 건축가 및 도시계획가가 기초起草하여 1991년 가을에 캘리포니아주州 요세미티 공원의 호텔 아와니에서 지방자치체의 간부들에게 발표했다. 내용은 ① 서론, ② 커뮤니티의 원칙, ③ 커뮤니티를 포함한 지역의 원칙, ④ 실현 전략의 4장으로 구성되었다. 전체적인 내용은 미국사회에서 일어나고 있는 범죄나 기타 사회문제로 인한 커뮤니티 붕괴의 원인을 인식하면서 이러한 주된 원인이 자동차로 인한 대량에너지 소비형 마을에 있다고 지적했다. 그 해결책으로 생태계를 배려하며, 사람들이 자신이 살고 있는 커뮤니티에서 일체감을 느낄 수 있는 공동체의 창조를 제안했다.

24) 건설기준Building Code 또는 지침Guide 이라 부르는 예도 있다.

그리고 TND의 제창자들은 1990년대 들어 TND 계획이념을 재구성하여 '아와니 원칙The Ahwahnee Principles 23)'으로 통합했다. 이러한 일련의 사상과 활동은 최근 '뉴어바니즘New-Urbanism'이라 불리며, 1993년부터 계획이념과 계획기술을 공유하고 보급하기 위한 조직인 뉴어바니즘회의를 운영했다. 기존 시가지에서도 인접한 건축과 형태의 유동관계를 만들기 위해 강제하거나 장려하는 '디자인코드 24)'를 이용한 어반디자인 수법으로 널리 이루어졌다.

뉴어바니즘의 디자인 코드가 규정하는 전통적 근린 형식이 당해當該 개발지의 주변환경에 존재하지 않는 경우, 그 디자인 코드는 컨텍스트가 아닌 사람의 내면에 있으며 과거형식을 이상형으로 간주하는 형태가 될 수 있다. 때문에 뉴어바니즘 방법은 이상형으로서 전통적 근린을 재현하는 데 지나지 않음에 주의할 필요가 있다. 즉 이러한 전통적인 디자인 코드는 현재처럼 다양성이 강조되는 흐름 속에서 표현의 자유를 찾는 건축가들이 도시의 얼굴을 설계하는데 자유를 뺏는 제약이 될 수 있기 때문이다.

《근대에서 현대,
건축의 20장면》을 마치며

머리글에서도 적었듯이 이 책은 근대건축에서 현대건축까지 흐름과 경향을 파악하고자 대략 세 가지의 관점에 근거하여 20장으로 나누어 서술했다. 그리고 근현대건축의 근저에 흐르는 세계관과 공통된 기본인식뿐만 아니라 건축가의 생각과 작품을 다루고자 했다.

19세기말과 20세기 초에 옛것을 벗어던지고 다가오는 시대를 맞이하고자 하는 열망, 학문의 발달, 건축가의 지위 변화, 과학기술 발전에 따른 새로운 구조와 재료의 등장은 새로운 패러다임을 만들기에 충분한 배경이 되었다.

근대건축의 바탕이 되었던 모더니즘은 목표와 수단을 둘러싼 근대MODERN 특유의 패러다임이었다. 또 순수한 이성과 의식의 힘에 따라 일상생활에서 근대화MODERNIZATION가 이루어졌다. 근대화를 이끈 원동력은 과학지식과 기술에 근거한 계몽주의적 사고였다. 그리고 이러한 사고를 바탕으로 건축가들은 유토피아적 미래를 꿈꾸며 건축과 도시를 만들었다. 건축가는 단지 집을 짓는다는 소극적인 수준에서 벗어나 국가나 인간의 미래를 구상하고 실천하는 적극적인 존재로서 역할이 변하게 되었다.

하지만 2차 세계대전 이후 미국에서 주도한 모더니즘건축의 이념은 경제적 번영과 안정된 상황 속에서 상업적으로 변질되었다. 1960년대부터 서구의 빠른 공업성장이 절정에 달하면서 생겨난 회복불가능한 해악은 사람들로 하여금 기술의 변화와 발전의 목적이 무엇인지에 대한 의문을 갖게 했다.

이러한 상황 속에서 건축의 모더니즘을 뒷받

침하는 유토피아적 사고는 이 시기에 이미 붕괴했음이 틀림없다. 물론 붕괴의 조짐은 1950년대 초부터 보였지만, 1960년대 후반에 명확하게 나타났다고 할 수 있다.

포스트모더니즘 또는 포스트모던이라는 말이 처음으로 사용된 것은 1977년에 간행된 찰스 젱스Charles Jencks의 저서《포스트모더니즘의 건축언어The Language of Post-Modern Architecture》였다. 이후에 이 개념을 둘러싸고 건축계에서는 다양한 논의가 전개되었다. 당시 찰스 젱스는 기능주의의 부적절한 모습과 함께 모더니즘을 강하게 비판하면서 모더니즘건축은 죽었다고 선언했다. 특히 1972년에 감행된 세인트루이스의 푸르이트 이고Pruit-Igoe단지의 폭파는 모더니즘의 죽음을 상징하는 예라고 보았다.

찰스 젱스 이후 로버트 벤츄리Robert Venturi도 당시까지 건축의 전체나 부분을 '기능'이 아닌 '의미'나 '기호'로 다루면서 건축을 언어와 닮은 것으로 비유하여 모더니즘건축의 표현에 나타나는 경직성을 타파하고자 했다. 하지만 모더니즘건축은 정말로 사라진 것일까?

여전히 현대건축의 범위를 만드는 바탕은 모더니즘 건축에 있다고 볼 수 있다. 또한 모더니즘 건축이 신봉했던 진보와 기술혁신이 유토피아를 만들 것이라는 믿음이 흔들리고 있음에도 불구하고 그 전통은 현재도 계속 이어지고 있다. 현재 모더니즘 건축은 더욱 세련되고 화려하게 진화되었음을 보여주고 있다. 이러한 상황으로 미루어보건대 역사 속에서 등장했던 주제들의 재등장은 앞으로도 계속 일어날 것이라고 본다.

20세기 후반이후 21세기를 넘어 일관되게 인간과 환경에 대한 관심이 세계적으로 증가하게 되었다. 이것은 근대건축이 현대건축으로 넘어가면서 나타나는 중요한 모습 중 하나이다. 현대사회의 근저에서는 건축공간의 구조가 급격하게 변화하고 있으며 사회의 유동화는 모순과 새로운 가능성을 만들고 있다. 이러한 가운데 21세기에 건축이 어떤 방향으로 나아갈지 예측하기가 힘들다. 희망적인 측면이라면 근대건축과 현대건축의 흐름과 작품을 검토하면서 그 실마리를 약간이나마 볼 수 있었다.

'친환경', '그린', '생태'라는 용어는 건축과 도시를 만들고 설명하는데 중요한 키워드로서 우리들의 생활과 깊이 관계하고 있다. 또한 '사이버스페이스'나 '정보화'도 건축공간과 디자인환경을 새롭게 탈바꿈시키는 데 중요한 역할을 하고 있다. 그 영향으로 나타난 것을 크게 두 가지를 들 수 있다.

첫 번째, 현재 인간은 사이버스페이스로 인해 외부와 곧바로 접속할 수 있는 환경이 마련되었다. 사이버스페이스의 출현과 함께 개인, 지역, 국가간의 물리적 경계를 넘어 실시간으로 외부세계와 정보를 교류할 수 있게 되었다. 스마트폰의 보급은 '언제 어디서나' 타인과 교류할 수 있고 새로운 정보를 교환할 수 있게 되면서 세계는 그야말로 유비쿼터스의 세상으로 변했다.

두 번째, 인간의 미래와 환경을 생각하면서 자연과 인간의 관계를 회복하고 환경을 보존하고자 하는 '친환경적'인 패러다임은 우리생활 속에 자리잡게 되었다.

위의 두 가지는 외형적으로 볼 때 서로 관련이 없거나 상반된 내용으로 보인다. 하지만 깊이 있게 살펴보면 두 가지는 서로 밑바닥에서 통한다고 할 수 있다. 사이버스페이스의 태동과 함께 극도의 시각적인 형태를 중시하는 건축 경향이 우세한 듯 보인다. 하지만 이러한 추세와 반대로 인간은 자신의 몸으로 직접 느끼고 체험하려는 열망을 더욱 강하게 느끼는 듯하다. 또한 생태학의 등장과 함께 과거, 현재, 미래가 서로 동떨어진 것이 아니라 연결된 것이며 마치 책장속에 꽂아두었던 헌책처럼 인간의 필요에 따라 다시 사용할 수 있는 도구처럼 변했다. 따라서 새로운 재료와 기술을 사용한 공간의 구축에서 인간의 지성과 감성을 극대화하기 위한 건축이 현대에 출현한 것이라 볼 수 있다.

헤르초크 & 드 뫼롱Herzog & de Meuron은 "현재 우리들은 사이버스페이스와 사이버 리얼리티라는 것과 마주하고 있다 …… 사이버공간이 커지면 커질수록, 인간은 실제 사물을 만지고자 하는 욕망이 강해진다. 이렇게 우리들의 오감은 살아남는다."라고 했다.

이 시대에 인간의 신체가 세계와 어떻게 구체적으로 결합하면서 참가하고 변혁하는가라는 문제와 신체와 세계의 물리적·비물리적 경계영역을 다루는 것이 최대의 관심사가 되었다. 사물의 피상적인 시각성만을 강조하는 현재의 상황 속에서 건축은 다시 인간의 신체에서 시작되리라 조심스럽게 전망해 본다.

참고문헌

1. 합리적 건축, 주거의 원형을 찾다 (1900년 이전)

- Friedrich Engels, 『The Condition of the Working Class in England』 Oxford University Press, USA; Reissue edition, 2009
- Kenneth Frampton 『Modern Architecture : A Critical History』 Thames & Hudson, 2007
- Chyutin, Michael, 『Architecture And Utopia in the Temple Era』 Continuum Intl Pub Group, 2006
- 鈴木博之「合理主義の理念」, 『新建築學体系5 近代·現代建築史』彰國社, 1993
- 土居義岳『言葉と建築』建築技術, 1997
- エミール·カウフマン, 白井秀和 譯『ルドゥーからコルビュジェまで__自律的建築の起源と展開』中央公論美術出版, 1992

2. 아르누보, 새로운 시대의 문을 열다 (1900년 이전)

- Klaus-Jurgen Sembach 『(Taschen 25th Special Edition) Art Nouveau』 Taschen, 2007
- Paul Greenhalgh 『Art Nouveau, 1890-1914』 Harry N. Abrams, 2000
- Henrici, Olaus 『Skeleton Structures : Especially in Their Application to the Building of Steel & Iron Bridges』 Nabu Press, 2010
- フランク·ラッセル編『アール·ヌーヴォーの建築』 A.D.A.EDITA Tokyo, 1982

3. 신세계의 건축, 미국의 도시를 만들다 (1900년 이전)

- John Zukowsky 『Chicago Architecture 1872-1922 : Chicago Architecture and Design 1923-1993 (2 Volume)』 Prestel, 2000
- David Stone 『Chicago's Classical Architecture : The Legacy of the White City』 Arcadia Pub, 2005
- Jean-Louis Cohen, 『Scenes of the World to come』 Flammarion, 1995
- Erich Mendelsohn, 『Russland, Europa, Amerika』 Birkhauser, 1989 (Reprint)
- Neues Bauen in der Welt, 『Rassegna』 No. 38. June 1989, C.I.P.I.A
- Siegfried Giedion, 『Space, Time and Architecture』 Harvard University Press, 2008
- Vincent Edward Scully, 『American Architecture and

Urbanism』, Trinity University Press, 1969

4. 로맨틱 내셔날리즘, 전통과 혁신사이에 머물다 (1910년대)

• Watkin, David, 『A History of Western Architecture』 Chronicle Books Llc, 2011
• 에리아스・코넬, 宗幸彦譯『라그나르・에스트베리』相模書房, 1984
• 『PROCESS architecture68 現代スエ__デン建築』プロセス アーキテクチャ, 1986
• A. ハディック, 伊藤大介ほか『レヒネル, エデン』INAX 出版, 1990
• K. フライグ, 武藤章譯『アルヴァ・アアルト』ADA.EDITA Tokyo, 1975
• N. ペヴスナー, 小林文次ほか譯『新版ヨ__ロッパ建築序説』彰國社, 1989
• 同時代建築研究會, 『現代建築』, 新曜社, 1997

5. 유기적 건축, 이성중심에서 탈피하다 (1910년대)

• Paul Laseau, James Tice 저, 진경돈, 박종호 옮김. 『건축형태의 원리』 미건사, 1995
• Richard Weston, 『Alvar Aalto』 Phaidon Press, 1997
• Pekka Korvenmaa, Marc Treib, Juhani Pallasmaa and Alvar Aalto, 『Alvar Aalto : Between Humanism and Materialism』 The Museum of Modern Art, New York, 2002
• Peter Blundell Jones, 『Hans Scharoun』 Phaidon Press, 1997
• James Steele, 『Architecture Today』 Phaidon, 1997
• Dana Buntrock 『Japanese Architecture as a Collaborative Process』 Spon Press, 2001
• 「特輯 : ダッチ・モダニズム」, 『建築文化』2001年8月号, 彰國社
• 山縣洋『オランダの近代建築』(建築巡禮) 丸善, 1999
• 瀨尾文彰, 20世紀建築の空間, 彰國社, 2000

6. 모더니즘, 새로운 조형과 공간을 실험하다 (1900~1930년대)

• S.Giedion, 김경준 옮김『Space, Time and Architecture』 SPACETIME, 2005
• Reyner Banbam 『제1기계시대 이론과 디자인』, 세진사, 1997

• Karin Kirsche, 『Die Weissenhofsiedrung』 Deutsche, Verlags-Anstalt, 1987
• Henry Russell Hitchcock & Philip Johnson『The International Style』, W. W. Norton & Company ; Reissue edition, 1997
• Dantz, Gabrielle, 『Futurism : Its Manifesto by Filippo Tommaso Marinetti, Architecture, Music and Literature』 Webster's Digital Services, 2012
• Karin Kirsche, 『Die Weissenhofsiedrung』 Deutsche, Verlags-Anstalt, 1987
• 塚原史『言葉のアヴァンギャルド─ダダと未來派の20世紀』講談社, 1994
• 田野倉稔『イタリアのアヴァンギャルド─未來派からピランデルロへ』白水社, 1981(2001年再刊)
• キャロライン・ティズダル+アンジェロ・ボッツォ__ラ, 松田嘉子譯『未來派』PARCO出版, 1992
• 「特輯 : ダッチ・モダニズム」, 『建築文化』2001年8月号, 彰國社
• 山縣洋『オランダの近代建築』(建築巡禮) 丸善, 1999
• 矢代眞己「轉到された"樣式"という規範」, 『建築文化』2000年11月号, 彰國社
• テオ・ファン・ドゥースブルフ, 宮島久雄譯『新しい造形藝術の基礎概念』中央公論美術出,版社, 1993
• 八束はじめ『ロシア・アヴァンギャルド建築』INAX出版局, 1993

7. 건축기술이 발전하다 (1910~1960년대)

• Winfried Nerdinger, 『WALTER GROPIUS』 Gebr. Mann Verlag, Berlin, 1985
• Susan K. Mitchell 『MEGA STRUCTURES : THE TALLEST BUILDINGS』ReadHowYouWant, 2010
• Sabine Lebesque van Vissingen, 『Yona Friedman, Structures Serving the Unpredicable』 Nai Publishers, 1999
• R.E. Shaeffer 『Reinforced Concrete : Preliminary Design for Architects and Builders』 McGraw-Hill, 1992
• 藤本盛久編『構造物の技術史─構造物の資料集成・辭典』市ヶ谷出版社, 2001
• 同時代建築研究會, 『現代建築』, 新曜社, 1997

8. 아르데코, 대중과 만나다 (1920년대)

• Patricia Bayer, 『Art Deco Architecture : Design, Decoration, and Detail from the Twenties and Thirties』

Thames & Hudson, 1999

- Charlotte Benton, Tim Benton, 『Art Deco : 1910-1939』Ghislaine Wood, 2003
- Suzanne Lussier, 『Art Deco Fashion』V & A Publishing, 2009
- 小林克弘,『アールデコの摩天樓』(SD ライブラリー) 鹿島出版會, 1990
- 渡辺淳『パリ 1920年代-シュルレアリスムからアールデコまで』(丸善ライブラリー) 丸善, 1997
- レーモンド・ローウィ, 藤山愛一郎譯『口紅か機關車まで』鹿島出版會, 1981
- 「特輯 : ART DECO NEW YORK」,『SD』1983年1月号, 鹿島出版會

9. CIAM, 건축가의 지위가 변하다 (1930년대)

- Auke van der Woud 『CIAM Housing Town Planning』Delft University Press, 1983
- John R. Gold 『The Experience of Modern Architects and The Future City, 1928-1953』E & FN Spon, 1997
- Eric Mumford,『The CIAM Discourse on Urbanism, 1928-1960』The MIT Press, 2000
- Auke van der Woud, 『CIAM Housing Town Planning』Delft University Press, 1983
- Barry Bergdoll, 『European Architecture 1750-1890』Oxford University Press, 2000
- Kenneth Frampton, Eric Mumford, 『The CIAM Discourse on Urbanism, 1928-1960』The MIT Press, 2002
- 黒川紀章『都市』紀伊國屋書店, 1965
- 矢代眞己「闘爭 CIAM / 逃走 IKFNB」,『建築文化』2002年 2月号, 彰國社

10. 초고층 건축, 높이를 경쟁하다 (1950년대~)

- Jason Goodwin 『Otis : Giving Rise to the Modern City : A History of the Otis Elevator Company』Ivan R. Dee Publisher, 2001
- Kenneth Frampton 『Modern Architecture : A Critical History』Thames & Hudson, 2007
- Susan K. Mitchell 『MEGA STRUCTURES : THE TALLEST BUILDINGS』ReadHowYouWant, 2010
- Sabine Lebesque van Vissingen, 『Yona Friedman, Structures Serving the Unpredicable』Nai Publishers, 1999
- Roberta Moudry,『The American Skyscraper : Cultural Histories』Cambridge University Press, 2005
- 八束はじめ『ミースという神話-ユニヴァーサル・スペースの起源』彰國社, 2001
- 度辺邦夫, 新穂工『より高く』から『より快適に』へ『新建築』1997年 7月号

11. 지역주의 건축, 비 서구에서 발신하다 (1940~1980년대)

- 안우진 편저,『현대건축의 새로운 흐름』기문당, 2010
- 하산 파티 지음, 정기용 옮김『이집트 구르나마을 이야기』열화당, 2000
- 버나드 루도프스키 지음, 김미선 옮김『건축가없는 건축』시공문화사, 2006
- 정인하,『김수근 건축론』, 시공사, 1999
- 『PA 김중업 작품집』건축세계, 1997
- 정인하,『김중업건축론』산업도서출판공사, 2000
- Ahmad Hamid 『Hassan Fathy and Continuity in Islamic Arts and Architecture』Amer Univ in Cairo Pr, 2010
- Nigel Taylor, 『Urban Planning Theory since 1945』SAGE Publications Ltd, 1998
- Christopher Mead, 『The Architecture of Robert Venturi』Univ of New Mexico Pr, 1989
- 斎藤裕 監修 著, LUIS BARRAGAN ルイス・バラガンの建築, TOTO出版, 1996
- 原廣司,『集落への旅』(岩波新書) 岩波書店, 1987

12. 근대건축을 넘고자 시도하다 (1960~1970년대)

- Alison Smithson 『Team 10 Meetings』Rizzoli, 1991
- Morris Adjmi, 『Aldo Rossi』Princeton Architecture Press, 1991
- Wim J. van Heuval, 『Structuralism in Dutch Architecture』Uitgeverij, 1992
- Helena Webster 『Modernism without Rhetoric : The Work of Alison & Peter Smithson』John Wiley & Sons, 1997
- Kenneth Frampton, 『Studies in Tectonic Culture : The Poetics of Construction in Nineteenth and Twentieth Century Architecture』The MIT Press, Cambridge, 1997
- Marco Vidotto 『Alison & Peter Smithson』GG, 1997
- Reyner Banham, 『The New Brutalism, Ethic or Aesthetic?』Reinhold, 1996
- アルヌルフ・レーヒンガー,『オランダ構造主義 : 現代建築への功績』,『A+U』1977年 3月号, エー・アンド・ユー

13. 근대건축의 붕괴, 옛 것을 되살리다 (1970~1980년대)

- Charles Jencks, 『What is Post-Modernism?』 Academy Editions, 1989
- 『Preservation in context』 PA., 1972
- Barry Bergdoll 『European Architecture 1750-1890』 Oxford University Press, 2000
- Kenneth Frampton 『Modern Architecture : A Critical History』 Thames & Hudson, 2007
- クリスチアン・ノルベルク=シュルツ, 加藤邦男・田岐祐生 譯, 『ゲニウスロキ-建築の現象學をめざして』, 住まいの 圖書館出版局, 1994
- 鈴木博之 『日本の〈地霊ゲニウスロキ〉』 (講談社現代新書) 講談社 1999

14. 포스터모더니즘 건축, 근대건축을 비판하다 (1980년대)

- James Knox, 『Cartoons and Coronets : The Genius of Osbert Lancaster』 Frances Lincoln, 2009
- Charles Jencks, 『THE LANGUAGE OF POST-MODERN ARCHITECTURE』 Academy Editions, 1977
- Charles Jencks, 『What is Post-Modernism?』 3rd Edition, Academy Editions, 1989
- Simon Sadler 『Archigram : Architecture Without Architecture』 Mit Pr, 2005
- robert venturi, 『Robert Venturi and Denise Scott Brown, Learning from Las Vegas』 Routledge, 2008
- Leon Krier, 『Atlantis』 Archives d'Architecture Modern, 1988
- J=F.リオタ_ル, 小林康夫 譯, 『ポストモダンの條件』 水聲社, 1986
- 淵上正幸 編著. 世界の建築家-思想と作品. 彰國社. 1997
- 『A+U臨時増刊:ポスト・モダニズムの建築言語』, 1978年 10月, エ_・アンド・ユ__

15. 하이테크 건축, 테크놀로지의 옷을 입다 (1980년대~)

- Martin Pawley, 『Norman Foster : A Global Architecture』 Universe, 1999
- Elizabeth Smith, Peter Goessel, 『Case Study Houses』 Taschen, 2002
- David Jenkins 『Norman Foster Works 4』 Prestel USA, 2004
- Kenneth Frampton 『Modern Architecture : A Critical History』, Thames & Hudson ; Fourth Edition edition, 2007
- Claire Zimmerman, 『Mies Van Der Rohe : 1886-1969』 Taschen, 2006
- 『特輯:ハイテック・スタイル』, 『SD』 1985年 1月号, 鹿島出版會
- 岸和郎, 植田實 監修, 『ケース・スタディ・ハウス』 住まいの 圖書館出版局, 1997

16. 해체주의 건축, 새로움을 향해 몸부림치다 (1980년대~)

- Philip Johnson, Mark Wigley, 『Deconstructivist architecture』 Museum of Modern Art, 1988
- Bernard Tschumi 『Event-Cities 2』 MIT Press, 2000
- 『Peter Eisenman : Diagram Diaries』, Universe, 1999
- Connie Wolf, James E. Young, Daniel Libeskind, Mitchell Schwarzer, 『Daniel Libeskind and The Contemporary Jewish Museum : New Jewish Architecture from Berlin to San Francisco』 Rizzoli, 2008
- 『Coop Himmelblau』 Taschen : Mul edition, 2010
- 『特輯:ディコンストラクション』, 『現代思想』 1985年 8月 号, 靑土社
- アロン・ベツキィ, 岡田哲史・小坂幹・堀眞人 譯, 『ヴァイオレイティドパーフェクション__建築, そして近代の崩壞』 エ__・アンド・ユ__, 1992
- チャ__ズ シエンクス 工藤國雄 譯, 『複雜系の建築言語』, 彰國社, 2000

17. 네오 모더니즘 건축, 근대건축이 진화하다 (1990년대~)

- Terence Riley ed., 『Light Construction, Museum of Modern Art』 Harry N. Abrams, 1995
- James steele, 『Architecture Today』, Phaidon Press, 2001
- Xavier Costa, Wim Wenders, Luca Montemaggi 『Less is More : Minimalism in Architecture and Other Arts』 Actar, 2001
- Sigrid Hauser, Peter Zumthor and Helene Binet, 『Peter Zumthor Therme Vals』 Verlag Scheidegger and Spiess, 2009
- Michele Costanzo 『MVRDV : Works and Projects 1991-2006』 Skira, 2006
- Oscar Riera 『The Built Idea : Alberto Campo Baeza』 Ojeda Publishers Limited, 2013

- 伊東豊雄・山本理顯・青木淳・西澤立衛『新建築臨時增刊：建築20世紀-4人の建築家が問う1990年代』2001年11月，新建築社
- SD編輯部編『ガラス建築 ARCHITECTURE IN GLASS』(講談社現代新書) 鹿島出版會, 1999
- 『特輯：GLASSガラスの可能性 透明素材の系譜と未來』，『GA素材空間2』A.D.A.EDITA TOKYO, 2001

18. 친환경 건축, 인간과 자연의 공존을 모색하다 (1990년대~)

- JAMES STEELE 『ECOLOGICAL ARCHITECTURE : A CRITICAL HISTORY』 THAMES &HUDSON, 2005
- PAOLA SASSI 『STRATEGIES FOR SUSTAINABLE ARCHITECTURE』 ROUTLEDGE, 2006
- STEVEN A. MOORE, KENNETH FRAMPTON 『TECHNOLOGY AND PLACE : SUSTAINABLE ARCHITECTURE AND THE BLUEPRINT FARM』 UNIVERSITY OF TEXAS PRESS, 2001
- DANIEL E. WILLIAMS, DAVID W. ORR, DONALD WATSON, 『SUSTAINABLE DESIGN : ECOLOGY, ARCHITECTURE, AND PLANNING』 WILEY, 2007
- TONY ATKIN, JOSEPH RYKWERT, 『STRUCTURE AND MEANING IN HUMAN SETTLEMENT』 UNIVERSITY MUSEUM PUBLICATIONS, 2005
- JAMES WINES, 『GREEN ARCHITECTURE (ARCHITECTURE & DESIGN)』TASCHEN, 2000
- 『開發と保存のダイナミックス』『建築雜誌』1991年12月号, 日本建築學會
- 岩村和夫, 『建築環境論』(SD選書) 鹿島出版會, 1990
- ホルカ・ケニック 石川垣夫・高橋元 譯『健康な住まいの道＿バウビオロギー』，建築資料研究社, 2000
- 『特輯：サスティナブル・デザイン』，『ディテール141』，彰國社, 1999

19. 사이버스페이스, 새로운 공간이 나타나다 (1990년대~)

- DIANA H. HOOK, 『ORIGINS OF CYBERSPACE』 JEREMY NORMAN CO, 2002
- IMAGES AUSTRALIA 『CYBERSPACE : THE WORLD OF DIGITAL ARCHITECTURE』 IMAGES PUBLICATIONS, 2001
- HANI RASHID 『ASYMPTOTE ARCHITECTURE ACTUALIZATIONS』 AADCU, 2010
- WILLIAM J. MITCHELL 『CITY OF BITS : SPACE, PLACE, AND THE INFOBAHN』 MIT PRESS, 1996
- WILLIAM J. MITCHELL 『E-TOPIA』 EDITORIAL GUSTAVO GILI,

2001
- ANDREW WOOD, 『CITY UBIQUITOUS : PLACE, COMMUNICATION, AND THE RISE OF OMNITOPIA』 HAMPTON PRESS, 2009
- 『特輯：建築とコンピュータ』，『建築文化』2001年4月号，彰國社
- 西垣通+NTTデータシステム科學研究所編『情報都市論』，NTT出版, 2000
- 松葉仁『ケータイのなかの慾望』(文春新書), 文藝春秋, 2002

20 도시의 성장을 관리하다

- 토마스 모어 저, 주경철 역,『유토피아』을유문화사, 2012
- 『블레이드 러너』워너 홈비디오, 1982
- 승효상 저,『오래된 것들은 다 아름답다』컬처그라퍼, 2012
- SLUM DWELLERS TO DOUBLE BY 2030 : MILLENNIUM DEVELOPMENT GOAL COULD FALL SHORT
- ALUÍSIO AZEVEDO, DAVID H. ROSENTHAL, RICHARD GRAHAM, 『THE SLUM』, OXFORD UNIVERSITY PRESS, 2000
- CHYUTIN, MICHAEL,『ARCHITECTURE AND UTOPIA IN THE TEMPLE ERA』 CONTINUUM INTL PUB GROUP, 2006
- A.E.J. MORRIS, 『HISTORY OF URBAN FORM : BEFORE THE INDUSTRIAL REVOLUTION』, ROUTLEDGE, 1994
- DAVID GRAHAME SHANE, 『URBAN DESIGN SINCE 1945 : A GLOBAL』 WILEY, 2011
- ANTONIETTA IOLANDA LIMA, 『SOLERI : ARCHITECTURE AS HUMAN ECOLOGY』 THE MONACELLI PRESS, 2003
- FOEK, ANTON. 『RIO DE JANEIRO : MICROCOSM OF THE FUTURE』 HUMANIST, JUL/AUG2005, VOL. 65 ISSUE 4
- 秋元馨『現代建築のコンテクスチュアリズム入門－環境の中の建築/環境をつくる建築』, 彰國社, 2002

도판출전

1. 합리적 건축, 주거의 원형을 찾다 (1900년 이전)

『Modern Architecture : A Critical History』Kenneth Frampton, hames & Hudson, 2007-7, 8, 9, 10/『Le Corbusier』Kenneth Frampton, Thames & Hudson, 2001-11, 12, 13, 26/안우진-14, 27, 28, 29, 30, 31, 32/안우석-21, 24/『Arts & Crafts : Movement』Todtri Productions, Todtri Productions, Ltd. 2002-15, 16 / 『Architecture And Utopia in the Temple Era』Chyutin, Michael, Continuum Intl Pub Group, 2006-7, 18, 19, 20, 22, 23, 25/건축문화 1993-33, 34/건축과환경 9805 -35/「合理主義の理念」,『新建築學体系5 近代・現代建築史』鈴木博之, 彰國社, 1993-1,2,5,6/『言葉と建築』土居義岳, 建築技術, 1997-3,4/

2. 아르누보, 새로운 시대의 문을 열다 (1900년 이전)

『Art Nouveau, 1890-1914』Paul Greenhalgh, Harry N. Abrams, 2000-1, 2, 5/『State Of The World Population 2004』Renouf Pub Co Ltd, 2004-3/안우진-4, 14, 15, 16, 17/『Art Nouveau』Klaus-Jurgen Sembach, Taschen, 2007-6, 7/안우석-8, 10, 13/『Skeleton Structures : Especially in Their Application to the Building of Steel & Iron Bridges』Henrici, Olaus, Nabu Press, 2010-9, 11, 12/

3. 신세계의 건축, 미국의 도시를 만들다 (1900년 이전)

『Chicago's Famous Buildings』Franz Schulze, Kevin Harrington, University of Chicago Press, 2003-1, 3, 4/안우석-2, 5, 6, 7, 8, 9/『Frank Lloyd Wright』Thomas A. Heinz, ACADEMY EDITIONS, 1982-10/『American Architecture : A History』Roth, Leland, Westview Press, 2003-11, 12, 13, 14/

4. 로맨틱 내셔널리즘, 전통과 혁신사이에 머물다 (1910년대)

『A History of Western Architecture』Watkin, David, Chronicle Books Llc, 2011-1/안우진-2, 3, 4,/안우석-5, 6, 7, 8/

5. 유기적 건축, 이성 중심에서 탈피하다 (1910년대)

『Hans Scharoun』Peter Blundell Jones, Phaidon Press, 1997-1, 2, 4/안우진-3, 5/『Alvar Aalto』Richard Weston,

Phaidon Press, 1997-6, 7, 8, 9, 12/안우석-10, 11, 14, 16/
『Frank Lloyd Wright』 Thomas A. Heinz, ACADEMY EDI-
TIONS, 1982-13, 15/『Japanese Architecture as a Collab-
orative Process』 Dana Buntrock, Spon Press, 2001-17, 18/

6. 모더니즘, 새로운 조형과 공간을 실험하다 (1900~1930년대)

『Die Weissenhofsiedrung』 Karin Kirsche, Deutsche,
Verlags-Anstalt, 1987-1/『Futurism : Its Manifesto by
Filippo Tommaso Marinetti, Architecture, Music and
Literature』 Dantz, Gabrielle, Webster's Digital Services,
2012-4, 5, 6, 7/『Modern Architecture』 Kenneth Framp-
ton, Thames & Hudson, 2007-10, 11/안우석-12, 13/『言葉
のアヴァンギャルド─ダダと未來派の20世紀』 塚原史, 講談
社, 1994-2, 3/『オランダの近代建築』 (建築巡禮) 山縣洋, 丸善,
1999-8, 9/

7. 건축기술이 발전하다 (1910~1960년대)

『WALTER GROPIUS』 Winfried Nerdinger, Gebr. Mann
Verlag, Berlin, 1985-1, 2/『Archigram : Architecture
Without Architecture』 Simon Sadler, Mit Pr, 2005
-3/안우진-4, 6, 12/안우석-7, 8, 9, 10/『Reinforced
Concrete : Preliminary Design for Architects and Build-
ers』 R.E. Shaeffer, McGraw-Hill, 1992-5/『特輯:建築の構
造デザイン』, 『建築文化』 1990年 11月号, 彰國社-11/

8. 아르데코, 대중과 만나다 (1920년대)

『Art Deco : 1910-1939』 Charlotte Benton, Tim Benton,
Ghislaine Wood, 2003-1, 2, 6, 13, 16, 18, 19, 20/『Art Deco
Architecture : Design, Decoration, and Detail from the
Twenties and Thirties』 Patricia Bayer, Thames & Hudson,
1999-3, 4, 5, 7, 8, 12/『Art Deco Fashion』 Suzanne Lussier,
V & A Publishing, 2009-9, 10, 17/『アールデコの摩天樓』
小林克弘, (SDライブラリ──) 鹿島出版會, 1990-11,/안우
석 - 14, 15/

9. CIAM, 건축가의 지위가 변하다 (1930년대)

안우석-1/안우진-3, 10/『European Architecture
1750-1890』 Barry Bergdoll, Oxford University Press,

2000-2, 4, 5/『World of Fairs : The Century-of-Progress
Expositions』 Robert W. Rydell, University Of Chicago
Press, 1993-6, 7, 8, 9/『The CIAM Discourse on Urban-
ism, 1928-1960』 Kenneth Frampton, Eric Mumford, The
MIT Press, 2002-11/『Le Corbusier : A Life』 Nicholas Fox
Weber, Knopf, 2008-12/

10. 초고층 건축, 높이를 경쟁하다 (1950년대~)

『Otis : Giving Rise to the Modern City : A History of the
Otis Elevator Company』 Jason Goodwin, Ivan R. Dee
Publisher, 2001-1, 2/안우석-4, 5, 11, 12, 13, 15/『Euro-
pean Architecture 1750-1890』 Barry Bergdoll, Oxford
University Press, 2000-6, 7, 8, 18, 19, 21/『Mies Van Der
Rohe At Work』, Peter Carter, Phaidon Press, 1999-9, 14/
『Skyscraper』 Lynn Curlee, Atheneum Books for Young
Readers, 2007-3,/『The American Skyscraper : Cultural
Histories』 Roberta Moudry, Cambridge University Press,
2005-10-(A), (B), (C), (D)/안우진-16, 17, 20/

11. 지역주의 건축, 비서구에서 발신하다 (1940~1980년대)

안우석-1, 2, 3, 9, 10, 12, 17, 18/『Urban Planning Theory
since 1945』 Nigel Taylor, SAGE Publications Ltd, 1998 -4,
5, 6, 7/『건축가없는 건축』, 버나드 루도프스키, 김미선 옮김, 시
공문화사, 2006-8-(A), (B)/안우진-11, 19, 20, 21, 22, 23, 24,
27/『The Architecture of Robert Venturi』 Christopher
Mead, Univ of New Mexico Pr, 1989-12/『Architecture
for People : The Complete Works of Hassan Fathy』 James
Steele, Watson-Guptill, 1997-14/김태윤-15, 16, 25/양성
필-26/

12. 근대건축을 넘고자 시도하다 (1960~1970년대)

『team 10 Meetings』 Alison Smithson ed, Rizzoli, 1991 -1/
안우진-2, /안우석-3, 4, 5, 6, 7, 8, 11, 13, 14, 15, 16, 18, 19,
20/『Structuralism in Dutch Architecture』 Wim J. van
Heuval, Uitgeverij, 1992-9, 10, 12/『都市の建築』, アルド・ロ
ッシ 大島哲藏・福田晴虔 譯, 大龍堂書店, 1991 -17, 21/

13. 근대건축의 붕괴, 옛 것을 되살리다 (1970~1980년대)

안우석-1, 3, 8, 9, 10, 11, 12, 13, 14/안우진-4, 6, 7, 15, 16, 17, 18/『European Architecture 1750-1890』 Barry Bergdoll, Oxford University Press, 2000-2/『Modern Architecture : A Critical History』 Kenneth Frampton, Thames & Hudson, 2007-5/

14. 포스터모더니즘 건축, 근대건축을 비판하다 (1980년대)

『Cartoons and Coronets : The Genius of Osbert Lancaster』 James Knox, Frances Lincoln, 2009-1/『The History of Jazz』 Ted Gioia, Oxford University Press, 2011-2/『Archigram : Architecture Without Architecture』 Simon Sadler, Mit Pr, 2005-3/안우진-4, 5, 6, 12, 13, 14, 15/안우석-7, 8, 9, 11, 17, 18, 19, 20, 21/『Robert Venturi and Denise Scott Brown : Learning from Las Vegas』 robert venturi, Routledge, 2008-10/『Atlantis』 Leon Krier, Archives d'Architecture Modern, 1988-6/

15. 하이테크 건축, 테크놀로지의 옷을 입다 (1980년대~)

안우석-1, 8, 9, 10, 13/안우진-4, 5, 6, 7, 11, 12/『Mies Van Der Rohe : 1886-1969』 Claire Zimmerman, Taschen, 2006-2/『American Architecture : A History』 Roth, Leland, Westview Press, 2003-3/

16. 해체주의 건축, 새로움을 향해 몸부림치다 (1980년대~)

안우석-1, 4, 5, 6, 9, 10, 13, 14, 15, 16, 19, 20, 21/안우진-8, 18/『Peter Eisenman : Diagram Diaries』 Universe, 1999-2, 3/『Zaha Hadid』, Taschen, 2012-7/『Daniel Libeskind and The Contemporary Jewish Museum : New Jewish Architecture from Berlin to San Francisco』, Connie Wolf, James E. Young, Daniel Libeskind, Mitchell Schwarzer, Rizzoli, 2008-11, 12/『Coop Himmelblau』 Taschen : Mul edition, 2010-15/

17. 네오 모더니즘 건축, 근대건축이 진화하다 (1990년대~)

안우석-, 2, 3, 4, 5, 6, 7, 8, 9, 10, 15, 18, 19, 20, 21/안우진-11, 14, 22, 23, 24, 25, 26, 27, 31, 32, 33/김태윤16/『MVRDV : Works and Projects 1991-2006』 Michele Costanzo, Skira, 2006-12, 13/『The Built Idea : Alberto Campo Baeza』 Oscar Riera Ojeda Publishers Limited, 2013-17/건축문화 1996-28/건축과환경 1997, 2000-29, 30/

18. 친환경 건축, 인간과 자연의 공존을 모색하다 (1990년대~)

『Sustainable Design : Ecology, Architecture, and Planning』 Daniel E. Williams, David W. Orr, Donald Watson, Wiley, 2007-1, 2/『Ecological Architecture : A Critical History』 James Steele, Thames & Hudson, 2005-3, 4, 5/『Structure and Meaning in Human Settlement』 Tony Atkin, Joseph Rykwert, University Museum Publications, 2005-10/『Green Architecture (Architecture & Design)』 James Wines, Taschen, 2000-6, 7, 11, 13/안우석-8, 9, 12, 14, 15/안우진-16, 17/

19. 사이버스페이스, 새로운 공간이 나타나다 (1990년대~)

『Origins of Cyberspace』 Diana H. Hook, Jeremy Norman Co, 2002-1, 2/http://www.amazon.com-3/『Hyper Architecture : Spaces in the Electronic Age』 Luigi Prestinenza Puglisi, Birkhäuser, 1999-4/『Information Spaces : The Architecture of Cyberspace』 Robert M. Colomb, Springer, 2013-5, 6, 7/안우석 – 8, 9, 10/『Morphosis : Recent Project』 Ada Edita Global Architecture, 2010 – 11/『City Ubiquitous : Place, Communication, and the Rise of Omnitopia』 Andrew Wood, Hampton Press, 2009-11/안우진-12/

20. 도시의 성장을 관리하다

『History of Urban Form : Before the Industrial Revolution』, A.E.J. Morris, Routledge, 1994-1, 2, 3/『유토피아』 토마스 모어 저, 주경철 역, 을유문화사, 2012-4/『Urban Design Since 1945 : A Global』 David Grahame Shane, Wiley, 2011-5, 6, 7/『Soleri : Architecture as Human Ecology』 Antonietta Iolanda Lima, The Monacelli Press, 2003-8/『Delirious New York : A Retroactive Manifesto for Manhattan』 Rem Koolhaas, The Monacelli Press, 1997-9/『블레이드러너』 워너 홈비디오, 1982-10/『The Slum』 Aluísio Azevedo, David H. Rosenthal, Richard Graham, Oxford University Press, 2000-11, 12, 13/안우진-15, 16,

18/『Santorini : A Guide to the Island and its Archaeo-logical Treasures』 Christos Doumas, Ekdotike Athenon, 2003–17/『The Architecture of Duany Plater–Zyberk and Company』 Joanna Lombard, Rizzoli, 2005–19/

| 저자소개 |

안우진 경상대학교 건축공학과 졸업, 경상대학교 대학원 건축학과 졸업(석사, 박사)
일본 도쿄대학교 외국인 객원연구원(Post-Doctor), 벧엘(Bethel)공간연구회 대표.
번역서로는『환경행동의 데이터파일』이 있으며,
편저서로는『현대건축의 새로운 흐름』,『키워드로 보는 근·현대건축』이 있다.

안우석 동국대학교 건축공학과 졸업, 토론토 대학교 건축대학원 졸업(석사), 벧엘(Bethel)공간연구회 회원
하리리 폰타리니 건축사무소(Hariri Pontarini Architects)에서 5년 동안 프로젝터 디자이너로 근무하였다.
현재 쿼드랭클 건축사무소(Quadrangle Architects)에서 시니어 건축디자이너로서 토론토의
주요 주상복합건물을 설계하고 있다.
주요 건축 작품으로는 「토론토대학 법학대학(2007)」,「케시하우스 병원(2011)」,
「웨스턴 온타리오대학 비즈니스 스쿨(2011)」,「캘거리 하키 커뮤니티 센터」 등이 있다.

고성룡 고려대학교 건축공학과 졸업, 서울대학교 대학원 건축학과 졸업(석사, 박사)
현 경상대학교 공과대학 건축학과 건축설계연구실 정교수이며 건축설계, 현대건축, 건축론, 건축분석과
비평 등을 가르치고 있다.
번역서로는『건축설계의 아이디어와 힌트 470』,『건축공간론』,『근대건축의 공간분석』,
『디자인을 위한 건축제도』,『큐브에서 카오스로』,『건축조형연습』이 있다.
주요 건축 작품으로는 「사봉성지 마스터플랜과 순례방문자센터 경당(2012)」,「산청미술관(2011)」,
「외송리주택(2009)」 등이 있다.

근 대 에 서 현 대

건축의 20장면

초판 1쇄 인쇄 2014년 2월 21일
초판 1쇄 발행 2014년 2월 28일

지은이 안우진·안우석·고성룡
펴낸이 김호석 펴낸곳 도서출판 대가
편집부 주광욱 디자인 조윤정, 김진나 마케팅 김재호, 이정호 관리 신주영

등록 제 311-47호.
주소 경기도 고양시 일산동구 장항동 892 유국타워 1014호.
전화 02)305-0210/306-0210/336-0204 팩스 031)905-0221
전자우편 dga1023@hanmail.net 홈페이지 www.bookdaega.com

ISBN 978-89-6285-131-1

이 도서의 국립중앙도서관 출판시도서목록(CIP)은 서지정보유통지원시스템
홈페이지(http://seoji.nl.go.kr)와 국가자료공동목록시스템(http://www.nl.go.kr/kolisnet)에서
이용하실 수 있습니다.(CIP제어번호: CIP2014006060)